应用技术型高校汽车类专业规划教材

Qiche Pinggu

汽车评估

李耀平 主 编

胡立伟 吴 刚 副主编

人民交通出版社股份有限公司
China Communications Press Co.,Ltd.

内 容 提 要

本书是应用技术型高校汽车类专业规划教材,内容覆盖了当前我国汽车评估工作中所需的基本理论、基本方法和基本技能。全书分为汽车基础知识、汽车评估的基本原理与方法、汽车技术状况的检查、二手车鉴定评估技术规范、新上市汽车评估、事故车辆损失评估、汽车鉴定评估报告书、汽车评估师职业规范相关章节。

本书主要作为汽车服务工程、交通运输工程、车辆工程、汽车运用与维修工程、汽车鉴定评估等汽车类专业的教材,亦可作为汽车鉴定评估师从业人员的培训教材和汽车服务业就业群体的参考读物,以及汽车流通领域从事车辆交易、汽车置换、鉴定评估、保险理赔、价格咨询、车辆定损、维修检测、抵押典当、财产担保、司法鉴定、法律诉讼等工作的业务技术人员和管理人员的业务参考书。

图书在版编目(CIP)数据

汽车评估 / 李耀平主编. —北京:人民交通出版
社股份有限公司, 2014.10
应用技术型高校汽车类专业规划教材
ISBN 978-7-114-11710-7

Ⅰ.①汽⋯　Ⅱ.①李⋯　Ⅲ.①汽车—评估—高等学校
—教材　Ⅳ.①U472

中国版本图书馆 CIP 数据核字(2014)第 215317 号

应用技术型高校汽车类专业规划教材

书　　名:汽车评估
著 作 者:李耀平
责任编辑:夏　犇
出版发行:人民交通出版社股份有限公司
地　　址:(100011)北京市朝阳区安定门外外馆斜街 3 号
网　　址:http://www.ccpress.com.cn
销售电话:(010)59757973
总 经 销:人民交通出版社股份有限公司发行部
经　　销:各地新华书店
印　　刷:北京市密东印刷有限公司
开　　本:787×1092　1/16
印　　张:13
字　　数:310 千
版　　次:2014 年 10 月　第 1 版
印　　次:2014 年 10 月　第 1 次印刷
书　　号:ISBN 978-7-114-11710-7
定　　价:29.00 元
(有印刷、装订质量问题的图书由本公司负责调换)

应用技术型高校汽车类专业规划教材编委会

主　任

　　于明进(山东交通学院)

副主任(按姓名拼音顺序)

　　陈黎卿(安徽农业大学)　　　　　　陈庆樟(常熟理工学院)

　　关志伟(天津职业技术师范大学)　　何　仁(江苏大学)

　　唐　岚(西华大学)　　　　　　　　于春鹏(黑龙江工程学院)

委　员(按姓名拼音顺序)

　　曹金梅(河南科技大学)　　　　　　慈勤蓬(山东交通学院)

　　邓宝清(吉林大学珠海学院)　　　　邓　涛(重庆交通大学)

　　付百学(黑龙江工程学院)　　　　　姜顺明(江苏大学)

　　李　斌(人民交通出版社股份有限公司)　　李学智(常熟理工学院)

　　李耀平(昆明理工大学)　　　　　　廖抒华(广西科技大学)

　　柳　波(中南大学)　　　　　　　　石传龙(天津职业技术师范大学)

　　石美玉(黑龙江工程学院)　　　　　宋长森(北京理工大学珠海学院)

　　宋年秀(青岛理工大学)　　　　　　谭金会(西华大学)

　　尤明福(天津职业技术师范大学)　　王慧君(山东交通学院)

　　王良模(南京理工大学)　　　　　　王林超(山东交通学院)

　　吴　刚(江西科技学院)　　　　　　吴小平(南京理工大学紫金学院)

　　谢金法(河南科技大学)　　　　　　徐　斌(河南科技大学)

　　徐立友(河南科技大学)　　　　　　徐胜云(北京化工大学北方学院)

　　杨　敏(南京理工大学紫金学院)　　衣　红(中南大学)

　　赵长利(山东交通学院)　　　　　　赵　伟(河南科技大学)

　　周　靖(北京理工大学珠海学院)　　昝　琨(宁波工程学院)

秘　书

　　夏　韡(人民交通出版社股份有限公司)

前 言
FOREWORD

当前随着汽车行业的快速发展,汽车人才需求激增,无论是汽车制造企业对于汽车研发、汽车制造人才的大量需求还是汽车后市场对于汽车服务型人才的大量需求,这些都需要高校不断地输送相关人才。而目前,我国高等教育所培养的大部分人才还是以理论知识学习为主,缺乏实践动手能力,在进入企业一线工作时,往往高不成低不就,一方面企业会抱怨招不到合适的人才,另一方面毕业生们又抱怨没有合适的工作可找,主要问题就在于人才培养模式没有跟上社会发展实际需求。

《国家中长期教育改革和发展规划纲要(2010—2020 年)》中明确指出,要提高人才培养质量,重点扩大应用型、复合型、技能型人才培养规模。培养理论和实操兼具的人才,使之去企业到岗直接上手或稍加培养即可适应岗位。2014 年 2 月 26 日,李克强总理在谈到教育问题时指出要建立学分积累和转换制度,打通从中职、专科、本科到研究生的上升通道,引导一批普通本科高校向应用技术型高校转型。可见国家对于应用型技术人才的培养力度将持续加大。

教材建设是高校教学和人才培养的重要组成部分,作为知识载体的教材则体现了教学内容和教学要求,不仅是教学的基本工具,更是提高教学质量的重要保证。但目前国内多家高校在应用型人才培养过程中普遍缺乏适用的教材,现有的本科教材远不能满足要求。因此,如何编写应用型本科教材是培养紧缺人才急需解决的问题。正是基于上述原因,人民交通出版社经过充分调研,结合自身汽车类专业教材、图书的出版优势,于 2012 年 12 月在北京组织召开了"高等教育汽车类专业应用型本科规划教材编写会",并成立教材编写委员会。会议审议并通过了教材编写方案。

本系列教材定位如下:

(1)使用对象确定为拥有车辆工程、汽车服务工程或交通运输等专业的二三本院校;

（2）设计合理的理论与实践内容的比例，主要解决"怎么做"的问题，涉及最基本的、较简单的"为什么"的问题，既满足本科教学设计的需要，又满足应用型教育的需要；

（3）与现行汽车类普通本科规划教材是互为补充的关系，与高职高专教材有明显区别，深度上介于两者之间，满足教学大纲的需求，有比较详细的理论体系，具备系统性和理论性。

《汽车评估》是根据"高等教育汽车类专业应用型本科规划教材编写会"会议精神而编写。

本书内容覆盖了当前我国汽车评估工作中所需的基本理论、基本方法和基本技能。全书分为汽车基础知识、汽车评估的基本原理与方法、汽车技术状况的检查、二手车鉴定评估技术规范、新上市汽车评估、事故车辆损失评估、汽车鉴定评估报告书、汽车评估师职业规范相关章节。

本书主要作为汽车服务工程、交通运输工程、车辆工程、汽车运用与维修工程、汽车鉴定评估等汽车类专业的教材，亦可作为汽车鉴定评估师从业人员的培训教材和汽车服务业就业群体的参考读物，以及汽车流通领域从事车辆交易、汽车置换、鉴定评估、保险理赔、价格咨询、车辆定损、维修检测、抵押典当、财产担保、司法鉴定、法律诉讼等工作的业务技术人员和管理人员的业务参考书。

本书由昆明理工大学李耀平主编、昆明理工大学胡立伟和江西科技学院吴刚副主编。参与本书整理及编写工作的还有北京理工大学珠海学院的宋长森、昆明理工大学的龚航。由于水平有限，不妥之处在所难免，欢迎广大读者批评指正。

应用技术型高校汽车类专业规划教材编委会

2014 年 4 月

目录

CONTENTS

第1章 汽车基础知识

1.1 汽车分类、我国机动车术语和定义及汽车型号编制规则

1.1.1 汽车分类

1. 我国主要汽车分类标准及主要分类方法

至今为止,我国涉及汽车分类的主要国家标准、行业标准多达十几项。这些标准大致可分为九类法、采标法、综合法、专用车类法、其他法5大类型(以下所涉及的具体分类方法,请参见各相关标准)。

1)九类法

已作废标准 GB 9417—1988《汽车产品型号编制规则》和 GB/T 3730.1—1988《汽车和半挂车的术语和定义车辆类型》为代表的"9 类"分类法。这种分类法简明实用,加上生产企业代号可在产品型号中明确表示生产企业、产品类别和结构特征(表1-1)。如"DN7180"表示东南公司1.8L第一代轿车产品。9类法适应当时我国汽车工业发展的实际情况,为规范产业秩序起到了很好的作用,至今依然被广泛采用。

GB 9417—1988 和 GB/T 3730.1—1988 产品分类和目前国产汽车产品型号编制规则　　表1-1

车　种	首位数字 表示车辆类别	中间两位数字 表示车辆特征参数	最后面数字和代号
载货汽车	1		
越野汽车	2		
自卸汽车	3	表示汽车总质量(t)	
牵引汽车	4		
专用汽车	5		表示产品序号和结构特征
客车	6	表示汽车总长度(×0.1m)	
轿车	7	表示发动机工作容积(×0.1L)	
(备用)	8		
半挂车及专用半挂车	9	表示汽车总质量(t)	

2)采标法

以 GB/T 3730.1—2001《汽车和挂车类型的术语和定义》和 GB/T 15089—2001《机动车辆及挂车分类》为代表的采用国际标准和国外先进标准的"采标"分类法。

为解决 GB/T 9487—1988 和 GB/T 3730.1—1988 自身存在标准重复、部分车种交叉等问题,使分类标准与国际接轨,2010 年我国出台了 GB/T 3730.1—2001(替代 GB/T 3730.1—1988)和 GB/T 15089—2001(替代 GB/T 15089—1994)两"采标"项标准。

这两项标准前者是修改采用 ISO/WD3833:1999《道路车辆类型术语和定义》(主要修改内容是我国已有摩托车和轻便摩托车术语标准,因而删去 ISO/WD3833:1999 中摩托车和轻便摩托车的术语和定义部分,其他部分等同采用),取代了 GB/T 3730.1—1988 标准。后者系等效采用 1997 年 11 月发布的 ECE R.E.3 修订本的附件 7《机动车辆及挂车的分类》及其修订本 1 修正案 2,是对 GB/T 15089—1994《机动车辆分类》标准的修订和替代;但这两个标准其具体的分类又大相径庭:前者把汽车、挂车(不含摩托车)分为汽车、挂车、汽车列车 3 大系列、13 个车种、46 个车型,其中汽车部分又分为乘用车,商用车 2 大类 29 个车型。各个车型只给名称,不给类别代码;后者分为 L(两、三轮车)、M(客车)、N(货车)、O(挂车)、G(满足指定要求的越野车)。

3)综合法

以 QC/T 775—2007《乘用车类别及代码》及 QC/T 836—2010《专用汽车类别及代码》为代表的"综合"分类法。

出台这两项标准的目的是为了补充、完善、协调 GB/T 3730.1—2001 和 GB/T 15089—2001 这两项采标标准。GB/T 3730.1—2001 对各种车型只给名称未规定代码,GB/T 15089—2001 给出了分类代码,但二者分类方法又不相同,同时前者专用车概念比较笼统,存在一些重叠、隶属关系。所以为了综合协调好这两项采标标准并使之有效执行,国家出台了 QC/T 775—2007 和 QC/T 836—2010《专用汽车类别及代码》。但从实践情况看这两项行业配套标准未产生什么作用,2009 年出台的 GB/T 17350—2009《专用汽车和专用挂车术语、代号和编制方法》仍然采用九类法分类。

4)专用车类法

以 GB/T 17350.1—1998《专用汽车和半挂车术语和代号》和 GB/T 17350—2009《专用

汽车和专用挂车术语、代号和编制方法》为代表的专用汽车、专用挂车分类法,后者代替前者。二者实际上均采用九类法,专用汽车定为"5"字头,挂车定为"9"字头,而 GB/T 3730.1—2001、GB/T 15089—2001、QC/T 775—2007 以及 QC/T 836—2010《专用汽车类别及代码》依然是各行其是。

5)其他法

以 GB 7258—2012《机动车运行安全技术条件》和 GA 802—2008《机动车类型 术语和定义》、GB 918.1—89《道路车辆分类与代码 机动车》为代表的某些部门领域采用的其他分类法。前者为安全标准,实际上不属于基础性标准的分类标准之列,但其中有涉及汽车分类规定。后者按标准"适用范围"指明适用于车辆使用部门和交通管理部门的机动车管理、调度、计划、统计及科研等领域。

2.我国汽车分类标准存在的主要问题

1)无体系

汽车分类标准也就是为汽车进行分门别类的标准,必须以系统科学为指导,统筹全局,协调安排。长期以来我国汽车分类混乱的原因多样,其中最深层次的原因是由于在时空上无系统观念,只着眼眼前的局部问题,采用实用主义做法,"头痛医头,脚痛医脚",往往造成老问题未解决新矛盾又产生、局部矛盾解决不好全局问题连带产生的被动局面。核心的问题是没有建立起科学的汽车分类标准体系。

2)统一性差

如果我们以统一性的要求衡量我国汽车分类标准,差距实在太大。且不说各部门因管理需要而采用的相互交叉、重复、矛盾的形形色色分类法,就是正式发布实施的国家标准、行业标准也互不协调统一。以 GB/T 3730.1—2001《汽车和挂车类型的术语和定义》和 GB/T 15089—2001《机动车辆及挂车分类》为例,这两项由国家质检总局同时发布、实施的"采标"标准,其对汽车的分类方法不一,就连相同车种中的具体分类也不一致,如表1-2所示。业内有一种说法是前者是通用性分类,适用于一般概念、统计、牌照、保险和政府政策和管理的依据;后者主要适用于型式认证,是型式认证各种技术法规适用范围的依据。在两项标准文本的"适用范围"中并无此提法,而且后来出台的配套标准 QC/T 775—2007(乘用车类别及代码)则着力对这两项标准进行"补充和完善",把前者的名称和后者的代号进行组合,对这二者不是着力于使用范围的区分而是着力于表现形式的结合。

GB/T 3730.1—2001 与 GB/T 15089—2001 的车种比较表 表1-2

车种	GB/T 3730.1—2001	GB/T 15089—2001
客车	按用途分为小型、城市、长途、旅游、铰接、无轨(电车)、越野、专用等8种	按座位数分为 M_1、M_2、M_3 3 大类,A、B、I、II、III 等11级
货车	按用途分为普通、多用途、全挂牵引、越野、专用行业、专用货车等6种	按最大设计总质量分为 N_1、N_2、N_3 等3种
挂车	分牵引杆挂车、半挂车、中置轴挂车 3 大类,再按用途分为 9 种	按最大设计总质量分为 O_1、O_2、O_3、O_4 等4种
越野车	仅按用途列出越野乘用车、越野货车、越野客车等具体车型	将越野车单列为 G 车型(不分具体种类)

3）难配套

GB/T 3730.1—2001 系修改采用 ISO/WD 3833:1999 国际标准,从用途出发对汽车进行分类,并直接给出各种车型的具体术语和定义,应该说它是与国际接轨的先进标准,但它未规定车型的类别与代码,无法直接表示具体车型的型号,与之配套的 QC/T 775—2007《乘用车类别及代码》至 2007 年才出台,而且实际上也难于实施。如该标准规定轿车代码为"M_{1a}",而实际上现在依然用"7"字头表示。其结果是现行有效的新标准、"采标"标准难以实施或者说只是在部分地缓慢地实施。由于配套标准的滞后和难于实施,很多场合依旧使用"九类法",只是在需要的时候(如统计口径)再按相应标准规定的车型定义,把"九类法"的车型套用到 GB/T 3730.1—2001 的"三类法"和 GB/T 15089—2001 的"五类法"中,因此实际上我国汽车分类普遍存在着"两张皮"、甚至"三张皮"的现象。这还未计及各部门根据需要无法顾及国家标准、行业标准而自行做出的各种规定。

1.1.2 我国机动车术语和定义

1.机动车

由动力装置驱动或牵引,上道路行驶的供人员乘用或用于运送物品以及进行工程专项作业的轮式车辆,包括汽车及汽车列车、摩托车、拖拉机运输机组、轮式专用机械车、挂车。

2.汽车

由动力驱动,具有四个或四个以上车轮的非轨道承载的车辆,主要用于:载运人员和/或货物(物品);牵引载运货物(物品)的车辆或特殊用途的车辆;专项作业。

本术语还包括:

a.与电力线相联的车辆,如无轨电车;

b.整车整备质量超过 400kg 的不带驾驶室的三轮车辆;

c.整车整备质量超过 600kg 的带驾驶室的三轮车辆。

1）载客汽车

设计和制造上主要用于载运人员的汽车,包括装置有专用设备或器具但以载运人员为主要目的的汽车。

(1)乘用车。设计和制造上主要用于载运乘客及其随身行李和/或临时物品的汽车,包括驾驶人座位在内最多不超过 9 个座位。它也可以牵引一辆中置轴挂车。

(2)客车。设计和制造上主要用于载运乘客及其随身行李的汽车,包括驾驶人座位在内座位数超过 9 个。

①公路客车、长途客车。为城间(城乡)运输乘客设计和制造、专门从事旅客运输的客车,包括卧铺客车,即设计和制造供全体乘客卧睡的客车。

②旅游客车。为旅游设计和制造、专门用于运载游客的客车。

③公共汽车、城市客车。为城市内运输乘客设计和制造的客车,根据是否设有乘客站立区可分为:

a.设有乘客站立区的公共汽车,即最大设计车速小于 70km/h、设有座椅及乘客站立区,并有足够的空间供频繁停站时乘客上下车走动,有固定的线路和车站,主要在城市建成区运营的客车;也包括无轨电车,即以电动机驱动,与电力线相连的客车。

b. 未设置乘客站立区的公共汽车，即未设置乘客站立区，有固定的线路和车站，主要在城市道路运营的客车。

（3）校车。用于有组织地接送3周岁以上学龄前幼儿或接受义务教育的学生上下学的7座以上的载客汽车。

①幼儿校车。接送3周岁以上学龄前幼儿上下学的校车。

②小学生校车。接送小学生上下学的校车。

③中小学生校车。接送九年制义务教育阶段学生（小学生和初中生）上下学的校车。

④专用校车。设计和制造上专门用于运送3周岁以上学龄前幼儿或义务教育阶段学生的校车。

2）载货汽车、货车

设计和制造上主要用于载运货物或牵引挂车的汽车，包括装置有专用设备或器具但以载运货物为主要目的的汽车。

（1）半挂牵引车。装备有特殊装置用于牵引半挂车的汽车。

（2）低速汽车。三轮汽车和低速货车的总称。

①三轮汽车。最大设计车速小于等于50km/h的，具有三个车轮的货车。

②低速货车、低速载货汽车。最大设计车速小于70km/h的，具有四个车轮的货车。

（3）危险货物运输车。专门用于运输符合GB 12268—2012等相关标准规定的危险货物的货车。

3）专项作业车、专用作业车

装置有专用设备或器具，在设计和制造上用于专项作业的汽车，如汽车起重机、消防车、混凝土泵车、清障车、高空作业车、扫路车、吸污车、钻机车、仪器车、检测车、监测车、电源车、通信车、电视车、采血车、医疗车、体检医疗车等，但不包括以载运人员或货物为主要目的的汽车。

4）气体燃料汽车

装备以石油气、天然气或煤气等气体为燃料的发动机的汽车。

5）两用燃料汽车

具有两套相互独立的燃料供给系统，一套供给天然气或液化石油气，另一套供给其他燃料，两套燃料供给系统可分别但不可同时向燃烧室供给燃料的汽车，如汽油/压缩天然气两用燃料汽车、汽油/液化石油气两用燃料汽车等。

6）双燃料汽车

具有两套燃料供给系统，一套供给天然气或液化石油气，另一套供给其他燃料，两套燃料供给系统按预定的配比向燃烧室供给燃料，在缸内混合燃烧的汽车，如柴油—压缩天然气双燃料汽车、柴油—液化石油气双燃料汽车等。

7）纯电动汽车

由电动机驱动，且驱动电能来源于车载可充电蓄电池或其他能量储存装置的汽车。

8）插电式混合动力汽车

具有一定的纯电驱动行驶里程，且在正常使用情况下可从非车载装置中获取电能量的混合动力汽车。

9）燃料电池汽车

以燃料电池作为动力电源的汽车。

10）教练车

专门从事驾驶技能培训的汽车。

11）残疾人专用汽车

在采用自动变速器的乘用车上加装符合标准和规定的驾驶辅助装置，专门供特定类型的肢体残疾人驾驶的汽车。

3. 挂车

设计和制造上需由汽车或拖拉机牵引，才能在道路上正常使用的无动力道路车辆，包括牵引杆挂车、中置轴挂车和半挂车，用于载运货物和专项作业。

1）牵引杆挂车、全挂车。

至少有两根轴的挂车，具有：轴可转向；通过角向移动的牵引杆与牵引车连接；牵引杆可垂直移动，连接到底盘上，因此不能承受任何垂直力。

2）中置轴挂车

均匀受载时挂车质心紧靠车轴位置，牵引装置相对于挂车不能垂直移动、与牵引车连接时只有较小的垂直载荷作用于牵引车的挂车。

3）半挂车

均匀受载时挂车质心位于车轴前面，装有可将垂直力和/或水平力传递到牵引车的连接装置的挂车。

4. 汽车列车

由汽车（低速汽车除外）牵引挂车组成的机动车，包括乘用车列车、货车列车和铰接列车。

1）乘用车列车

乘用车和中置轴挂车的组合。

2）货车列车

货车和牵引杆挂车或中置轴挂车的组合。

（1）牵引杆挂车列车、全挂拖斗车、全挂汽车列车。货车和牵引杆挂车的组合。

（2）中置轴挂车列车。货车和中置轴挂车的组合。

（3）铰接列车、半挂汽车列车。半挂牵引车和半挂车的组合。

5. 摩托车

由动力装置驱动的，具有两个或三个车轮的道路车辆，但不包括：

a. 整车整备质量超过 400kg 的不带驾驶室的三轮车辆；

b. 整车整备质量超过 600kg 的带驾驶室的三轮车辆；

c. 最大设计车速、整车整备质量、外廓尺寸等指标符合相关国家标准和规定的，专供残疾人驾驶的机动轮椅车；

d. 电驱动的，最大设计车速不大于 20km/h，具有人力骑行功能，且整车整备质量、外廓尺寸、电动机额定功率等指标符合相关国家标准规定的两轮车辆。

1）普通摩托车

无论采用何种驱动方式，其最大设计车速大于 50km/h，或如使用内燃机，其排量大于

50mL,或如使用电驱动,其电动机最大输出功率总和大于 4kW 的摩托车,包括两轮普通摩托车、边三轮摩托车和正三轮摩托车。

（1）两轮普通摩托车。装有一个从动轮和一个驱动轮的普通摩托车。

（2）边三轮摩托车。在两轮普通摩托车的右侧装有边车的摩托车。

（3）正三轮摩托车。装有与前轮对称分布的两个后轮的普通摩托车,且如设计和制造上允许装载货物或载运乘员,其最大设计车速小于 70km/h。

2）轻便摩托车

无论采用何种驱动方式,其最大设计车速不大于 50km/h 的摩托车,且:如使用内燃机,其排量不大于 50mL;如使用电驱动,其电动机最大输出功率总和不大于 4kW。

（1）两轮轻便摩托车。装有一个从动轮和一个驱动轮的轻便摩托车。

（2）正三轮轻便摩托车。装有与前轮对称分布的两个后轮的轻便摩托车。

6. 拖拉机运输机组

由拖拉机[①]牵引一辆挂车组成的用于载运货物的机动车,包括轮式拖拉机运输机组和手扶拖拉机运输机组[②]。

7. 轮式专用机械车

有特殊结构和专门功能,装有橡胶车轮可以自行行驶,最大设计车速大于 20km/h 的轮式机械,如装载机、平地机、挖掘机、推土机等,但不包括叉车。

8. 特型机动车

质量参数和/或尺寸参数超出 GB 1589—2004 规定的汽车、挂车、汽车列车。

1.1.3　汽车型号编制规则

GB 9417—1988《汽车产品型号编制规则》虽然已作废,但无替代标准。该标准车型分类车辆类别代号至今依然被广泛采用。

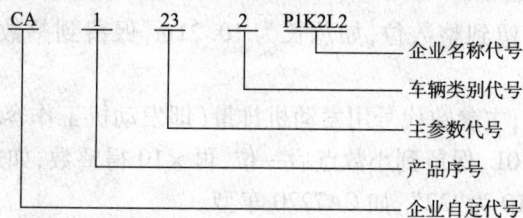

1. 汽车产品型号的构成

1）企业名称代号

企业名称代号为识别车辆制造企业的代号。如:"CA"("China Automobile"的缩写)表示中国第一汽车集团公司的企业名称代号。

2）车辆类别代号

---

① 本标准所指的拖拉机是指最高设计车速不大于 20km/h、牵引挂车方可从事道路货物运输作业的手扶拖拉机,和最高设计车速不大于 40km/h、牵引挂车方可从事道路货物运输作业的轮式拖拉机。

② 手扶拖拉机运输机组还包含手扶变型运输机,即发动机 12h 标定功率不大于 14.7kW,采用手扶拖拉机底盘,将扶手把改成转向盘,与挂车连在一起组成的折腰转向式运输机组。

车辆类别代号表示车辆或底盘所属种类的代号。

"1"代表"载货汽车":主要用于载货。

"2"代表"越野汽车":主要用于坏路或无路地区,全轮驱动,具有高通过性。

"3"代表"自卸汽车":以运送货物为主且具有可倾卸货箱的汽车。

"4"代表"牵引汽车":专门或主要用于牵引挂车的汽车。

"5"代表"专用汽车":装有专用设备、具有专用功能,用于承担专门运输任务或专项作业的汽车。

"6"代表"客车":具有长方箱形车厢,主要用于载送人员及其随身行李物品的汽车。

"7"代表"轿车":用于载送人员及其随身物品且座位布置在两轴之间的四轮汽车。

"9"代表"半挂车及专用半挂车":由半挂牵引车牵引且部分质量由其牵引车承受的挂车。

3) 主参数代号

主参数代号表示车辆主要特征的代号,一般用两位阿拉伯数字表示。

(1)"1""2""3""4""5""9"代表的车辆,主参数代号用车辆总重表示。

对于总重 <10t,如总重为 9.312t,四舍五入为"9",前加"0",主参数代号为"09",如 CA1091 车型。

对于总重 ≥10t,如总重为 10.56t,四舍五入为"11",主参数代号为"11",如 CA1111 车型。

对于总重 ≥100t,如总重为 100.19t,四舍五入为"100",主参数代号为"100",如 CA41000 车型。

(2)"6"代表的客车,主参数代号用客车总长表示。

对于总长 <10m,保留到小数点后一位,再×10 得整数,如总长为 4.419m,四舍五入为 "4.4",再×10 为"44",如 CA6440 车型;

对于总长 ≥10m,保留到整数位,如总长为 10.21m,保留到整数位为"10",如 CA6102 车型。

(3)"7"代表的轿车,主参数代号用发动机排量(即发动机工作容积)表示。

对于发动机排量 <10L,保留到小数点后一位,再×10 得整数,如发动机排量为 2.213L,四舍五入为"2.2",再×10 为"22",如 CA7220 车型。

对于发动机排量 ≥10L,保留到整数位,同上。

※主参数代号的数值修约规则

对于主参数为 1.5,3.5,5.5,…,即小数位仅为"5",整数位为奇数,按数值修约规则修约的结果为:小数位进到整数位,即为 2,4,6,…

对于主参数为 2.5,4.5,6.5,…,即小数位仅为"5",整数位为偶数,按数值修约规则修约的结果为:小数位舍去,整数位不变,即为 2,4,6,…

4) 产品序号

产品序号表示一个企业的车辆类别代号和主参数代号相同的车辆的投产顺序号,用阿拉伯数字0,1,2…9 依次表示第一代产品,第二代产品……

如:在 CA1091(老车型为 CA141)基础上,上九项措施包括改变后桥速比、钢板弹簧加片、车架加强、车厢加强、发动机也有所改变等,车型改为 CA1092(CA142)。

5)企业自定代号

企业自定代号一般指车辆特征代号。

(1)轿车"7",特征代号有:

"A"区别号(如两车型,仅发动机不同,加"A"区别)。

"C"超豪华车(体现在内饰面料豪华,座椅舒适,音响设备先进等)。

"D"低配置(一汽华利天津汽车公司开发)。

"E"电喷车(指发动机为电喷机)。

"H"豪华车。

"J"检阅车(为国家领导人检阅用,顶盖开天窗,人可站起)。

"L"长轴距车(在基本型基础上,加长轴距,目的是提高载重量或装轻泡货物)。

"M"双燃料车(指发动机用双燃料,即液化石油气 + 汽油,目的为降排放)。

"N"混合动力。

"S"运动休闲车。

"T"全轮驱动(四个轮全为驱动轮,赛车多用)。

"W"旅行车(座椅的一排或多排可拆除,以便放旅行用的货物等)。

"Y"右置转向盘(适合左侧通行的国家和地区,如英联邦国家、香港、澳门、泰国、马来西亚及日本等)"Z"出国车。

(2)客车"6",特征代号有:

"A"区别号(同上)。

"D"客车底盘。

"E"电喷车(同上)。

"G"高顶客车(为提高舒适性,加大车体高度,扩大空间)。

"J"经济型车(体现在内饰材料低档,仪表板简易,无音响设备等)。

"L"长轴距车(同上)。

"M"多用途乘用车(前排座椅可旋转、立起,载客载货兼备)。

"W"旅行车(加一些高档设备,适用长途旅行)。

"Y"右置转向盘(同上)。

"Z"出国车。

(3)载货车"1",特征代号有:

"A"区别号(同上)。

"D"客车底盘。

"E"高栏板车(一般部队用车,用于野营、训练等)。

"F"后轮单胎(指轻型车,载重一吨左右,后轮仅单胎即可)。

"G"高原车(高原地区用车,多指汽油机车,因高原地区氧气稀薄,气压低,发动机不能正常工作,冒黑烟,需增加空气压缩机,增加进气量,才能维持发动机正常工作)。

"H"动力型车(为适合坏路面行驶,提高速度和发动机功率,增加动力性)。

"J"军车(部队用)。

"K"柴油车(指发动机为柴油机)。

"L"长轴距车(同上)。

"P"平头车(指驾驶室为平头,无"P"的驾驶室为长头或凸头)。

"R"双排座或卧铺(皆指驾驶室而言,双排座驾驶室乘客可多坐几位;卧铺驾驶室主要用于长途货运,可休息)。

"S"装取力器底盘(特种车用,翻斗、自卸及水泥搅拌车都需举升机构,动力来源于取力器,在变速器上有取力孔,将动力取出)。

"T"非4×2驱动(无"T",指驱动形式为4×2)。

"U"客货两用车(即PICK UP轻型车,驾驶室坐人,后货厢拉货)。

"V"厢式货车(车厢封闭,拉货用)。

"W"林业车底盘(林区用车,为装长条原木,需要将钢板弹簧加片等)。

"X"消防车底盘(踏板宽,装有水泵及水带等救火用急需设备)。

"Y"右置转向盘(同上)。

"Z"出国车。

(4)越野车"2"及自卸车"3",特征代号有:

"B"自卸车底盘;   "C"牵引车底盘;

"K"柴油车(同上);   "L"长轴距车(同上);

"P"平头车(同上);   "T"非4×2驱动(同上);

"Y"右置转向盘(同上);   "Z"出国车;

"E"仅越野车(电喷机)。

※需特殊说明的几个特征代号:

①"T"非4×2驱动:

$T-6\times6,T1-6\times4,T2-6\times2,T3-6\times2$ 双前轴,$T4-8\times4,T5-4\times4$。

②驾驶室类型及代号:

P-FK 窄驾驶室;   P1-FM 中宽驾驶室;

P2-FP 宽驾驶室;   P4-FM 全新内饰驾驶室(加宽中地板);

P10-FM 单排驾驶室;   P11-FM 中宽高顶驾驶室;

P12-双排座带上层卧铺驾驶室;   P21-FP 宽高顶驾驶室;

P41-FM 全新内饰高顶驾驶室。

③柴油机类型及代号:

K1-道依茨(德国生产);   K2-CA6110(大柴、锡柴生产);

K3-CY6102BQ-6(朝阳柴油机厂生产);   K4-Phaser(天津帕金斯有限公司生产);

K5-W06E(日野汽车公司生产);   K8-广西玉柴;

K15-山东潍柴;   K16-卡特机;

K17-康明斯发动机。

④特征代号的一般排序规律:

中、重型车(中型 6t<M≤14t,重型 M>14t):P K L H R G E B C T S M Y Z A。

轻型车(轻型 1.8t<M≤6t):P K L F U H R E B C T S M Y Z A。

2.专用汽车"5"及专用半挂车"9"的编号规则

专用车的构成:

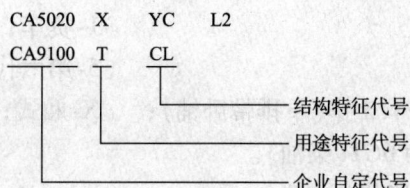

CA5020　X　　YC　　L2
CA9100　T　　CL

　　　　　　　　　结构特征代号
　　　　　　　用途特征代号
　　　　　企业自定代号

1)结构特征代号

结构特征代号表示车辆结构方面的特征代号。

厢式车(用"X"表示):具有独立的封闭结构车厢或与驾驶室连成一体的整体式封闭结构的专用汽车。

罐式车(用"G"表示):装有罐状容器,用于运输或完成特定作业任务的专用汽车。

专用自卸车(用"Z"表示):装有液压举升机构,能将车箱(罐体)卸下或使车箱(罐体)倾斜一定角度,货物依靠自重而自行卸下的专用汽车。

特种结构车(用"T"表示):具有架形结构、平板结构等各种特殊结构,用于承担专项作业的专用汽车。

起重举升车(用"J"表示):装有起重设备或可升降作业台的专用汽车。

仓栅式车(用"C"表示):具有仓笼或栅栏式结构的车厢,用于运输散装颗粒食物、畜禽等货物的专用汽车。

2)用途特征代号

用途特征代号表示车辆用途方面的特征代号。

"YC"表示运钞车;如"XYC"表示厢式运钞车。

"SS"表示洒水车;如"GSS"表示罐式洒水车。

"LJ"表示垃圾车;如"ZLJ"表示专用自卸垃圾车。

"CL"表示车辆运输车;如"TCL"表示特种结构的车辆运输车。

"GK"表示高空作业车;如"JGK"表示起重举升式的高空作业车。

"CQ"表示畜禽运输车;如"CCQ"表示仓栅式的畜禽运输车。

3.试制车型

在车型号的企业名称代号前加"S"表示第一轮试制;

加"2S"表示第二轮试制;

加"3S"表示第三轮试制;

如5SCA1160PK8L2表示此车为第五轮试制车型。

汽车产品型号的确定和管理由整车设计部门按本标准确定,到标准科登记备案。

4.典型汽车型号举例

例1:解放牌CA1258P11K2L7T1型6×4平头柴油载货汽车:

CA-表示一汽;　　　　　　　　1-表示货车;

25-表示总质量25吨;　　　　　　P-表示平头;

K-表示柴油发动机;　　　　　　L-表示长轴距;

T1-表示驱动形式为6×4。

例2: 东风牌 EQ1195GX24D 型载货汽车:

EQ-东风;   1-货车;

19-总质量19吨;   5-第六代;

G-平头/曲面玻璃/1.5排(单排带卧铺);   X-厢式;

24D-发动机型号为6CT(柴油)。

第二汽车制造厂企业自定代号:

G-平头驾驶室,一排半;   T-平头驾驶室,单排;

N-平头驾驶室,双排;   D-发动机;

F-尖头驾驶室尾部。

1.1.4 发动机型号编制规则

根据国家标准 GB/T 725—2008《内燃机产品名称和型号编制规则》,适用于往复式内燃机,其他型号的内燃机亦可参照使用。

1. 发动机型号组成

按 GB/T 725—2008 的规定,内燃机型号包括下列四部分,见图1-1。

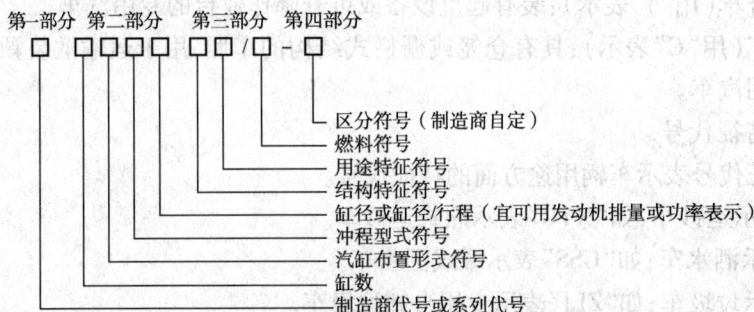

图1-1 型号表示方法

第一部分:由制造商代号或系列符号组成。本部分代号由制造商根据需要选择相应1~3位字母表示。

第二部分:由汽缸数、汽缸布置类型符号、冲程类型符号、缸径符号组成。

(1)汽缸数用1~2位数字表示;

(2)汽缸布置类型符号:此位无符号,表示多缸直列及单缸;符号V表示发动机V型排列;符号P表示发动机卧式排列;X表示发动机X型排列见表1-3。

汽缸布置类型符号   表1-3

符 号	含 义	符 号	含 义
无符号	多缸直列及单缸	H	H型
V	V型	X	X型
P	卧式		

注:其他布置类型符号见 GB/T 1883.1—2005。

（3）行程类型为四行程时符号省略，二行程用表示。

（4）缸径符号一般缸径或缸径/行程数字表示，其单位由制造商自定；

第三部分：由结构特征符号、用途特征符号组成，其符号按表1-4和表1-5的规定。

结 构 特 征 符 号 表1-4

符　号	结 构 特 征	符　号	结 构 特 征
无符号	冷却液冷却	Z	增压
F	风冷	ZL	增压中冷
N	凝气冷却	DZ	可倒转
S	十字头式		

用 途 特 征 符 号 表1-5

符　号	用　途	符　号	用　途
无符号	通用型及固定动力（或制造商自定）	D	发动机组
T	拖拉机	C	船用主机、右机基本型
M	摩托车	CZ	船用主机、左机基本型
G	工程机械	Y	农用三轮车（或其他农用车）
Q	汽车	L	林业机械
J	铁路机车		

注：内燃机左机和右机的定义按GB/T 726—1994的规定。

第四部分：区分符号。同系列产品需要区分时，允许制造商选用适当符号表示。第三部分与第四部分可用"－"分隔。

2. 发动机型号编制举例

1）柴油机型号举例

YZ6102Q—扬州柴油机厂生产的六缸直列、四冲程、缸径102mm、冷却液冷却、车用柴油机；

JC12V26/32ZLC—济南柴油机股份有限公司生产的12缸、V型、四冲程、缸径260mm、行程320mm、冷却液冷却、增压中冷、船用主机、右机基本型柴油机。

2）汽油机型号举例

492Q —四缸、直列、四冲程、缸径92mm、冷却液冷却、汽车用。

3）燃气机型号

12V190ZL/T—12缸、V型、四冲程、缸径190mm、冷却液冷却、增压中冷、燃气为天然气。

4）双燃料发动机

Gi2V190ZLS—12缸、V型、缸径190mm、冷却液冷却、增压中冷、燃气为柴油/天然气双燃料（G为系列代号）。

1.1.5　车辆识别代号（VIN）

在评估碰撞事故车辆之前，首先要确定汽车型号。不同的型号、不同的类型表示不同的结构、不同的配置、不同的价值。汽车的型号、类型、结构是十分复杂,当代世界各国汽车公司生产的汽车大部分采用 VIN 车辆识别代码,我国 2004 年 12 月 1 日起也实行了该项规则,如图 1-2 所示。

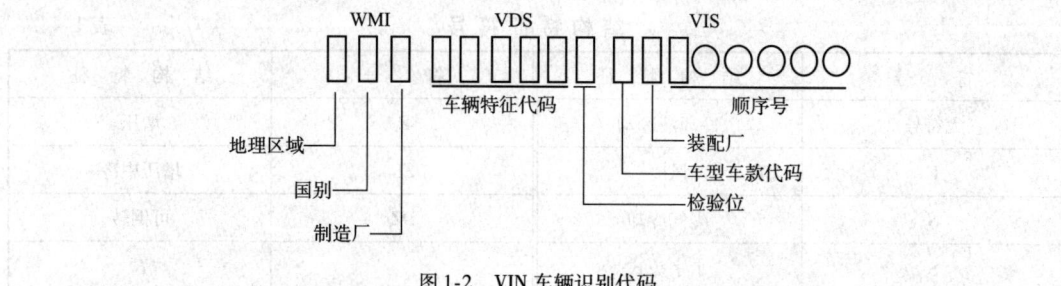

图 1-2　VIN 车辆识别代码

该规则是由世界组织 ISO 统一编制的,由一组字母和阿拉伯数字组成,共 17 位,俗称汽车身份证号,它是识别一辆汽车不可缺少的工具。VIN 的每位代码代表着汽车的某一方面信息参数,按照识别代码的编码顺序,可以识别出该车的生产国别、制造公司或生产厂家、车辆类型、品牌名称、车型系列、车身类型、发动机型号、车型年款(属哪年生产的年款型车)、安全防护装置型号、检验数字、装配工厂名称和出厂顺序号码等(VIN 代码在 30 年内不会发生重号、重复生产)。

其基本内容由 3 个部分组成:第一部分,世界制造厂识别代号(WMI)必须经过申请、ISO 批准和备案后方能使用;第二部分,车辆说明部分(VDS);第三部分,车辆批示部分(VIS)。

例:VIN 号为 LE4EJ68WAV5700321。

第 1 位:生产地理区域代码。

由 ISO 统一分配,亚洲地区代码为 J ~ R,中国定为"L",1—美国,2—加拿大,3—墨西哥,6—澳大利亚,J—日本,K—韩国,L—中国台湾,W—德国。

第 2 位:生产国家代码。

由 ISO 统一分配,中国的代码为"0—9"和"A ~ Z",北京吉普汽车有限公司使用的代码为"E"。

第 3 位:车型类别代码。

4—BJ2021 系列。

第 4 位:厂家最大总质量分级代码。

北京厂定的总质量分级代码,该车系列总质量是 3 176 ~ 3 628 kg,属于 J 级代码。

第 5 位:车型种类代码(按驱动车轮和转向盘位置)。

J—4×4,左转向盘。

第 6 位:车型系列代码。

6—中档型(2—经济型,7—高档型)。

第 7 位:车身类型代码。

8—4 门金属硬顶(1—2 门软顶,2—2 门玻璃钢硬顶,3—2 门金属硬顶,6—4 门玻璃钢硬顶)。

第 8 位:发动机类型代码。

W—2.5(四缸化油器式汽油机)。

第 9 位:检验车型代码。

A—BJ2021EL 四缸电喷长轴距切诺基。

第 10 位:车辆生产年份代码。

V—1997(1997 年生产的产品)。

第 11 位:装机厂代码。

5—总装厂。

第 12 ~ 17 位:出厂顺序代码。

第 12 位为公历年的末位数字。例如:1995 年第 12 位为 5,1996 年第 12 位为 6,以此类推。第 13 位是按照每个公历年两年的生产顺序从 00 001 ~ 99 999 顺序编排。例如 1999 年生产的第一辆汽车,其顺序号为 90001。

1.2　汽车使用的相关知识

1.2.1　发动机基本参数详解

1. 缸数

汽车发动机常用缸数有 3、4、5、6、8 缸。排量 1L 以下的发动机常用 3 缸,1 ~ 2.5L 一般为 4 缸发动机,3L 左右的发动机一般为 6 缸,4L 左右为 8 缸,5.5L 以上用 12 缸发动机。一般来说,在同等缸径下,缸数越多,排量越大,功率越高;在同等排量下,缸数越多,缸径越小,转速可以提高,从而获得较大的提升功率。

2. 汽缸的排列形式

一般 5 缸以下的发动机的汽缸多采用直列方式排列,少数 6 缸发动机也有直列方式的。直列发动机的汽缸体成一字排开,缸体、缸盖和曲轴结构简单,制造成本低,低速转矩特性好,燃料消耗少,尺寸紧凑,应用比较广泛,缺点是功率较低。直列 6 缸的动平衡较好,振动相对较小。大多 6 到 12 缸发动机采用 V 形排列,V 形即汽缸分两列错开角度布置,形体紧凑,V 形发动机长度和高度尺寸小,布置起来非常方便。V8 发动机结构非常复杂,制造成本很高,所以使用的较少,V12 发动机过大过重,只有极个别的高级轿车采用。

3. 气门数

国产发动机大多采用每缸 2 气门,即一个进气门,一个排气门;国外轿车发动机普遍采用每缸 4 气门结构,即 2 个进气门,2 个排气门,提高了进、排气的效率;国外有的公司开始采用每缸 5 气门结构,即 3 个进气门,2 个排气门,主要作用是加大进气量,使燃烧更加彻底。气门数量并不是越多越好,5 气门确实可以提高进气效率,但是结构极其复杂,加工困难,采用较少,国内生产的新捷达王就采用五气门发动机。

4. 排气量

汽缸工作容积是指活塞从上止点到下止点所扫过的气体容积,又称为单缸排量,它取决于缸径和活塞行程。发动机排量是各缸工作容积的总和,一般用升(L)来表示。发动机排量是最重要的结构参数之一,它比缸径和缸数更能代表发动机的大小,发动机的许多指标都同排气量密切相关。

5. 最高输出功率

最高输出功率一般用马力（PS）或千瓦（kW）来表示。发动机的输出功率同转速关系很大，随着转速的增加，发动机的功率也相应提高，但是到了一定的转速以后，功率反而呈下降趋势。一般在汽车使用说明中最高输出功率与当时对应的每分钟转速来表示（r/min），如100PS/5000r/min，即在每分钟5000转时最高输出功率100马力。

6. 最大转矩

发动机从曲轴端输出的力矩，转矩的表示方法是 N·m/r/min，最大转矩一般出现在发动机的中、低转速的范围，随着转速的提高，转矩反而会下降。当然，在选择的同时要权衡一下怎样合理使用、不浪费现有功能。比如，北京冬夏都有必要开空调，在选择发动机功率时就要考虑到不能太小；只是在城市环路上下班交通用车，就没有必要选择大马力的发动机。尽量做到经济、合理选配发动机。

1.2.2　汽车经济使用寿命及报废制度

在一辆汽车的整个使用时期内，汽车的制造费用平均约占全部使用期内总费用的20%。而汽车的使用、维修费用则占总费用的80%。如果汽车在长期使用中，能保持其较低的使用维修费用，那么其经济使用寿命则长，反之，则缩短。

1. 汽车经济使用寿命的指标

汽车经济使用寿命的主要指标有：年限、行驶里程、使用年限和大修次数。

1）年限

年限是指汽车从开始投入运行到报废的年数。这种方法除考虑了运行时间外，还考虑了车辆停驶期间的自然损耗问题。这种方法计量简单，没有反映汽车的使用强度和使用条件，同样使用年限的车辆由于行驶里程、载重、维护保养、驾驶技术和道路环境条件的不同而造成技术状况差异很大。

2）行驶里程

行驶里程即汽车从开始投入运行到报废期间的行驶里程数。这种方法反映了汽车的真实使用强度，但没有反映运行条件的差异，如道路环境条件、载重乘员条件和保养维护状况等，也没包含停驶期间的自然损耗。

专业运输车辆，由于其运行条件差异较大，虽然使用年限大致相同，但累计行驶里程相差悬殊。汽车运输业中，大多数以行驶里程作为考核车辆各项指标的基数，但对于在用汽车评估，行驶里程一般作为参考依据。

3）使用年限

使用年限是把汽车总的行驶里程与平均行驶里程所得的年限比值，作为使用年限的量标。这种方法综合了行驶里程和使用年限的特点，但计算起来年均行驶里程需要统计量值的支持，而该值不易取得，且差异性较大。

4）大修次数

汽车在使用过程中，当动力性和经济性下降到一定程度，已无法用正常的维修和小修方法使其恢复正常技术状况时，就要进行大修。

运输技术部门除用里程作为指标外，也用大修次数作为指标。汽车报废之前，截止到第几次大修最为经济,需权衡买新车的费用加旧车未折完的损失和大修费用加经营费用的损失,来预测截止到某次大修最经济合算。

2.影响汽车经济使用寿命的因素

影响汽车经济使用寿命的因素如下所述:

1)汽车的损耗

汽车的损耗包括汽车的有形损耗和无形损耗。

有形损耗是指车辆在使用过程中本身的损耗。它包括磨损、锈蚀、腐蚀等自然损耗以及燃料、润滑料和维护保养费用的增加。有形损耗主要与运输成本有关。

无形损耗是指由于技术的进步,生产的发展,出现了性能好、生产效率高的新型车,或原车型价格下降等情况,促使在用汽车提前更新。实际上是旧车型相对新车型的贬值,这个问题将在后面的重置成本法进行车辆评估时详述。

2)经济水平

我国各地的经济发展水平差异很大,在发达地区的车辆淘汰更新快,经济使用寿命短,相反欠发达和落后地区的车辆淘汰更新慢,经济使用寿命相对较长。如出租车的使用年限从3年至8年不等,有的落后地方8年后还可以使用。

3)使用条件

(1)道路条件。道路对汽车使用寿命影响很大,直接影响车辆技术速度。道路条件差,车辆技术速度就慢,燃油消耗增大,车辆磨损增大,经济使用寿命则短。

(2)自然条件。我国幅员辽阔,各地自然、地理条件差异较大,温度、湿度、沙尘含量差异较大,因此车辆经济使用寿命也存在一定的差异。

3.汽车的报废制度

商务部、发改委、公安部、环境保护部令2012年第12号《机动车强制报废标准规定》已经2012年8月24日商务部第68次部务会议审议通过,并经发展改革委、公安部、环境保护部同意,现予发布,自2013年5月1日起施行。《关于发布＜汽车报废标准＞的通知》(国经贸经〔1997〕456号)、《关于调整轻型载货汽车报废标准的通知》(国经贸经〔1998〕407号)、《关于调整汽车报废标准若干规定的通知》(国经贸资源〔2000〕1202号)、《关于印发＜农用运输车报废标准＞的通知》(国经贸资源〔2001〕234号)、《摩托车报废标准暂行规定》(国家经贸委、发展计划委、公安部、环保总局令〔2002〕第33号)同时废止。

机动车强制报废标准规定

第一条　为保障道路交通安全、鼓励技术进步、加快建设资源节约型、环境友好型社会,根据《中华人民共和国道路交通安全法》及其实施条例、《中华人民共和国大气污染防治法》、《中华人民共和国噪声污染防治法》,制定本规定。

第二条　根据机动车使用和安全技术、排放检验状况,国家对达到报废标准的机动车实施强制报废。

第三条　商务、公安、环境保护、发展改革等部门依据各自职责,负责报废机动车回收拆解监督管理、机动车强制报废标准执行有关工作。

第四条　已注册机动车有下列情形之一的应当强制报废,其所有人应当将机动车交售给报废机动车回收拆解企业,由报废机动车回收拆解企业按规定进行登记、拆解、销毁等处理,并将报废机动车登记证书、号牌、行驶证交公安机关交通管理部门注销:

(一)达到本规定第五条规定使用年限的;

(二)经修理和调整仍不符合机动车安全技术国家标准对在用车有关要求的;

(三)经修理和调整或者采用控制技术后,向大气排放污染物或者噪声仍不符合国家标准对在用车有关要求的;

(四)在检验有效期届满后连续3个机动车检验周期内未取得机动车检验合格标志的。

第五条　各类机动车使用年限分别如下:

(一)小、微型出租客运汽车使用8年,中型出租客运汽车使用10年,大型出租客运汽车使用12年;

(二)租赁载客汽车使用15年;

(三)小型教练载客汽车使用10年,中型教练载客汽车使用12年,大型教练载客汽车使用15年;

(四)公交客运汽车使用13年;

(五)其他小、微型营运载客汽车使用10年,大、中型营运载客汽车使用15年;

(六)专用校车使用15年;

(七)大、中型非营运载客汽车(大型轿车除外)使用20年;

(八)三轮汽车、装用单缸发动机的低速货车使用9年,装用多缸发动机的低速货车以及微型载货汽车使用12年,危险品运输载货汽车使用10年,其他载货汽车(包括半挂牵引车和全挂牵引车)使用15年;

(九)有载货功能的专项作业车使用15年,无载货功能的专项作业车使用30年;

(十)全挂车、危险品运输半挂车使用10年,集装箱半挂车20年,其他半挂车使用15年;

(十一)正三轮摩托车使用12年,其他摩托车使用13年。

对小、微型出租客运汽车(纯电动汽车除外)和摩托车,省、自治区、直辖市人民政府有关部门可结合本地实际情况,制定严于上述使用年限的规定,但小、微型出租客运汽车不得低于6年,正三轮摩托车不得低于10年,其他摩托车不得低于11年。

小、微型非营运载客汽车、大型非营运轿车、轮式专用机械车无使用年限限制。

机动车使用年限起始日期按照注册登记日期计算,但自出厂之日起超过2年未办理注册登记手续的,按照出厂日期计算。

第六条　变更使用性质或者转移登记的机动车应当按照下列有关要求确定使用年限和报废:

(一)营运载客汽车与非营运载客汽车相互转换的,按照营运载客汽车的规定报废,但小、微型非营运载客汽车和大型非营运轿车转为营运载客汽车的,应按照本规定附件1所列公式核算累计使用年限,且不得超过15年;

(二)不同类型的营运载客汽车相互转换,按照使用年限较严的规定报废;

（三）小、微型出租客运汽车和摩托车需要转出登记所属地省、自治区、直辖市范围的，按照使用年限较严的规定报废；

（四）危险品运输载货汽车、半挂车与其他载货汽车、半挂车相互转换的，按照危险品运输载货车、半挂车的规定报废。

距本规定要求使用年限1年以内（含1年）的机动车，不得变更使用性质、转移所有权或者转出登记地所属地市级行政区域。

第七条　国家对达到一定行驶里程的机动车引导报废。

达到下列行驶里程的机动车，其所有人可以将机动车交售给报废机动车回收拆解企业，由报废机动车回收拆解企业按规定进行登记、拆解、销毁等处理，并将报废的机动车登记证书、号牌、行驶证交公安机关交通管理部门注销：

（一）小、微型出租客运汽车行驶60万千米，中型出租客运汽车行驶50万千米，大型出租客运汽车行驶60万千米；

（二）租赁载客汽车行驶60万千米；

（三）小型和中型教练载客汽车行驶50万千米，大型教练载客汽车行驶60万千米；

（四）公交客运汽车行驶40万千米；

（五）其他小、微型营运载客汽车行驶60万千米，中型营运载客汽车行驶50万千米，大型营运载客汽车行驶80万千米；

（六）专用校车行驶40万千米；

（七）小、微型非营运载客汽车和大型非营运轿车行驶60万千米，中型非营运载客汽车行驶50万千米，大型非营运载客汽车行驶60万千米；

（八）微型载货汽车行驶50万千米，中、轻型载货汽车行驶60万千米，重型载货汽车（包括半挂牵引车和全挂牵引车）行驶70万千米，危险品运输载货汽车行驶40万千米，装用多缸发动机的低速货车行驶30万千米；

（九）专项作业车、轮式专用机械车行驶50万千米；

（十）正三轮摩托车行驶10万千米，其他摩托车行驶12万千米。

第八条　本规定所称机动车是指上道路行驶的汽车、挂车、摩托车和轮式专用机械车；非营运载客汽车是指个人或者单位不以获取利润为目的的自用载客汽车；危险品运输载货汽车是指专门用于运输剧毒化学品、爆炸品、放射性物品、腐蚀性物品等危险品的车辆；变更使用性质是指使用性质由营运转为非营运或者由非营运转为营运，小、微型出租、租赁、教练等不同类型的营运载客汽车之间的相互转换，以及危险品运输载货汽车转为其他载货汽车。本规定所称检验周期是指《中华人民共和国道路交通安全法实施条例》规定的机动车安全技术检验周期。

第九条　省、自治区、直辖市人民政府有关部门依据本规定第五条制定的小、微型出租客运汽车或者摩托车使用年限标准，应当及时向社会公布，并报国务院商务、公安、环境保护等部门备案。

第十条　上道路行驶拖拉机的报废标准规定另行制定。

第十一条　本规定自2013年5月1日起施行。2013年5月1日前已达到本规定所列报废标准的,应当在 2014 年 4 月 30 日前予以报废。《关于发布 <汽车报废标准 >的通知》(国经贸经〔1997〕456 号)、《关于调整轻型载货汽车报废标准的通知》(国经贸经〔1998〕407 号)、《关于调整汽车报废标准若干规定的通知》(国经贸资源〔2000〕1202号)、《关于印发 <农用运输车报废标准 > 的通知》(国经贸资源〔2001〕234 号)、《摩托车报废标准暂行规定》(国家经贸委、发展计划委、公安部、环保总局令〔2002〕第 33 号)同时废止。

附件:

1. 非营运小微型载客汽车和大型轿车变更使用性质后累计使用年限计算公式

$$累计使用年限 = 原状态已使用年 + \left(1 - \frac{原状态已使用年}{原状态使用年限}\right) \times 状态改变后年限$$

备注:公式中原状态已使用年中不足一年的按一年计算,例如,已使用 2.5 年按照 3 年计算;原状态使用年限数值取定值为 17;累计使用年限计算结果向下圆整为整数,且不超过 15 年。

2. 机动车使用年限及行驶里程参考值汇总表(表 1-6)

机动车使用年限及行驶里程参考值汇总表   表 1-6

车辆类型与用途				使用年限(年)	行驶里程参考值(万千米)
汽车	载客	营运	出租客运 小、微型	8	60
			出租客运 中型	10	50
			出租客运 大型	12	60
			租赁	15	60
			教练 小型	10	50
			教练 中型	12	50
			教练 大型	15	60
			公交客运	13	40
			其他 小、微型	10	60
			其他 中型	15	50
			其他 大型	15	80
			专用校车	15	40
		非营运	小、微型客车、大型轿车*	无	60
			中型客车	20	50
			大型客车	20	60
	载货		微型	12	50
			中、轻型	15	60
			重型	15	70
			危险品运输	10	40
			三轮汽车、装用单缸发动机的低速货车	9	无
			装用多缸发动机的低速货车	12	30
	专项作业		有载货功能	15	50
			无载货功能	30	50

车辆类型与用途		使用年限（年）	行驶里程参考值（万千米）
挂车	半挂车 集装箱	20	无
	半挂车 危险品运输	10	无
	半挂车 其他	15	无
	全挂车	10	无
摩托车	正三轮	12	10
	其他	13	12
轮式专用机械车		无	50

注：1. 表中机动车主要依据《机动车类型 术语和定义》（GA 802—2008）进行分类；标注＊车辆为乘用车。

2. 对小、微型出租客运汽车（纯电动汽车除外）和摩托车，省、自治区、直辖市人民政府有关部门可结合本地实际情况，制定严于表中使用年限的规定，但小、微型出租客运汽车不得低于6年，正三轮摩托车不得低于10年，其他摩托车不得低于11年。

1.2.3 汽车的使用可靠性

随着社会的不断进步，汽车保有量不断增加，人们对于汽车的使用可靠性要求也越来越高。可靠性是衡量汽车质量的重要指标。所谓汽车的可靠性是指：汽车产品（总成或零部件）在规定的使用条件下，在规定的时间内，完成规定功能的能力。汽车可靠性由产品、条件、时间、功能四个因素构成。换一个角度，就其内容上考虑，广义可靠性由三大要素构成，即可靠性、维修性与耐久性。狭义的汽车可靠性仅指产品固有的质量属性，人们通常说的可靠与不可靠，只是对汽车本身质量而言。

汽车是机、电、液、气一体化的复杂产品，其可靠性分析方法有多种。其中，失效模式影响分析（FMEA）常用于产品可靠性分析中的定性分析，而失效模式影响和致命度分析（FME-CA）、故障树分析（FTA）、布尔理论（G″Boole Theory）和马尔可夫理论（Markov Theory）多用于可靠性分析中的定量分析。而人工神经网络（ANN）可对可靠性分析数据进行复杂的逻辑操作和非线性关系的实现，可实现可靠性的预测等功能。在工程实践中，常常将他们结合起来应用。这样便于发挥它们各自的优点，互为补充，可以收到事半功倍的效益。根据QC/T 900汽车整车产品质量检验评定方法，汽车故障分类见表1-7。

汽 车 故 障 分 类　　　　　　　　　　　　　　　表1-7

故障类别	分 类 原 则
致命故障	涉及人身安全，可能导致人身伤亡；引起主要总成报废，造成重大经济损失；不符合制动、排放、噪声等法规要求
严重故障	导致整车主要性能显著下降；造成主要零部件损坏，且不能用随车工具和易损备件在短时间（约30min）内修复
一般故障	造成停驶，但不会导致主要零部件损坏，并可用随车工具和易损备件或价值很低的零件在短时间（约30min）内修复；虽未造成停驶，但已影响正常使用，需调整和修复
轻微故障	不会导致停驶，尚不影响正常使用，亦不需要更换零部件，可用随车工具在短时间（约5min）内轻易排除

汽车可靠性行驶检验评定方法

1. 检验指标计算

依据 QC/T 900—1997《汽车整车产品质量检验评定方法》附录 F（标准的附录）和附录 G（标准的附录）对可靠性行驶检验中出现的故障进行分类和统计。分别计算出平均首次故障里程和平均故障间隔里程。

平均首次故障里程计算公式为：

$$T_f = \frac{1}{n}(\sum_{i=1}^{n} t_i) \tag{1}$$

式中：T_f——平均首次故障里程，km；

  n——样车数；

  t_i——第 i 辆样车的首次故障里程，km，当第 i 辆样车在试验期间未发生故障时，t_i 按试验截止里程计，式（1）"＝"改为"＞"。

平均故障间隔里程点估计值计算公式为：

$$T_b = \frac{nt}{r} \tag{2}$$

式中：T_b——平均故障间隔里程点估计值，km；

  n——样车数；

  t——检验截止里程（包括磨合里程），km；

  r——所有样车发生的故障总数，当 $r=0$ 时，按 $r=1$ 计，式（2）"＝"改为"＞"。

平均故障间隔里程区间估计置信下限值计算公式为：

$$t_{b1} = \frac{2r \times T_b}{x_{0.1}^2(2r+2)} \tag{3}$$

式中： t_{b1}——平均故障间隔里程区间估计置信下限值，km；

  r——所有样车发生的故障总数；

  T_b——平均故障间隔里程点估计值，km；

$x_{0.1}^2(2r+2)$——危险度为 0.1，自由度为 $2r+r$ 的 x^2 分布的单侧分位数，可通过 QC/T 900—1997 汽车整车产品质量检验评定方法附录 H（提示的附录）查得。

2. 综合评定

可靠性行驶检验采用扣分方法进行综合评定，综合评定扣分计算公式为：

$$Q_k = \frac{1}{n}\sum_{j=1}^{4} qk_j r_j \tag{4}$$

式中：Q_k——可靠性行驶检验综合评定扣分数；

  n——样车数；

  r_j——检验样车发生的第 j 类故障数；

  qk_j——每发生一次第 j 类故障的扣分数，其值为：$qk_1 = 10000$，$qk_2 = 1000$，$qk_3 = 100$，$qk_4 = 20$。

3. 汽车整车产品质量综合评定方法

（1）汽车整车产品质量采用扣分方法进行综合评定。综合评定扣分数为安全环保项综合评定扣分数、基本性能检验综合扣分数、整车转配调整和外观质量检验综合评定扣分数及可靠性行驶检验综合评定扣分数之和。

(2)安全环保项符合国家标准要求,且汽车整车产品质量综合评定扣分数不超过扣分限值,则汽车整车产品质量评定为合格,否则评为不合格。

本章小结

1.我国涉及汽车分类的主要国家标准、行业标准多达十几项。这些标准大致可分为九类法、采标法、综合法、专用车类法、其他法 5 大类型。长期以来我国汽车分类混乱,没有建立起科学的汽车分类标准体系。

2.GB 9417—1988《汽车产品型号编制规则》虽然已作废,但无替代标准。该标准车型分类车辆类别代号至今依然被广泛采用。

3.根据国家标准 GB/T 725—2008《内燃机产品名称和型号编制规则》,适用于往复式内燃机,其他型号的内燃机亦可参照使用。

4.VIN 的每位代码代表着汽车的某一方面信息参数,其基本内容由 3 个部分组成:第一部分,世界制造厂识别代号(WMI)必须经过申请、ISO 批准和备案后方能使用;第二部分,车辆说明部分(VDS);第三部分,车辆批示部分(VIS)。

5.汽车经济使用寿命的主要指标有:年限、行驶里程、使用年限和大修次数。

6.商务部、发改委、公安部、环境保护部令 2012 年第 12 号《机动车强制报废标准规定》已经 2012 年 8 月 24 日商务部第 68 次部务会议审议通过,并经发展改革委、公安部、环境保护部同意,现予发布,自 2013 年 5 月 1 日起施行。

复习与思考题

1.简述我国主要汽车分类标准及主要分类方法。
2.解释东风牌 EQ1195GX24D 型载货汽车相关构成型号所代表的含义。
3.简述影响汽车经济使用寿命的因素。
4.发动机型号的组成及含义是什么?
5.VIN 号为 LE4EJ68WAV5700321 的含义。

拓展知识点

QC/T 900—1997《汽车整车产品质量检验评定方法》、GA 802—2008《机动车类型、术语和定义》。

学习资源

陈家瑞.汽车构造(第五版·上册)[M].北京:人民交通出版社,2011.

第2章　汽车评估的基本原理与方法

教学目标

1. 知道资产评估的定义、种类、功能、作用、目的、假设和原则。

2. 理解汽车评估的定义、种类和特点、评估的原则、评估的假设、评估的要素、评估的目的。

3. 掌握二手车成新率计算方法：使用年限法、行驶里程法、部件鉴定法和整车观测法、综合分析法、综合成新率法。

4. 掌握二手车评估方法：重置成本法、收益现值法、现行市价法、清算价格法。

5. 理解二手车评估方法的联系与区别。

教学要点

知识要点	掌握程度	相关知识
资产评估的基本概念	知道	资产评估的定义、种类、功能、作用、目的、假设和原则
汽车鉴定评估概述	理解	汽车评估的定义、种类和特点、评估的原则、评估的假设、评估的要素、评估的目的
二手车成新率计算方法	掌握	使用年限法、行驶里程法、部件鉴定法和整车观测法、综合分析法、综合成新率法
二手车评估方法	掌握	重置成本法、收益现值法、现行市价法、清算价格法、折旧法
二手车评估方法的选用	理解	二手车评估方法的联系与区别

2.1　资产评估的基本概念

2.1.1　资产评估的定义

资产评估是市场经济的产物,其业务涉及企业间的产权转让、资产重组、破产清算、资产抵押以及财产保险、财产纳税等经济行为。经过一百多年的发展,资产评估已经成为现代市场经济中发挥基础性作用的专业服务行业之一。

1. 资产评估

资产评估经历了上百年的发展,评估范围在不断扩展,现在资产评估不仅已成为一个独立的行业,而且,资产评估已成为一个约定俗成的概念和专业术语。目前学术界和业界对资产评估比较共识的表述为:资产评估是专业机构和人员,按照国家法律、法规和资产评估准则根据特定目的,遵循评估原则,依照相关程序,选择适当的价值类型,运用科学方法,对资产价值进行分析、估算并发表专业意见的行为和过程。

资产评估作为一种评价过程,要经历若干评估步骤和程序,同时也会涉及以下基本的评估要素:

(1)评估主体,即从事资产评估的机构和人员,他们是资产评估工作的主导者。我国对汽车评估机构和人员有严格要求和限制。

(2)评估客体,即被评估的资产,它是资产评估的具体对象,也叫评估对象。汽车评估客体不仅仅是车辆本身,有时还包括与车辆相关的无形资产,如评估长途客运车辆时,往往还包括线路营运权等。

(3)评估目的,即资产业务引发的经济行为对资产评估结果的要求,或资产评估结果的具体用途。它直接或间接地决定和制约资产评估的条件,以及价值类型的选择。

(4)评估依据,即资产评估工作所遵循的法律、法规、经济行为文件、重大合同协议以及收费标准和其他参考依据。

(5)评估原则,即资产评估的行为规范,是调节评估当事人各方关系、行为准则。

(6)评估程序,即资产评估工作从开始准备到最后结束的工作程序。

(7)评估价值类型,即对评估价值的规定,它对资产评估参数的选择具有约束性。

(8)评估方法,即资产评估所运用的特定技术,是分析和判断资产评估价值的手段和途径。

(9)资产评估假设,即资产评估得以进行的前提条件、假设等。

(10)资产评估基准日,即资产评估价值对应的时点。

2. 资产

资产在资产评估中是最基本、最重要,也是使用频率较高的一个概念,理论界对此尚无统一定义。经济学中的资产泛指特定经济主体拥有或控制的,能够给特定经济主体带来经济利益的经济资源。会计学中的资产是指过去的交易或事项形成并由企业拥有或控制的资源,该资源预期会给企业带来经济利益。在国际评估准则中,强调资产的权益——"评估工作的对象与其说是有形资产或无形资产,不如说是有形资产或无形资产的所有权或所有者的权益"。而美国的 USPAP(the Uniform Standards of Professional Appraisal Practice)虽没有对资产利益定义的描述,但却将资产划分为不动产、动产、无形资产和珠宝首饰等,它们强调"资产的权利事实"。评估学中所说的资产既具有经济资源的属性,强调收益性,又强调权利构成。

根据我国注册资产评估师考试辅导教材对资产的解释,资产具有以下三个基本特征:

(1)资产必须是经济主体拥有或控制的,依法取得财产权利是经济主体拥有并支配资产的前提条件。

（2）资产是能够给经济主体带来经济利益的资源，即可能给经济主体带来现金流入的资源。也可以说，资产具有能够带来未来利益的潜在能力。

（3）资产必须能以货币计量，也就是说资产价值能够运用货币进行计量，否则不能作为资产确认。

资产作为资产评估的客体，存在多种多样的形式，为了科学地进行资产评估，可以对资产进行以下适当的分类：

（1）按资产存在形态分类，可以分为有形资产和无形资产。有形资产是指那些具有实物形态的资产，包括机器设备、房屋建筑物和物流资产等。由于这类资产具有不同的功能和特征，在评估时应分别进行。无形资产是指那些没有实物形态，但在很大程度上制约着企业物质产品生产能力和生产质量，直接影响企业经济利益的资产，主要包括专利权、商标权、非专利技术、土地使用权、商誉等。

（2）按资产的构成和是否具有综合获利能力分类，可以分为单项资产和整体资产。单项资产是指单台、单件的资产；整体资产是指一组单项资产组成的具有整体独立能力的资产综合体。

（3）按资产能否独立存在分类，可以分为可确指的资产和不可确指的资产。可确指的资产是指能独立存在的资产，前面所列示的有形资产和无形资产，除商誉以外都是可确指的资产；不可确指的资产是指不能脱离企业有形资产而单独存在的资产，如商誉。商誉是指企业基于地理位置优越、信誉卓著、生产经营出色、劳动效率高、历史悠久、经验丰富、技术先进等原因，所获得的投资收益高于一般正常投资收益率所形成的超额收益资本化的结果。

（4）按资产与生产经营过程的关系分类，可以分为经营性资产和非经营性资产。经营性资产，是指处于生产经营过程中的资产，如企业中的机器设备、生产用厂房、交通工具等。经营性资产又可按是否对盈利产生贡献分为有效资产和无效资产。非经营性资产是指处于生产经营过程以外的资产。

（5）按现行企业会计制度及其资产的流动性分类，可以分为流动资产、长期投资、固定资产和无形资产等。

3. 价格与价值

资产评估理论中的价格是指在特定的交易行为中，特定的买方或卖方对商品或服务的交换价值的认可，以及提供或支付的货币数额。价格是一个历史数据或事实，是特定的交易行为中特定买方和卖方对商品或服务实际支付或收到的货币数额。

资产评估理论中的价值属于交换价值范畴，它反映了可供交易的商品、服务与其买方、卖方之间的货币数量关系。资产评估中的价值不是一个历史数据或事实，它只是专业人士根据特定的价值定义在特定时间内对商品、服务价值的估计。

资产评估的目标是判断评估对象的价值，而不是评估对象的实际成交价格。

2.1.2 资产评估的种类

1. 资产评估的种类

由于资产种类的多样化、资产业务的多样化，以及资产评估委托方及其相关当事人对资产评估内容及其报告需求的多样化，资产评估也相应出现了多种类型。

（1）按资产评估对象的构成和获利能力划分，资产评估可具体划分为单项资产评估和整体资产评估。

对以单项可确指的资产为对象的评估称为单项资产评估,例如,机器设备评估、土地使用权评估、建筑物评估、无形资产评估等。

对若干单项资产组成的资产综合体所具有的整体生产能力或获利能力的评估称为整体资产评估,最为典型的整体资产评估就是企业价值评估。单项资产评估和整体资产评估在评估的复杂程度和需要考虑的相关因素等方面有较大差别,整体资产评估更为复杂,需考虑的因素更为全面。

(2)按引起资产评估的经济行为划分,资产评估可划分为资产转让评估、企业兼并评估、企业出售评估、企业改制评估、股权重组评估、中外合资/合作资产评估、企业清算评估、税基评估、抵押评估、资产担保评估、债务重组评估等。

(3)按资产评估服务的对象、评估的内容和评估者承担的责任等方面划分,资产评估还可分为评估、评估复核和评估咨询。

(4)按资产评估面临的条件、资产评估执业过程中遵循资产评估准则的程度及其对评估报告披露的要求的角度划分,资产评估可分为完全资产评估和限制性资产评估。

2.资产评估的特点

理解资产评估的特点对提高资产评估质量具有重要意义,一般来说,资产评估具有以下几方面的特点:

1)市场性

资产评估是适应市场经济要求的专业中介服务活动,其基本目标就是根据资产业务的不同性质,通过模拟市场条件对资产价值做出经得起市场检验的评定估算和报告。

2)公正性

公正性是指资产评估行为服务于资产业务的需要,而不是服务于资产业务当事人的任何一方的需要。公正性的表现有两点:一是资产评估按公允、法定的准则和规程进行,公允的行为规范和业务规范是公正性的技术基础;二是评估人员是与资产业务没有利害关系的第三者,这是公正性的组织基础。

3)专业性

资产评估是专业人员的活动,从事资产评估业务的机构应由一定数量和不同类型的专家及专业人士组成。一方面,这些资产评估机构形成专业化分工,使得评估活动专业化;另一方面,评估机构及其评估人员对资产价值的估计判断也都是建立在专业技术知识和经验的基础之上的。

4)咨询性

咨询性是指资产评估结论是为资产业务提供专业化的评估意见,该意见本身并无强制执行的效力,评估师只对结论本身是否合乎职业规范要求负责,而不对资产业务定价决策负责。事实上,资产评估为资产交易提供的估价往往由当事人作为要价和出价的参考,最终的成交价取决于当事人的决策动机、谈判地位和谈判技巧等综合因素。

2.1.3　资产评估的功能和作用

1.资产评估功能

评价和评值是资产评估具有的最基本的内在功效和能力。资产评估源于人们希望了解和掌握在一定条件下资产的价值的需求。随着人们对在各种条件下了解资产价值的需求不断增加,资产评估也在不断发展,其评价和评估的功能亦得到不断完善。当然,在不同的历史条件下,人们在充分利用资产评估的评价及评值功能的基础上,也曾赋予资产评估一些辅助性和过渡性功能,例如,管理的功能等。

2. 资产评估的基本作用

1)咨询的作用

资产评估的咨询作用是指资产评估结论是为资产业务提供专业化估价意见,该意见本身并无强制执行的效力。它只是给相关当事人提供有关资产交换价值方面的专业判断或专家意见,资产评估不能也不应该取代资产交易当事人的交易决策。

2)管理的作用

资产评估的管理作用是指在以公有制为基础的社会主义市场经济初级阶段中,国家或政府在利用资产评估过程中所发挥出的特殊作用。在社会主义市场经济初级阶段的某一历史时期,作为国有资产所有者代表的国家,不仅把资产评估视为提供专业服务的中介行业,而且将其作为维护国有资产,促使国有资产保值增值的工具和手段。在资产评估开展初期,国家通过制定申请立项、资产清查、评定估算和验证确认的国有资产评估管理程序,使得资产评估具有了管理的作用。但是,资产评估的管理作用并不是资产评估与生俱有的,它只是国有资产评估在特定历史时期的特定作用。它会随着国家在国有资产评估管理体制方面的变化而加强或弱化。2001年12月31日,国务院办公厅转发了《财政部关于改革国有资产评估行政管理方式加强资产评估监督管理工作意见的通知》。该通知指出:取消政府部门对国有资产评估项目的立项确认审批制度,实行核准制和备案制;加强资产评估活动的监管力度;完善制度建设,规范评估秩序。随着国有资产评估项目的立项确认、审批制度的取消和核准制及备案制的确立,资产评估的管理作用也将随之发生改变。

2.1.4 资产评估的目的

汽车鉴定评估的目的一般会影响车辆评估方法的选择。在接受车辆评估委托时,需要明确车辆的评估目的。对车辆的鉴定评估是一种市场价格的评估,对客户提出不同的委托目的,有不同的评估方法。对于同一辆车,由于不同的评估目的,可以评估出不同的结果。

在汽车鉴定评估市场,汽车鉴定评估的主要目的可以分为以下两类:

1. 变动汽车产权

变动汽车产权是指车辆所有权发生转移的经济行为。它包括汽车的交易、置换、拍卖、抵债、并购、投资、转让和捐赠等。

1)车辆交易

转让汽车在交易市场上进行买卖时,买卖双方对汽车交易价格的期望是不同的,甚至相差甚远。因此,需要鉴定评估人员对被交易的汽车进行鉴定评估,评估的价格作为买卖双方成交的参考底价。

2)车辆置换

强调的是旧物品(或次等的、较差的)与新物品(较好的)进行交换,这种交换是不等价性的,由置换方给予差额补贴。置换业务有两种情况:一种是以旧换新业务;另一种是以旧换旧业务。两种情况都会涉及对置换车辆的鉴定评估。对汽车鉴定评估结果的公平与否,直接关系到置换双方的利益。

3)车辆拍卖

是指以公开竞价的形式,将特定物品或者财产权利转让给最高应价者的买卖方式。对于私家车、公务车、抵押车辆、企业清算车辆、海关获得的抵税车辆等,都需要对车辆进行鉴定评估,为拍卖车辆活动提供拍卖底价。此外,还有与拍卖方式基本类似的招标底价。

4)其他经济行为

其他经济行为,如果在企业发生联营、兼并、出售、股份经营或破产清算时,也需要对企业所拥有的汽车进行鉴定评估,以充分保证企业的资产权益。

2. 不变动汽车产权

不变动汽车产权是指车辆所有权未发生转移的经济行为。它包括汽车的保险、担保、抵押贷款、典当、纳税评估和司法鉴定(盗抢、财产纠纷等)等。

1)车辆保险

在对车辆进行投保时,所缴纳的保险费高低直接与车辆成本的价值大小有关。同样当被保险车辆发生保险事故,保险公司需要对事故进行理赔。为了保障双方的利益,需要对保险理赔车辆进行公平的鉴定评估。除对碰撞车进行车损评估外,还应对火烧车和浸水车进行鉴定评估。

2)担保

是指车辆所有单位或所有人,以其拥有的汽车为其他单位或个人的经济行为提供担保,并承担连带责任的行为。

3)抵押贷款

银行为了确保放贷安全,要求贷款人以机动车作为贷款抵押。银行为了确保贷款的安全性,要对汽车进行鉴定评估。而这种贷款安全性的高低在一定程度上取决于对抵押车辆评估的准确性。一般情况下,要比市价略低。

4)典当

当典当双方对当物车辆的价值认知有较大的悬殊时,为了保障典当业务的正常进行,可以委托汽车鉴定评估人员对当物车辆的价值进行评估,典当行以此可以作为放款的依据。

5)纳税评估

是指政府为纳税赋税,由评估人员估定的作为机动车纳税基础的价格。

6)司法鉴定

可以分为民事案件和刑事案件。

(1)民事案件。民事案件是指法院执行阶段的各种车辆,其委托方一般是人民法院,委托目的是案件执行需要进行抵债变现。

(2)刑事案件。刑事案件一般是指盗抢车辆、走私车辆和受贿车辆等。其委托方一般是指国家司法机关和行政机关,其委托目的是为取证需要。按现阶段我国相关的司法解释,涉及刑事的物品(包括车辆)的鉴定是一种政府职能行为,而不是社会中介业务。

2.1.5 资产评估的假设与原则

假设也可以这么说,很多东西是建立在假设之上,没有这种假设,很多活动事实上是无法进行的。所以,在资产评估的活动,会计的活动当中,对某些假设做出说明是非常必要的。

假设的意思就是说,由于客体的变化不可能被主体全部认识,这样的话,人们就不得不根据已经知道的某些特征和事实,来做出合乎逻辑的推断,这种推断事实上就是一种假设。

1.资产评估假设

(1)交易假设是资产评估得以进行的一个最基本的前提假设,是假定所有待评资产已经处在交易过程中,评估师根据待评估资产的交易条件等模拟市场进行估价。

(2)开市场假设是对资产拟进入的市场的条件,以及资产在这样的市场条件下接受何种影响的一种假定说明或限定。

(3)持续使用假设也是对资产拟进入的市场的条件,以及在这样的市场条件下的资产状态的一种假定性描述或说明。

(4)清算假设是对资产拟进入的市场条件的一种假定说明或设定。

2.资产评估的原则

1)资产评估工作原则

①独立性原则;②客观公正性原则;③科学性原则。

2)资产评估经济技术原则

①预期收益原则;②供求原则;③贡献原则;④替代原则;⑤估价日期原则。

2.2 汽车鉴定评估概述

做好机动车鉴定评估工作,不仅有利于引导企业正确做出价格决策,有利于保障司法诉讼和行政执法等活动的顺利进行,有利于维护法人和公民的合法权益,而且对维护正常的社会经济秩序,促进经济发展具有重要意义。因此,深入认真研究、探讨机动车鉴定评估问题,建立一套完整、科学、适用的机动车鉴定评估方法,以保证其鉴定结论客观、公正、合理,就显得更为重要。

2.2.1 汽车评估的定义

汽车鉴定评估是指依法设立具有执业资质的汽车鉴定评估机构和汽车鉴定评估人员,接受国家机关和各类市场主体的委托,按照特定的目的,遵循法定或公允的标准和程序,运用科学的方法,对经济和社会活动中涉及的汽车所进行的技术鉴定,并根据鉴定结果对汽车在鉴定评估基准日的价值进行评定估算的过程。

2.2.2 汽车评估的种类和特点

广义的汽车评估常指新汽车评估与旧汽车评估两种价值评估和碰撞损失评估、水灾损失评估、火灾损失评估、盗抢损失评估4种事故车损失评估;狭义的汽车评估主要指旧汽车评估和事故车中的碰撞损失评估及碰撞后的贬值评估,如图2-1所示。

汽车评估的分类为汽车价格评估提供具有可操作性的、实用性强的技术平台,确保汽车价格鉴定活动在技术规范的基础上,确保客观性、公平性,并进一步提升价格鉴定人员的工作水平和工作质量,保证汽车价格鉴定的客观公正。

```
                                  ┌─ 新汽车性价比评估
                        价值评估 ──┤
                                  └─ 旧汽车评估（实际价值评估）
汽车评估（广义）──┤
                                  ┌─ 碰撞损失评估
                                  │
                        损失评估 ──┤─ 水灾损失评估
                                  │
                                  │─ 火灾损失评估
                                  │
                                  └─ 盗抢损失评估（特殊的实际价值评估）
```

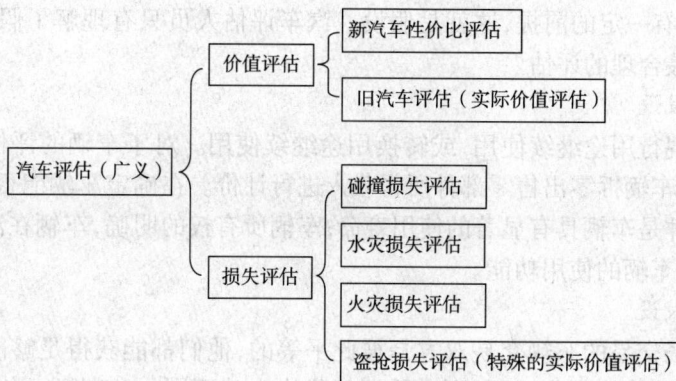

图 2-1　汽车评估的种类

汽车评估需要解决的关键问题包括：

（1）结合目前机动车市场情况和现有的各种估价方法，提出适合国情的机动车估价方法。

（2）结合汽车鉴定估价的特殊要求，综合应用经济学和法学等学科知识，提出汽车价格鉴定估价的流程和原则。

2.2.3　汽车鉴定评估的原则

根据我国汽车评估管理要求，汽车评估估价遵循四项标准：

1. 成本标准

重置成本是指在现时条件下，按功能重置车辆并使其处于在用状态所耗费的成本。重置成本的构成与历史成本一样也是反映车辆的成本、运输、注册登记等过程中全部费用的价格，只不过它是按现有技术水平和价格水平计算的。重置成本标准选用的前提是车辆处于使用状态，一方面反映车辆已经投入使用，另一方面反映车辆能够继续使用，对所有者具有使用价值。决定重置成本的两个因素是重置成本及其损耗。

2. 市价标准

现行市价是指车辆在公平市场上的销售价格。对市场的规定是：有充分的市场竞争、买卖双方没有垄断和强制、双方都有足够的时间和能力了解实情，并做出具有独立性的判断和理智的选择。决定市场的因素主要有基础价格、供求关系和质量因素。

3. 现值标准

收益现值是指根据车辆未来获利能力的大小，按照将本求利的逆向思维以本索利，以适应折现率或资本化率将未来收效折成现值。也就是为获得车辆以取得预期收益的权利所支付的倾向总额。

4. 价格标准

清算价格是指非正常市场上限制拍卖的价格。现行市价是公平价格，清算价格则是一种拍售价格，它由于受到期限和买主限制，其价格一般低于市场价格。因此，对于车辆的评估计价标准的选择，必须与车辆经济行为密切结合起来。

2.2.4　汽车鉴定评估的假设

任何一门学科的形成都是有前提的，而一般的前提都是假设。汽车的评估原理也是一样,它的存在需要有一定的前提,这就是假设。汽车评估人员只有理解了假设,才能根据不同的情况下做出最合理的评估。

1. 继续使用假设

即车辆将按现行用途继续使用,或转换用途继续使用。对于车辆的评估只能从继续使用出发,而不能按车辆拆零出售零部件所得收入进行计价。在确定车辆能否继续使用时,必须充分考虑的条件是车辆具有显著的使用寿命;车辆所有权的明确,车辆在法律和经济上允许转让;充分考虑车辆的使用功能。

2. 公开市场假设

即假定上市场交易的车辆交易双方是彼此平等的,他们都能获得足够的市场信息和机会。不同的车辆,其性能用途不同,则交易期望价格也就不同。在车辆评估时,按照公开市场假设处理可做适当的调整,才能获得最佳的效益。

3. 清算清偿假设

即指用车辆所有者在某种压力下被强制进行整体或拆零,经协商,或以拍卖方式在市场上出售。这种情况下的车辆具有一定的特殊性,其估价值可能大大低于继续使用或公开市场的评估价值。

2.2.5 汽车鉴定评估要素

在对旧机动车鉴定评估过程中,一般要涉及以下基本的评估要素:

1. 鉴定评估的主体

即是从事汽车鉴定评估的机构和人员,是汽车鉴定评估工作中的主导者。在汽车鉴定评估业务中,对汽车鉴定评估的主体资格有严格的限制条件,如鉴定评估人员必须获得劳动和社会保障部(局)颁发的二手车鉴定评估师证书,才能取得相应的职业资格。

2. 鉴定评估的客体

即是待评估的车辆,是鉴定评估的具体对象。被评估车辆可以按照不同的标准进行分类。如按照公安机关管理分类,可分为大型汽车和小型汽车;依据旧标准按用途分类,可分为货车、越野汽车、自卸汽车、牵引汽车、专用汽车、客车、轿车。国家标准 GB/T 3730.2—2001《汽车和挂车类型的术语和定义》抛弃了传统的汽车分类标准,将汽车类别从货车、越野车、自卸车、牵引汽车、专用汽车、客车和轿车等大类分为乘用车和商用车两大类。

按照车辆的使用用途,可以将机动车分为营运车辆和非营运车辆和特种车辆。其中营运车辆又可细分为公路客运、出租客运、旅游客运、货运、租赁等几种类型。特种车辆又可分为警用、消防、救护和工程抢险等若干种车型。

合理科学地对机动车进行分类,有利于在评估过程中进行信息资料的收集和应用。如同一种车型,由于其用途不同,车辆在用状态所需要的税费就会有较大的差别,其重置成本的构成也往往差异较大。

3. 鉴定评估的依据

也就是汽车鉴定评估工作所遵循的法律、法规、经济行为文件、合同协议以及收费标准和其他参考依据。

4. 鉴定评估的目的

即是汽车鉴定评估所要服务的经济行为是什么。汽车鉴定评估的目的往往直接影响车辆评估方法的选择。

5. 鉴定评估原则

就汽车鉴定评估的行为规范，是调节车辆评估当事人各方关系、处理鉴定评估业务的行为准则。

6. 鉴定评估程序

鉴定评估程序即汽车鉴定评估工作从开始准备到最后结束的工作程序。

7. 鉴定评估的价值类型

即对车辆评估价值的质的规定，它对评估方法的选择具有约束性。如要评估车辆的现行市价，则宜选择现行市价法进行评估，如要评估车辆的重置成本，则要使用重置成本法。

8. 鉴定评估方法

鉴定评估方法即汽车鉴定评估所运用的特定技术，它是实现机动车评估价值的手段和途径。目前就四种评估方法的可操作性而言，最常使用重置成本法对车辆的价值进行评定和估算。

以上八种要素构成了汽车鉴定评估活动的有机整体。它们之间相互依托，是保证汽车鉴定评估工作正常进行和评估价值科学性的重要因素。

2.2.6　汽车鉴定评估的目的

汽车鉴定评估的目的是指被评估车辆即将发生的经济行为。同样的车辆，因为评估目的不同，其评估结果也往往不同。因此，明确委托鉴定评估的目的，对于科学地组织汽车鉴定评估工作，提高车辆评估质量，具有重要的意义。一般而言，汽车鉴定评估服务的目的有以下几个方面：

1. 车辆的交易

车辆在交易市场上进行买卖时，买卖双方对于车辆交易价格的期望是不同的，甚至相差很远。因此，需要二手车鉴定评估师站在公正、独立的立场上对被交易的车辆进行鉴定评估，评估的价格作为买卖双方的成交参考价格。

2. 车辆的转籍、过户

可能因为交易行为，也可能因为其他经济行为而发生。如单位或个人以其所有的机动车辆偿还债务时，若债权债务双方对车辆的价值有异议时，也需要委托二手车鉴定评估师对有关车辆的价值进行评定估算，否则，车辆无法转籍和过户。

3. 车辆置换

车辆置换业务有两种情况。一种是以旧换新业务，一种是以旧换旧业务。这两种情况都会涉及对置换车辆的鉴定评估。对车辆评估结果的公平与否，直接关系到置换双方的利益。车辆的置换业务尤其是以旧换新业务在我国的汽车市场有着广阔的前景。

4. 车辆拍卖

对于公务车辆、执法机关罚没车辆、抵押车辆、企业清算车辆、海关获得的抵税和放弃车辆等，都需要对车辆进行鉴定评估，为拍卖车辆提供拍卖底价。

5. 车辆保险

在对车辆进行投保时,所缴纳的保险费高低直接与车辆本身的价值大小有关,同样当被保险车辆发生保险事故,保险公司需要对事故车辆进行理赔。为了保障保险双方的利益,也需要对核保理赔的车辆进行公平的鉴定评估。

6. 法律诉讼服务

当事人遇到机动车辆诉讼时,委托鉴定评估师对车辆进行评估,有助于把握事实真相,同时法院判决时,可以依据鉴定估价师的结论为法院司法裁定提供现时价值依据。

7. 抵押贷款

银行为了确保放贷安全,要求贷款人以车辆作为贷款抵押物。银行为了确保贷款的安全性,要对车辆进行鉴定评估。而这种贷款安全性的高低在一定程度上取决于抵押车辆评估的准确性。

8. 担保

是指车辆所有单位或所有人,以其拥有的车辆为其他单位或个人的经济行为提供担保,并承担连带责任的行为。

9. 典当

当典当双方对车辆的价值认知有较大的悬殊时,为了保障典当业务的正常进行,可以委托二手车鉴定估价师对车辆的价值进行评估,典当行以此可以作为放款的依据。当车辆发生绝当时,对绝当车辆的处理,同样也需要委托二手车鉴定估价师为其提供鉴定估价服务。

10. 其他

其他经济行为如在企业发生联营、兼并、出售、股份经营或破产清算时,也需要对企业所拥有的车辆进行鉴定评估,以充分保证企业的资产权益。

在接受车辆评估委托时,明确车辆的评估目的十分重要。我们对车辆的鉴定评估是一种市场价值的评估,所以针对客户不同的评估目的,应采用不同的评估方法。

2.3 二手车成新率计算方法

成新率是反映旧机动车新旧程度的指标。旧机动车成新率是表示旧机动车的功能或使用价值占全新机动车的功能或使用价值的比率,也可以理解为旧机动车的现时状态与机动车全新状态的比率,它与有形损耗率一起反映了同一车辆的两个方面,车辆的有形损耗也称车辆的实体性贬值,它是由使用磨损和自然损耗构成的。机动车的有形损耗率与机动车的成新率的关系是:

$$成新率 = 1 - 有形损耗率$$

在旧机动车鉴定估价的实践中,重置成本法是旧机动车鉴定估价的首选办法,要想较为准确地评估车辆的价值,成新率是关键。成新率的确定不仅需要根据一定的客观资料和检测手段,还在很大程度上依靠评估人员的经验进行判断。

旧机动车鉴定估价成新率的确定方法通常采用使用年限法、部件鉴定法、整车观测法、行驶里程法、综合分析法和综合成新率法等方法。

2.3.1　使用年限法

1.使用年限法

使用年限法包括等速折旧法和加速折旧法。

1）等速折旧法

$$C_n = \left(1 - \frac{Y}{G}\right) \times 100\%$$

式中：C_n——使用年限成新率；

G——规定使用年限，年；

Y——已使用年限，年。

2）加速折旧法

（1）年份数求和法：

$$C_n = \left[1 - \frac{2}{G(G+1)}\sum_{n=1}^{Y}(G+1-n)\right] \times 100\%$$

（2）双倍余额递减法：

$$C_n = \left[1 - \frac{2}{G}\sum_{n=1}^{Y}\left(1-\frac{2}{G}\right)^{n-1}\right] \times 100\%$$

$$= \left(1 - \frac{2}{G}\right) \times 100\%$$

2.规定使用年限与已使用年限

1）规定使用年限

汽车有 3 种规定使用年限，即 8 年(常见的有微型载货汽车、出租车)、10 年和 15 年(9座以下(含 9 座)非营运载客汽车(包括轿车、含越野型)。

2）已使用年限

已使用年限是代表汽车运行量和工作量的一种方法，这种方法是以汽车正常使用为前提的，包括正常的使用时间和使用强度。

对于一辆汽车，它的经济使用寿命指标有规定使用年限，同时也以行驶里程数作为运行量的计量单位。从理论上讲，综合考虑已使用年限和行驶里程数要符合实际一些，即汽车的已使用年限应采用折算年限，有：

$$折旧年限 = \frac{总的累计行驶里程}{年平均行驶里程}$$

这种使用年限表示方法既反映了汽车的使用情况(即管理水平、使用水平、维护保养水平)、使用强度，又包括了运行条件和某些停驶时间较长的汽车的自然损耗。

在汽车评估的实际计算中，通常在使用等速折旧时，将已使用年限和规定使用年限换算成月数；在使用加速折旧时，已使用年限和规定使用年限按年数计算，不足 1 年部分按十二分之几折算。例如 3 年 9 个月，前 3 年按年计算，后 9 个月按第四年折旧的 9/12 计算。汽车评估实务中通常不计算不足 1 个月的天数折旧，近几年我国各类汽车年平均行驶里程如表 2-1。

我国各类汽车年平均行驶里程   表2-1

汽车类别	年平均行驶里程(万 km)	汽车类别	年平均行驶里程(万 km)
微型、轻型货车	3~5	租赁车	5~8
中型、重型货车	6~10	旅游车	6~10
私家车	1~3	中、低档长途客运车	8~12
行政、商务用车	3~6	高档长途客运车	15~25
出租车	10~15		

汽车按年限折旧不宜采用等速折旧法,宜采取加速折旧的方法。采用等速折旧法时经常是未考虑经济性贬值而造成新车和准新车往往评估值偏高,而使报废车评估值偏低,因此在用直线法计算成新率时往往要考虑市场波动系数。表2-2所示为正常使用5年内的轿车变现系数。

正常使用5年内的轿车变现系数   表2-2

已使用时间(月)	1~6	7~12	13~18	19~24	25~30	31~36	37~42	43~48	49~54	55~60
变现系数	0.80	0.84	0.86	0.88	0.90	0.92	0.94	0.96	0.98	1.00

旧汽车市场上的旧汽车市场价格也呈加速折旧的态势,如表2-3所示。一般25万元以上的汽车采用年份数求和法较好,25万元以下的汽车采用双倍余额递减法较好。

汽车年限成新率   表2-3

使用年限(年)	使用年限15年			使用年限10年			使用年限8年		
	等速折旧法	加速折旧法		等速折旧法	加速折旧法		等速折旧法	加速折旧法	
		年数求和法	双倍余额法		年数求和法	双倍余额法		年数求和法	双倍余额法
1	93.33	87.50	86.67	90.00	81.82	80.00	87.50	77.78	75.00
2	86.67	75.83	75.11	80.00	65.46	64.00	75.00	58.34	56.25
3	80.00	65.00	65.10	70.00	50.91	51.20	62.50	41.67	42.19
4	73.33	55.00	56.42	60.00	38.18	40.96	50.00	27.78	31.64
5	66.67	45.83	49.90	50.00	27.27	32.77	37.50	16.67	23.73
6	60.00	37.50	44.25	40.00	18.18	26.21	25.00	8.34	17.80
7	53.33	30.00	39.35	30.00	10.91	21.97	12.50	2.78	13.35
8	46.67	23.33	35.11	20.00	5.46	16.78			
9	40.00	17.50	31.43	10.00	1.82	13.42			
10	33.33	12.50	28.24						
11	26.67	8.33	25.48						
12	20.00	5.00	23.09						
13	13.33	2.50	21.01						
14	6.67	0.83	19.21						

2.3.2 行驶里程法

行驶里程法是通过确定被评估二手车的尚可行驶里程与规定行驶里程的比值确定二手

车成新率的一种方法。

1. 计算方法

行驶里程法主要包括等速折旧法和54321法。

1）等速折旧法

$$C_g = \frac{S_g - S}{S_g} \times 100\% = \left(1 - \frac{S}{S_g}\right) \times 100\%$$

式中：C_g——行驶里程成新率；

　　S——二手车实际累计行驶里程，km；

　　S_g——车辆规定的行驶里程，km。

2）54321法

若一部车的有效寿命为30万km，将其分为5段，每段6万km，每段价值依序为新车价值的5/15、4/15、3/15、2/15、1/15。

假设新车价值为20万元，已行驶12万km，那么该车还值多少钱呢？

$$20 \times (3 + 2 + 1)/15 = 8(万元)$$

通常，54321法在家用轿车的估价上应用比较广泛。

2. 行驶里程法的前提条件

行驶里程法计算成新率的前提条件：车辆里程表的记录必须是原始的，不能是被人为更改过的。由于里程表容易被人为更改，因此在实际应用中，较少直接采用此方法进行评估。

累计行驶里程与规定行驶里程：

（1）累计行驶里程：二手车累计行驶里程是指被评估二手车从开始使用到评估基准时点所行驶的总里程。

（2）规定行驶里程：车辆规定行驶里程是指《机动车强制报废标准规定》中规定的该车型的行驶里程。行驶里程较使用年限更真实地反映了二手车使用强度及使用过程中实际的物理损耗。它反映了二手车使用强度对其成新率的影响。总的行驶里程越大，车辆的实际有形损耗也越大。

2.3.3　部件鉴定法和整车观测法

部件鉴定法是指评估人员在确定旧机动车各组成部分技术状况的基础上，按其各组成部分对整车的重要性和价值量的大小加权评分，最后确定成新率的一种方法。它既考虑了车辆的有形损耗，也考虑了车辆由于维修或换件等追加投资使车辆价值发生的变化。这种方法一般用于价值较高的车辆的价格评估。

基本步骤：

（1）将车辆分成若干主要部分，根据各部分建造成本占车辆建造成本的比重，按百分比确定权重。

（2）以全新车辆各部分的功能为标准，若某部分功能与全新车辆对应部分的功能相同，则该部分的成新率为100%；若某部分的功能完全丧失，则该部分的成新率为0。

（3）根据若干部分的技术状况给出各部分的成新率，分别与各部分的权重相乘，即得某部分的权分成新率。

(4)将各部分的权分成新率相加,即得到被评估车辆的成新率。

表2-4所示为车辆各部分的价值权分参考表。由于在不同种类、档次的车辆上,各组成部分对整车的重要性及其价值占整车的比重各不相同,有些类型车辆之间相差还很大,因此下表只供评估人员参考,不可作为唯一标准。在实际评估时,应根据车辆各部分价值量占整车价值的比重,调整各部分的权重。

车辆各部分价值量占整车价值的比重   表2-4

总成部件 \ 权重(%) \ 类别	轿车	客车	货车	总成部件 \ 权重(%) \ 类别	轿车	客车	货车
发动机及离合器总成	25	28	25	车架装置	0	5	6
变速器及传动轴总成	12	10	15	车身装置	28	22	9
前桥、转向器及前悬架总成	9	10	15	电器及仪表装置	7	6	5
后桥及后悬架总成	9	10	15	轮胎	4	4	5
制动装置	6	5	5	总计	100	100	100

整车观测法主要是采用人工观察的方法,辅之以简单的仪器检测,对旧机动车技术状况进行鉴定、分级以确定成新率的一种方法。对旧机动车技术状况分级的办法是先确定两端。即先确定刚投入使用不久的车辆和将报废处理的车辆,然后再根据车辆评估的精细程度要求在刚投入使用不久与报废车辆之间分若干等级。以轿车为例,其技术状况分级、成新率参考表2-5。

技术状况分级、成新率参考   表2-5

车况等级	新旧情况	有形损耗率(%)	技术状况描述	成新率(%)
1	使用不久的车	0～10	刚使用不久,行驶里程在3万～5万km,在用状态良好,能按设计要求正常使用	90～100
2	较新车	11～35	使用1年以上,行驶里程5万～15万km,一般没有经过大修,在用状态良好,故障率低,可随时出车使用	65～89
3	旧车	36～60	使用5～10年,行驶里程15万～40万km,在用状态一般,外观中度受损,可随时出车使用	40～64
4	老旧车	61～85	使用10年以上,行驶里程40万km以上,发动机或整车经过一次大修,动力性能、经济性能、工作可靠性能都有所下降,外观油漆脱落受损、金属件锈蚀度明显。故障率上升,维修费用、使用费用明显上升。但车辆符合《机动车运行安全技术条件》,在用状态一般或较差	15～39
5	待报废处理车	86～100	基本到达或到达使用年限,通过《机动车运行安全技术条件》检查,能使用但不能正常使用,动力性、经济性、可靠性下降,燃料费、维修费、大修费增长速度快,车辆收益与支出基本持平,排放污染和噪声污染到达极限	15以下

表 2-5 是一般车辆成新率判定的经验数据,不能作为唯一标准。整车观测分析法对车辆技术状况的评判,大多数是由人工观察的方法进行的,成新率的估值是否客观、实际,取决于评估人员的专业水准和评估经验。这种方法简单易行,单评估值没有部件鉴定法准确,一般用于中、低等价值的旧机动车的初步估算。

2.3.4　综合分析法

综合分析法是以使用年限法为基础,再综合考虑到影响旧汽车价值的多种因素,以系数调整确定成新率的一种方法,其计算公式为:

$$C = C_n \times K_t$$

式中:C——成新率;

C_n——使用年限成新率;

K_t——鉴定调整系数。鉴定调整系数推荐采用表 2-6 中的系数。

鉴 定 调 整 系 数 　　表 2-6

修 正 系 数	状况及分级	系 数 数 值	权重(%)
综合技术性能 K_1	一级	1.0	
	二级	0.9	40
	三级	0.7	
整车装备外观检查合格率 K_2	100%	1.0	
	≥80% 且 <100%	0.8	
	≥60% 且 <80%	0.6	20
	≥40% 且 <60%	0.4	
	40% 以下	0.2	
事故状况 K_3	无事故	1.0	
	一般事故	0.7	15
	大事故	0.4	
	特大事故	0.2	
制造质量 K_4	进口名牌车	1.0	
	进口非名牌车	0.9	10
	国产车	0.8	
工作性质与环境 K_5	私家车	1.0	
	公务车、商务车	0.9	15
	运输公司营运车	0.7	
	出租车	0.5	

旧汽车成新率的影响因素和鉴定调整系数说明如下:

(1)综合技术性能调整系数 K_1。汽车技术状况是汽车品质的最根本因素,用汽车技术等级评定汽车的技术状况最为科学和合理。汽车技术等级分为三级;然后取调整系数修正汽车的成新率,技术状况调整系数取值范围为 1.0 ~ 0.7。

(2)整车装备、外观检查合格率调整系数 K_2。通过整车装备、外观检查合格率可以确定旧汽车需要进行修理或换件的项目,对旧汽车的交易价格构成重要影响。按照整车装备、外观检查合格率,系数范围为1.0~0.2。

(3)事故调整系数K_3。事故通常是指汽车因碰撞、倾覆造成汽车结构件的损伤,尤其以承载式汽车的车身件为代表。汽车发生过事故后,一般对汽车的交易价格形成重大影响,同时也是旧汽车鉴定评估人员必须非常重视的工作。将事故系数设定为1.0~0.2。

(4)制造质量调整系数K_4。汽车品牌对旧汽车的市场价格有着重要影响,国家进口的名牌汽车,购车者对这类车容易接受。合资名牌汽车在旧汽车市场上较为热销,合资非名牌车一般滞销。国产名牌汽车容易接受,国产非名牌汽车购买者不愿购买。

在我国汽车市场上一些品牌有着明显的地域性。如上海大众系列车在华东、西北市场比较走俏,旧汽车市场价格也高于其他品牌的同类型车;而一汽大众捷达车在华北、东北、华南市场比较走俏,旧汽车市场价格也高于其他品牌的同类型车。调整系数范围为1.0~0.8。

(5)工作性质与环境调整系数K_5。工作性质与环境调整系数影响汽车的使用强度,汽车的使用强度主要来自于行驶里程。汽车鉴定评估人员可以根据车况,结合经验加以认定。调整系数范围为1.0~0.5。

2.3.5　综合成新率法

1.计算公式

所谓综合成新率就是采用定性和定量分析的方法,综合多种单一因素对二手车成新率的估算结果,并分别赋予不同的权重,计算加权平均成新率。这样,可以尽量减小使用单一因素成新率计算给评估结果所带来的误差,因而是一种较为科学的方法。

综合成新率法的数学计算公式为:

$$C_z = C_1 \cdot a_1 + C_2 \cdot a_2$$

式中:C_z——综合成新率;

C_1——二手车理论成新率;

C_2——二手车现场查勘成新率;

a_1、a_2——权重系数,且$a_1 + a_2 = 1$权重系数的取值要求评估人员根据被评估二手车的实际情况。

2.二手车理论成新率C

二手车理论成新率包括使用年限法和行驶里程法计算的成新率,是根据二手车实际使用的时间和行驶里程计算而得,是一种对二手车成新率的定量计算。实际计算中,可将使用年限成新率和行驶里程成新率加权平均得到二手车理论成新率。计算公式为:

$$C_1 = C_n \cdot 50\% + C_g \cdot 50\%$$

式中:C_n——使用年限成新率;

C_g——行驶里程成新率。

3.二手车现场查勘成新率C_2

二手车现场查勘成新率是由评估人员根据现场查勘情况而确定的一个综合评价值。具体确定步骤是:评估人员先对二手车作技术状况现场查勘(包括静态检查和动态检查),得出鉴定评价意见,然后对整车和重要部件分别作综合评分,累加评分,其结果就是二手车现场查勘成新率。二手车现场查勘成新率是一个定性与定量相结合的结果。

被评估二手车技术状况现场勘查主要内容如下：

（1）车身外观。包括车身颜色、光泽、有无褪色、车身是否被碰撞过、前后保险杠是否完整、车灯是否齐全等。

（2）车内装饰。包括装潢程度、颜色、清洁程度、仪表是否完整等。

（3）发动机工作状况。包括发动机动力状况、是否有更换部件(或替代部件)和修复现象、是否有漏油现象等。

（4）底盘。包括是否有变形、是否有异响、变速器状况是否正常、前后桥状况是否正常、传动系统工作状况是否正常、是否有漏油现象、转向系统情况是否正常和制动系统工作状况是否正常等。

（5）电气系统。包括电源系统是否工作正常、发动机点火器是否工作正常、空调系统是否工作正常和音响系统是否工作正常等。

以上查勘情况，一般应由评估委托方或车辆所有单位技术人员签名，以确认查勘情况是客观的、真实的，不存在与实际车况不相符合的情况。确定查勘情况后，评估人员必须对被评估车辆作出查勘鉴定结论。上述资料经过整理，就可以编写"二手车技术状况调查表"，见表2-7。

二手车技术状况调查表　　　　　　　　　表2-7

评估委托方：×××　　　　　　　　　　评估基准日：2013 年 03 月 03 日

车辆基本情况	明细表序号	01		车辆牌号	云×·××××	产品型号	上海别克/BUICK/GL8
	生产厂家	上海通用		已行驶里程	10000km	规定行驶里程	500000km
	购置日期	2001.2		登记日期	2001 年 2 月	规定使用年限	15 年(180 个月)
	大修情况	无大修					
	改装情况	无改装					
	耗油量	正常	是否达到环保要求	是		事故次数及情况	无事故

		现场查勘情况						
车辆实际技术状况	外形车身部分	颜色	白	光泽	较好	褪色	无	锈蚀	无
		是否被碰撞	轻微	严重程度	—	修复	—	车灯是否齐全	齐全
		前、后保险杠是否完整	完整	其他：车头右侧有轻碰刮痕				
	车内装饰部分	装潢程度	一般	颜色	浅色	清洁	较好	仪表是否齐全	是
		座位是否完整	是	其他				

车辆实际技术状况	发动机总成	动力状况评分	85	是否更换部件	无	是否修补现象	无	是否代替现象	无
		漏油现象	严重□ 一般□ 轻微□ 无□						
	底盘各部分	是否变形	无	是否异响	无	变速器状况	工况正常	后桥状况	正常
		前桥状况	正常	传动状况	工况正常	漏油现象	严重□ 一般□ 轻微□ 无□		
		转向系统情况	工况正常			制动系统情况	工况正常		
车辆实际技术状况	电气系统	电源系统是否工作正常	工况正常	发动机点火器是否工作正常	工况正常	空调系统是否有效	工况正常	音响系统是否正常工作	工况正常
		其他							
鉴定意见		维护保养情况较好,磨损正常,整车车况较好							

在上述对二手车作技术状况现场查勘的基础上,对整车和重要部件做定量分析并以评分形式给予量化,参考如表2-8。总分就是二手车现场查勘成新率。

二手车成新率评定表　　　　　　　　　　　　　　　　表2-8

序　号	项目名称	达标程度	参考标准分	评　分
1	整车（满分20分）	全新	20	—
		良好	15	15
		较差	5	—
2	车架（满分15分）	全新	15	12
		一般	7	—
3	前后桥（满分15分）	全新	15	12
		一般	7	—
4	发动机（满分30分）	全新	30	—
		轻度磨损	25	28
		中度磨损	17	—
		重度磨损	5	—
5	变速器（满分10分）	全新	10	—
		轻度磨损	8	8
		中度磨损	6	—
		重度磨损	2	—
6	转向及制动系统（满分10分）	全新	10	—
		轻度磨损	8	8
		中度磨损	5	—
		重度磨损	2	—
总分［现场查勘成新率（%）］			100	83

被评估二手车理论成新率和现场查勘成新率的权重分配、使用年限成新率和机动车行驶里程成新率的权重分配,要根据被评估二手车类型、使用状况、维修保养状况综合考虑,科学、合理地确定权重分配,这与二手车鉴定评估人员的实践工作经验和专业判断能力有着直接关联。

2.4　二手车评估方法

2.4.1　重置成本法评估二手车

1.重置成本法概述

1)重置成本法的基本原理

重置成本法是二手车评估的重要方法之一。重置成本法是指以评估基准日的当前条件下重新购置一辆全新状态的被评估车辆所需的全部成本(完全重置成本,简称重置全价)减去该被评估车辆的各种陈旧性贬值后的差额作为被评估车辆评估价格的一种评估方法。

重置成本是购买一项全新的与被评估车辆相同的车辆所支付的最低金额。重置成本是评估基准时重新购置具有同等效用的新汽车的完全价值,它不会因为评估的目的而改变。重置成本应以现行市场纯车价以及车辆购置税为基础。因为如保险费会因汽车的使用而逐步被消费掉,所以将其准确计入重置成本意义不大。

2)影响汽车重置成本的配置与参数

(1)发动机部分。

①燃料种类。使用不同燃料的汽车或可以使用多种燃料的汽车其发动机差异很大,车价必然有较大的差异。例如,捷达车型中就有汽油车、柴油车和汽油与天然气双燃料车,仅此不同车价就相差数千甚至数万元。

②排量。同样的富康车排量有 1.4L 和 1.6L 之分,夏利排量有 1.0L、1.1L、1.3L 和1.4L 等,其车价往往相差数千甚至数万元。

③电喷或化油器。虽然现在不再生产化油器汽车,但是旧车市场上还有大量的化油器汽车存在,并且电喷还有单点喷射和多点喷射的区别。

④单顶置凸轮轴 SOHC 和多顶置凸轮轴 DOHC 的区别。这主要通过气门数反映,例如,富康 1.6L 有 8 气门和 16 气门之分、捷达发动机有 8 气门和 20 气门之分等。

⑤是否是可变配气相位。可变配气相位是近年来流行的发动机设计,2007 年前后有许多厂家同时有 VVT 和 VVTi 两种不同配置的汽车投放市场。

⑥是否具有废气再循环 EGR,尾气排放是欧Ⅰ、欧Ⅱ还是欧Ⅲ,是否具有废气涡轮增压器等。

(2)底盘部分。

①变速器形式。例如,手动机械变速器、自动变速器、无级变速器等。

②制动形式。例如,制动防抱死 ABS、电子控制制动防抱死 ABS + EBD、驱动防滑 ASR 等。

③转向形式。例如,电控动力转向 EPS 等。

④新技术的应用。例如,电子稳定程序 ESP、电控空气悬架 EAS 等。

(3)电器。

汽车电器的使用情况。例如,安全气囊 SRS、电控安全带、倒车雷达、倒车影像、防追尾碰撞系统、车窗玻璃升降方式等。

(4)车身。

汽车车身的使用技术。例如,车身面板是否采用镀锌板、采用何种安全防撞结构、是否有天窗以及天窗种类、车身油漆种类等。

以上各个方面都会影响汽车的重置成本,要对汽车的配置与参数进行认真细致的判断与评估,从而准确的确定汽车的重置成本。

3)重置成本法的特点

通过对重置成本、实体性贬值、功能性贬值和经济性贬值的分析,已经能够运用重置成本法确定汽车的评估价格,在使用中尽管工作量大,难以计算经济性贬值,但它充分地考虑了车辆的损耗,评估结果公平合理,在不易计算车辆未来收益或难以取得旧机动车交易市场参照车辆条件下可以广泛应用。

2. 车辆评估值的估算

重置成本法的估价模型:

模型 1: 评估值 = 重置成本 − 实体性贬值 − 功能性贬值 − 经济贬值

模型 2: 被评估车辆的评估值 = 更新重置成本 × 成新率

模型 3: 评估值 = 重置成本 × 成新率 × 调整系数

模型 1 中,除了要准确了解旧机动车的更新重置成本和实体性贬值外,还必须计算其功能性贬值和经济性贬值,而这二者贬值因素要求估价人员对未来影响旧机动车的运营成本、收益乃至经济寿命有较为准确的把握,否则难以评估旧机动车的市场价值。因此,模型 1 让估价人员很难操作。模型 3 是在模型 2 的基础上再减去一定的折扣,从而估算出被估价机动车的价值。模型 3 较模型 1 而言,较充分地考虑了影响汽车价值的各种因素,可操作性强。

1)车辆实体性贬值估算

实体性贬值也称有形损耗,是指机动车在存放和使用过程中,由于物理和化学原因而导致的车辆实体发生的价值损耗,即由于自然力的作用而发生的损耗。假如用损耗率来衡量,一辆全新的车辆,其实体性贬值为百分之零,而一辆完全报废的车辆,其实体性贬值为百分之百,处于其他状态下的车辆,其实体性贬值率则位于这两个数字之间。一般可以采取观察法、使用年限法和修复费用法等方法进行估算。

(1)观察法。观察法也称成新率法,是指对评估车辆,由具有专业知识和丰富经验的工程技术人员对车辆的实体各主要总成、部件进行技术鉴定,并综合分析车辆的设计、制造、使用、磨损、维护、修理、大修理、改装情况和经济寿命等因素,将评估对象与其全新状态相比较,考察由于使用磨损和自然损耗对车辆的功能、技术状况带来的影响,判断被评估车辆的有形损耗率,从而判断被评估汽车的实体性贬值的一种方法,计算公式为:

车辆实体性贬值 = 重置成本 × 有形损耗率

(2)使用年限法。通过确定被评估汽车已使用年限与该车辆预期可使用年限的比率来确定汽车有形损耗(成新率)。其计算公式表达为:

$$车辆实体性贬值 = (重置成本 - 残值) \times \frac{已使用年限}{规定使用年限}$$

式中残值,是指旧机动车辆在报废时净回收的金额,在鉴定估价中一般略去残值不计。

(3)修复费用法。修复费用法也叫功能补偿法。通过确定被评估汽车恢复原有的技术状态和功能所需要的费用补偿,直接确定汽车的有形损耗。

2)功能性贬值估算

功能性贬值是由于科学技术的发展导致的车辆贬值,即无形损耗。这类贬值又可细分为一次性功能贬值和运营性功能贬值。一次性功能贬值是由于技术进步引起劳动生产率的提高,现在再生产制造与原功能相同的车辆的社会必要劳动时间减少,成本降低而造成原车辆的价值贬值。具体表现为原车辆价值中有一个超额投资成本将不被社会承认。营运性功能贬值是由于技术进步,出现了新的、性能更优的车辆,致使原有车辆的功能相对新车型已经落后而引起其价值贬值。具体表现为原有车辆在完成相同工作任务的前提下,在燃料、人力、配件、材料等方面的消耗增加,形成了一部分超额运营成本。

(1)一次性功能贬值的估算。对目前在市场上能购买到的且有制造厂家继续生产的全新车辆,一般采用市场价即可认为已包含了该车辆的功能性贬值。从理论上讲,同样的车辆其复原重置成本与更新重置成本之差即是该车辆的一次性功能性贬值。但在实际评估工作中,计算某车辆的复原重置成本是比较困难的,一般用更新重置成本(即市场价)作为一次性功能贬值。

在实际评估时经常遇到这种情况:待评估的车辆其型号是已停产或是国内淘汰的车型,这样就没有实际的市场价,只有采用参照物的价格用类比法估算。参照物一般采用替代型号的车辆。这些替代型号的车辆其功能通常比原车型有所改进和增加,因此其价值通常比原车型的价格高。

(2)营运性功能贬值的估算。测定营运性功能贬值的步骤为:

①选定参照物,并与参照物对比,找出营运成本有差别的内容和差别的量值;

②确定原车辆尚可继续使用的年限;

③查明当前的折现率;

④通过计算超额收益或成本降低额,最后计算出营运性陈旧贬值。

3)车辆经济性贬值估算

经济性贬值是指由于外部经济环境变化所造成的车辆贬值。所谓外部经济环境,包括宏观经济政策、市场需求、通货膨胀、环境保护等。经济性贬值是由于外部环境而不是车辆本身或内部因素所引起的达不到原有设计的获利能力而造成的贬值。外界因素对车辆价值的影响不仅是客观存在的,而且对车辆价值影响还相当大,在旧机动车的评估中不可忽视。

对于营运性车辆,通常采用以下两种方式计量其经济性损耗:一种是利用车辆年收益损失额折现累加计算;另一种是通过车辆利用率的变化估算。

(1)利用车辆年收益损失额估算经济性损耗。利用年收益损失额折现累加计算如果由于外界变化,导致车辆营运收益的减少额或投入成本的增加额能够估算出来,可以直接按车辆继续使用期间每年的收益损失额折现累加,以求得车辆的经济性损耗。如下式:

$$车辆的经济性损耗 = 车辆年收益损失额 \times (1 - 所得税率) \times \frac{(1+i)^n - 1}{i(1+i)^n}$$

使用上述公式应注意,年收益损失额只能因外界因素计量,不能把因技术落后等自身因素所造成的收益损失额归入此类。

(2)通过车辆利用率的变化估算经济性损耗。如果由于外部因数的影响,导致车辆的利用率下降,可以按照以下公式估算车辆的经济性损耗率:

$$车辆的经济性损耗 = \left[1 - \left(\frac{汽车的实际工作量}{汽车的正常工作量}\right)^x\right] \times 100\%$$

在上式中,x 为规模效益指数$(0 < x < 1)$。其调整计算的结果,说明车辆的运输量与投入成本之间并非呈线性关系。当车辆的运输量降至正常运输量的一半时,其投入成本却也降至正常投入成本的一半。x 一般在 $0.6 \sim 0.7$ 之间。在确定了车辆的经济性损耗率后,可按照以下公式计算车辆的经济性损耗:

$$车辆的经济损耗 = (重置成本 - 有形损耗 - 功能损耗) \times 经济性损耗率$$

3. 重置成本的计算

对于汽车鉴定评估定价,计算重置成本,一般采用重置核算法和物价指数法。

1)重置核算法

重置核算法也称为直接法和加和分析法,它是按待评估车辆的成本构成,以现行市价为标准,将车辆按成本构成分为若干组成部分,先确定各组成部分的现时价格,然后相加得出待评估车辆的重置全价的一种评估方法。

(1)重置成本的构成。汽车的重置成本构成计算方法如下:

$$车辆重置成本 = 购置全新车辆的市场成交价 + 车辆购置价格以外 -$$
$$次性缴纳的税费总和(如车辆购置附加税和牌照等)$$

重置成本构成不应包括车辆拥有阶段和使用阶段的税和费,如车辆拥有阶段的年审费、车船使用税和消费税,车辆使用阶段的保险费、燃油税和路桥费等。

(2)进口车重置成本的构成。不同类型进口汽车的关税率、消费税率和增值税率不同。根据海关税则和收费标准,进口轿车的重置成本(即现行价格)由以下税费构成:

①报关价。即到岸价,又称 CIF 价格,它与离岸价 FOB 的关系是:

$$报关价 = 离岸价 + 途中保险费 + 国外运杂费$$

由于这部分费用是以外汇支付的,所以在计算时,需要将报关价格换算成人民币,外汇汇率采用评估基准日的外汇汇率进行计算。

②关税。关税的计算方法如下:

$$关税 = 报关价 \times 关税税率$$

自 2006 年 7 月 1 日起,小轿车的关税税率为 25%。

③消费税。消费税的计算方法如下:

$$消费税 = \frac{(报关价 + 关税)}{1 - 消费税率} \times 消费税率$$

根据轿车排量不同,消费税率亦不同。排量在 1.0L 以下的为 3%;$1.0 \sim 2.2L$ 的为 5%;2.2L 以上的为 8%。

④增值税。增值税的计算方法如下:

$$增值税 = (报关价 + 关税 + 消费税) \times 增值税率$$

各种进口增值税率均为17%。

⑤其他费用。除上述费用之外，进口车价还包括通关、商检、运输、银行、选装件价格、经销商和进口许可证等非关税措施造成的费用。

一般而言，车辆重置成本大多是依靠市场调查搜集而来的，并不需要进行十分复杂的计算。但是对于市场上尚未出现的那些新车型（特别是进口新车型），由于其价格信息有时不易获得，这时则需要按照其重置成本的构成进行估算。

2）物价指数法

物价指数法也称价格指数法，是指根据已掌握历史上的价格指数，在汽车原始成本的基础上，通过现实指数确定其重置成本。其计算公式为：

$$B = B_Y \times \frac{I_1}{I_2} \quad 或 \quad B = B_Y \times (1 + \lambda)$$

式中：B——车辆重置成本；

B_Y——车辆原始成本；

I_1——车辆评估时物价指数；

I_2——车辆购买时物价指数；

λ——车辆价格变动指数。

对于无法找到现时市场价格的被评估车辆，例如进口车辆或已停产车辆，这是一种很有用的方法。但要注意，一定要先检查被评估车辆的购买原价。如果购买原价不准确，则不能用物价指数法。

车辆价格变动指数是指通过掌握的车辆历年的价格指数，找出车辆价格变动趋势和速度的指标。

车辆价格变动指数与选择的被评估车辆已使用年限相适应。近5年内市场占有率为前3名的品牌车型，分别以现时购买车价与原始购买车价之比的算术平均值作为车辆价格变动指数。

2.4.2　收益现值法评估二手车

1. 收益现值法概述

1）基本原理

收益现值法又称收益还原法、收益资本金化法，是指通过估算被评估资产的未来预期收益并折算成现值，借以确定被评估车辆价值的一种资产评估方法。

收益现值法对汽车进行评估的实质是将汽车未来收益转换成资产现值，而将其现值作为待评估资产的重估价值。从原理上讲，收益现值法是基于这样的事实，即人们之所以占有某车辆，主要是考虑这辆车能为自己带来一定的收益。如果某车辆的预期收益小，车辆的价格就不可能高；反之车辆的价格肯定就高。投资者投资购买车辆时，一般要进行可行性分析，其预计的内部回报率只有在超过评估时的折现率时才肯支付货币额来购买车辆。注意：运用收益现值法进行评估时，是以车辆投入使用后连续获利为基础的。在机动车的交易中，人们购买的目的往往不是在于车辆本身，而是车辆获利的能力。因此该方法较适用投资营运的车辆。

2）收益现值法的应用前提

被评估的汽车必须是经营性车辆,且具有继续经营和获利的能力,继续经营的收益能够而且必须能够用货币金额来表示,经营过程中的风险因素能够转化为数据加以计算,体现在折现率和资本化率中。非盈利的汽车不能用收益现值法评估。

3）收益现值法评估程序

（1）调查、了解营运车辆的经营行情,营运车辆的消费结构;

（2）充分调查了解被评估车辆的情况和技术状况;

（3）确定评估参数,即预测预期收益,确定折现率;

（4）将预期收益折现处理,确定旧机动车评估值。

4）收益现值法的优缺点

采用收益现值法的优点是:

（1）与投资决策相结合,容易被交易双方所接受;

（2）能真实和较准确地反映车辆本金化的价格。

其缺点是:预期收益额预测难度大,受较强的主观判断和未来不可预见的因素影响。

2.收益现值法的计算方法

1）收益现值法评估值计算

运用收益现值评估车辆的价值反映了如下含义:即收益现值法把车辆所有者期望的收益转换成现值,这一现值就是购买者未来能得到好处的价值体现。

$$被评估车辆的评估值 = \sum_{t=1}^{n} \frac{各期未来预期收益}{(1 + 折现率)^t}$$

式中:t——收益期,一般以年计。

当未来预期收益不等值时,应用下式计算:

$$P = \sum_{t=1}^{n} \frac{A}{(1+i)^t} = \frac{A_1}{(1+i)^1} + \frac{A_2}{(1+i)^2} + \cdots + \frac{A_t}{(1+i)^t}$$

式中,P 为评估值;A_t 为未来第 t 个收益期的预期收益额,收益期有限时（机动车的收益期是有限的）,A_t 中还包括期末车辆的残值,一般估算时忽略不计;n 为收益年期（即剩余使用寿命的年限）;i 为折现率;t 为收益期,一般以年计。

而当未来预期收益等值时,应用下式计算:

$$P = A \cdot \left[\frac{1}{1+i} + \frac{1}{(1+i)^2} + \cdots + \frac{1}{(1+i)^n} \right] = A \frac{(1+i)^n - 1}{i \cdot (1+i)^n}$$

式中,$\frac{1}{(1+i)^t}$ 称为现值系数;$\frac{(1+i)^n - 1}{i \cdot (1+i)^n}$ 称为年金现值系数。

2）收益现值法中各评估参数的确定

（1）剩余使用寿命期的确定。剩余使用寿命期指从评估基准日到车辆报废的年限。如果剩余使用寿命期估计过长,就会高估车辆价格;反之,则会低估价格。因此,必须根据车辆的实际状况对剩余寿命作出正确的评定。在车辆技术状况基本正常的情况下,可以按国家规定的报废标准确定车辆的剩余使用寿命。如果车辆的技术状况很差,则应根据车辆的实际状况,判定车辆的剩余使用寿命。例如,一般出租车按照 8 年计算寿命期,现在已经使用 6

年的某轿车,其出租营运的剩余经济寿命期为 2 年。

(2)预期收益额的确定。收益现值法运用中,收益额的确定是关键。收益额是指由被评估对象在使用过程中产生的超出其自身价值的溢余额。对于预期收益额的确定应把握两点:

①预期收益额是指车辆使用带来的未来收益期望值,是通过预测分析获得的。无论对于所有者还是购买者,判断某车辆是否有价值,首先应判断该车辆是否会带来收益。对其收益的判断,不仅仅是看现在的收益能力,更重要的是预测未来的收益能力。

②计量收益额的指标。以企业为例,目前有几种观点:第一,企业所得税后利润;第二,企业所得税后利润与提取折旧额之和扣除资额;第三,利润总额。针对旧动车的评估特点与评估目的,为了估算方便,建议选择第一种观点,目的是准确反映预期收益额。为了避免计算错误,一般应列出车辆在剩余寿命期内的现金流量表。

(3)确定预期支出。根据本行业的情况,仔细分析被评估汽车的可能支出项目及支出额,列出预计支出清单。

(4)折现率的确定。折现率必须谨慎确定,折现率的微小差异,会带来评估值很大的差异。确定折现率不仅要有定性分析,还应有定量方法。每个行业,每个企业都有具体的资金收益率。但是,最后选择的折现率应该不低于国家债券或银行存款的利率。

一般来说,折现率应包括无风险收益率和风险报酬率两方面的风险因素,即:

$$折现率 = 无风险收益率 + 风险报酬率$$

无风险利率是指资产在一般无风险经营条件下的获利水平,风险报酬率是指承担投资风险的投资所获得的超过无风险报酬率以上部分的投资回报率,一般随投资风险递增而加大。

风险收益能够计算,而为承担风险所付出的代价却不好确定。因此,风险收益率不容易计算出来,只要求选择的收益率中包含这一因素即可。

在使用资金收益率这一指标时,要充分考虑年收益率的计算口径与资金收益等的口径是否一致,若不一致,将会影响评估值的准确性。

2.4.3　现行市价法评估二手车

1.现行市价法概述

1)现行市价法的基本原理

现行市价法是最直接、最简单的一种评估方法,也是汽车价格评估最常用的方法之一。现行市价法又称市价法、市场价格比较法和销售对比法。现行市价法是通过市场调查,选择一辆或几辆最近出售的与被评估车辆相同或类似的参照车作为比较对象,分析比较标的车与参照车之间的差异,并做出相应调整,从而确定标的车的价格。这种方法是以市场形成价格为理论基础的替代原理为依据,所使用的资料直接来源于市场,因此得出的结论也就更接近市场价格行情。

现行市价法的基本原理是通过市场调查,选择一辆或几辆最近出售的与被评估车辆相同或类似的参照车作为参照物,分析参照物的构造、功能、性能、新旧程度、地区差别、交易条件及成交价格等,并与被评估车辆对照比较,找出两者的差别所反映在价格上的差额,经过调整、计算出旧机动车辆的价格。

2）现行市价法的应用前提

用市价法进行评估,了解市场情况是很重要的,并且要全面了解,了解的情况越多,评估的准确性越高,这是市价法评估的关键。运用现行市价法对汽车进行价格评估必须具备以下前提条件:

(1)要有一个活跃的、公平的市场,有充分的参照物可取。只有有了充分发育、活跃的旧机动车交易市场,在旧机动车交易市场上才有大量的旧机动车交易,与被评估相类似的车辆价格越容易获得,交易就越公平,现行市价法的结果就越精确。

(2)至少要有一个近期的、可比的、已经成交或已标价尚未成交的参照物车辆。所谓近期,即指参照物交易时间与车辆评估基准日相差时间相近,一般在 1 个月之内。所谓可比,即指车辆在规格、型号、功能、性能、内部结构、新旧程度及交易条件等方面不相上下。

(3)参照物及其与被评估车辆可比较的指标、技术参数等资料是可以收集到的,并且价值影响因素明确、可以量化。

(4)要有一个相对健全的汽车交易信息系统。

3）现行市价法的评估步骤

(1)考察鉴定被评估车辆。收集被评估车辆的资料,包括车辆的类别、名称、型号等。了解车辆的用途、目前的使用情况,并对车辆的性能、新旧程度等作必要的技术鉴定,以获得被评估车辆的主要参数,为市场数据资料的搜集及参照物的选择提供依据。

(2)选择参照物。按照可比性原则选取参照物。车辆的可比性因素主要包括:类别、型号、用途、结构、性能、新旧程度、成交数量、成交时间、付款方式等。参照物的选择一般应在两个以上。

(3)对被评估车辆和参照物之间的差异进行比较、量化和调整。被评估车辆与参照物之间的各种可比因素,尽可能地予以量化、调整。具体包括:

①销售时间差异的量化。在选择参照物时,应尽可能地选择在评估基准日成交的案例,以免去销售时间允许的量化步骤。若参照物的交易时间在评估基准日之前,可采用指数调整法将销售时间差异量化并予以调整。

②车辆性能差异的量化。车辆性能差异的具体表现是车辆营运成本的差异。通过测算超额营运成本的方法将性能方面的差异量化。

③新旧程度差异的量化。被评估车辆与参照物在新旧程度上不一定完全一致,参照物也未必是全新的。这就要求评估人员对被评估车辆与参照物的新旧程度的差异进行量化。

差异量 = 参照物价格 × (被评估车辆成新率 - 参照物成新率)

④销售数量、付款方式差异的量化。销售数量大小采用何种付款方式均会对车辆的成交单价产生影响。

对销售数量差异的调整采用未来收益的折现方法解决;对付款方式差异的调整,被评估车辆通常是以一次性付款方式为假定前提,若参照物采用分期付款方式,则可按当期银行利率将各期分期付款额折现累加,即可得到一次性付款总额。

(4)汇总各因素差异量化值,求出车辆的评估值。对上述各差异因素量化值进行汇总,给出车辆的评估值。以数学表达式为:

$$被评估车辆的价值 = 参照物现行市价 \times \sum 差异量$$

或

$$被评估车辆的价值 = 参照物现行市价 \times 差异调整系数$$

用市价法评估已包含了该车辆的各种贬值因素,包括有形损耗的贬值、功能性贬值和经济性贬值,因而用市价法评估不再专门计算功能性贬值和经济性贬值。

4)现行市价法的特点

运用现行市价法进行汽车价格评估,能够比较客观地反映汽车目前的市场情况;其评估的参数、指标直接从市场获得,评估值能反映市场现实价格,评估结果易被各方面理解和接受。其不足是必须要有成熟、公开和活跃的市场作为基础。另外由于旧车的可比因素多而且复杂,即使是同一个生产厂家生产的同一型号的产品,同一天登记也可能由于使用强度、使用条件、维护水平的不同而带来车辆技术状况不同和评估值的差异。

2.计算方法

在实际运用过程中,由于市场条件和掌握参照车资料的不同,现行市价法又可以分为直接市价法、类比市价法。

1)直接市价法

直接市价法是指市场上能够找到与被评估车辆完全相同的车辆的现行市价,并依其价格直接作为被评估车辆的评估价格的一种方法。直接市价法有两种情况:

(1)参照车辆与被评估车辆完全相同。也就是说如果在基准日市场能找到与价格鉴定标的车完全相同的车辆的成交价格,就可以其价格直接作为价格鉴定标的车的价格。

(2)参照车辆与被评估车辆相近。参照车辆与被评估车辆类别相同、主要参数相同、结构性能相同,只是生产序号不同,并作局部改动的车辆,可以认为近似等同。其评估公式为:

$$评估值 = 参照车辆的市场价格$$

2)类比市价法

类比市价法是指评估车辆时,在公开市场上找不到与之完全相同但能找到与之相类似的车辆时,以此为参照车辆,并根据车辆技术状况和交易条件的差异对价格做出相应调整,进而确定被评估车辆价格的评估方法。其基本计算公式为:

$$评估值 = 参照车辆的市场价格 + 评估对象比参照车辆优异的价格差额 +$$
$$参照车辆比评估对象优异的价格差额$$

或

$$评估值 = 参照车辆的市场价格 - 差异调整系数$$

2.4.4　清算价格法评估二手车

1.清算价格法概述

1)清算价格法的基本原理

所谓清算价格,是指由于破产或其他原因,要求在一定的期限内将车辆变现,在企业清算之日预期出卖车辆可收回的快速变现价格。主要根据汽车技术状况,运用现行市价法估算其正常价值,据处置情况和变现要求,乘以一个折扣率,最后确定评估价格。

清算价格法在原理上基本与现行市价法相同,区别是企业因迫于停业或者破产,急于将车辆拍卖、出售。所以,清算价格常低于现行市场价格。

2)清算价格法的前提条件

(1)具有法律效力的破产处理文件或抵押合同及其他有效文件;

(2)汽车以整体或拆零在市场上可以变现而且必须快速出售变现;

(3)所卖收入足以补偿因出售汽车的附加支出总额。

3)清算价格法的适用范围

清算价格法适用于抵押、企业破产及停业清理时要售出的车辆。

(1)抵押。抵押是指企业或个人为了进行融资,用自己特定的财产为担保向对方保证履行合同义务的担保形式。提供财产的一方为抵押人,接受抵押财产的一方为抵押权人。抵押人不履行合同时,抵押权人有权利将抵押财产在法律允许的范围内变卖,从变卖抵押物价款中优先获得赔偿。

(2)企业破产。企业破产是指当企业或个人因经营不善造成严重亏损、资不抵债时,企业应依法宣告破产,法院以其全部财产依法清偿其所欠的债务,不足部分不再清偿。

(3)清理。清理是指企业由于经营不善导致严重亏损,已临近破产的边缘或因其他原因无法继续经营下去,为弄清企业财物现状,对全部财产进行清点、整理和查核;为经营决策(破产清算或继续经营)提供依据,以及因资产损毁、报废而进行清理、拆除等的经济行为。

4)决定清算价格的主要因素

由于采用清算价格进行评估的车辆,通常要在较短的期限内将车辆变现,因此其价格往往低于现行市价。清算价格的高低一般与以下因素有关:

(1)现行市价。与被拍卖车辆相同或类似的车辆的现行市价价格越高,被拍卖车辆的清算价格通常也会高些;反之,价格就会低些。

(2)破产形式。如果企业完全丧失车辆的处置权,无法讨价还价,占有主动权的买方必然会尽力压低价格,以从中获益;如果企业尚有讨价还价的可能,则车辆的价格有可能高些。

(3)拍卖方式。若车辆与破产企业的其他资产一起整体拍卖,其拍卖值可能会高于包括车辆在内的各单项资产变现价值之和。

(4)拍卖时限。车辆的拍卖时限越短,车辆的清算价格就可能越低;反之,若拍卖的时限较长,车辆的价格就可能越高。

(5)参照价格。参照价格是指在市场上出售相同或类似车辆的价格,一般市场参照物价格越高,车辆出售的价格就会越高;反之,则低。

(6)清理费用。在破产等评估车辆价格时应对清理负费及其他费用给予充分的考虑。

2.清算价格法的评估方法

二手车清算价格评估的方法主要有现行市价折扣法、意向询价法和竞价法等3种。

1)现行市价折扣法

现行市价折扣法是指对清算汽车首先在旧机动车交易市场寻找一个相适应的参照物,然后根据快速变现的原则估定一个折扣率,并据此确定清算价格。影响折扣系数的因素有:

(1)被评估车辆是通用车型还是专用车型,例如运钞车就比一般的小客车难以变现。

(2)综合考虑车辆的欠费情况,欠费较多的车辆只能变换用途拆零出售,价格相对较低。

(3)拍卖时限。变现时间的长短影响快速变现系数,变现时间越短,快速变现系数就越低。通常快速变现系数小于1,但对用重置成本法年限计算成新率的、报废年限只剩2~3年的通用型车辆(如桑塔纳、捷达),如车况较好,则变现系数可能略大于1。

2)竞价法

竞价法通常由法院或其他执法机构,按照法定程序或由卖方根据评估结果提出一个拍卖的底价,在公开市场上由买方竞价,谁出的价格高就卖给谁。现在我国许多地方对国有资产中的汽车转让采取这种方法。

2.4.5 折旧法评估二手车

1.折旧法评估的基本原理

折旧是指企业的固定资产在预计的使用年限内由于磨损和损耗而逐渐转移的价值。机动车作为固定资产,按现行财务制度规定应计提固定资产折旧。所谓机动车的折旧是指机动车随着时间的推移或在使用过程中,由于损耗而转移到产品中去的那部分价值。这部分转移的价值以折旧费的形式计入成本费用,并从企业营业收入中得到补偿。

二手车折旧额是二手车所有者已经得到的价值补偿,剩下的价值即重置成本全价减去二手车已使用年数的累计折旧额,才是二手车现有的价值,评估时应以这个价值作为评估价。车辆鉴定评估时,如果发现车辆有某些功能完全丧失,需要维修和换件的,还应考虑扣减相应的维修费用。计算公式为:

被评估二手车的评估值 = 重置成本全价 - 累计折旧额 - 维修费用

2.折旧法评估的基本方法

1)评估模型

折旧法的评估模型,其计算公式为:

$$P = B - \sum D_t - F_s$$

式中:P——二手车评估值,元;

B——二手车重置成本全价,元;

D_t——二手车折旧额,元($t = 1, 2, 3, \cdots, N$,N 为预计使用年限),元;

$\sum D_t$——二手车已使用年限内的累计折旧额,元;

F_s——二手车需要的维修费用,元。

2)折旧额的计算

车辆年折旧额的计算有两种方法:等速折旧法和加速折旧法。由于市场情况是随着时间的变化而变化的,因此,推荐使用加速折旧法。

(1)等速折旧法。等速折旧法,也称为平均折旧法,是指用车辆的原值除以车辆使用年限,以求得每年平均计提折旧额的方法。计算公式为:

$$D_t = (K_o - S_v) - N$$

式中:D_t——二手车年折旧额,元;

K_o——二手车原值,元;

S_v——二手车残值,元;

N——二手车预计使用年限(一般取规定使用年限),年。

(2)加速折旧法。加速折旧法也称递减折旧法,是指在汽车使用早期多提折旧,在使用后期少提折旧的一种方法。

此方法的理论依据是:汽车在使用初期发生的故障少,需要的修理费用少,提供的服务多,为企业创造的效益高,理应多提折旧;在汽车的使用后期,随着汽车零部件磨损程度的加剧,需要的修理费用越来越多,单位时间提供的服务量逐年减少,理应少提折旧。这样,可使汽车在各年承担的总费用比较接近,利润比较平稳,也弥补了等速折旧法的不足。

加速折旧法求年折旧额的方法有两种:年份数求和法和双倍余额递减法。

①年份数求和法。年份数求和法是指每年的折旧额可用车辆原值减去残值的差额乘一个逐年递减系数来确定折旧领的一种方法。其计算公式为:

$$D_t = (K_o - S_v) - \frac{N + 1 - t}{\frac{N(N+1)}{2}}$$

式中:　D_t——二手车年折旧额,元;

　　　　K_o——二手车原值(实际评估时,取评估基准日的重置全价),元;

　　　　S_v——二手车残值,元;

　　　　N——二手车预计使用年限(一般取规定使用年限),年;

　　　　t——已使用年限数(实际评估中,把已使用的总月数折算为年度数计算),年;

$\frac{N+1-t}{\frac{N(N+1)}{2}}$——递减系数,也称为年折旧率。

②双倍余额递减法。双倍余额递减法是根据每年二手车剩余价值和双倍的等速法折旧率计算二手车折旧的一种方法。

这种方法计算时不考虑二手车预计净残值,用数学式表示为:

　　　　年折旧额 = 该年二手车剩余价值 × 年折旧率

其中,　　　　　　年折旧率 $= \dfrac{2}{\text{预计使用年限}} \times 100\%$

上述双倍余额递减折旧法求年折旧额可用计算公式表示为:

$$D_t = [K_o + (1-a)^{t-1}] \cdot a = K_o \cdot a (1-a)^{t-1}$$

式中:D_t——二手车年折旧额,元;

　　　K_o——二手车原值(实际评估时,取评估基准日的重置全价),元;

　　　a——年折旧率,$a = 2/N \times 100\%$,N 为预计使用年限;

　　　t——二手车已使用年限数(实际评估中,把已使用的总月数折算为年度数计算),年。

应用时,要把评估基准日当年所有已使用的月份数折算为年数。

由于采用双倍余额递减法在确定二手车折旧率时,不考虑二手车的净残值因素,因此在连续计算各年折旧额时,如果发现使用双倍余额递减法计算的折旧额小于采用等速折旧法计算的折旧额时,就应该改用等速折旧法。

3.折旧法优缺点和适用范围

1)优缺点

(1)优点:计算方法简便,适用范围广泛。

(2)缺点:忽略了车辆在不同使用时期的使用强度的不均衡性所导致不同时期固定资产

有形损耗程度的差异。

2）适用范围

由于折旧法采用的是经济使用年限，且可以采用加速折旧法计算二手车的价值转移，使二手车剩余价值相对比较小，这对二手车收购方来说比较有利的。因此，折旧法比较适用于二手车收购。

2.5　二手车评估方法的选择

2.5.1　二手车评估方法的联系与区别

1. 重置成本法与收益现值法

重置成本法与收益现值法的区别在于：前者是历史过程，后者是预期过程。重置成本法比较侧重对车辆过去使用状况的分析。尽管重置成本法中的更新重置成本是现时价格，但重置成本法中的其他许多因素都是基于对历史的分析，以及对现时的比较后得出结论。如有形损耗就是基于被评估车辆的已使用年限和使用强度等来确定的。因此，如果没有对评估车辆的历史判断和记录，那么运用重置成本法评估车辆的价值是不可能的。

与重置成本法比较，收益现值法的评估要素完全基于对未来的分析。收益现值法不考虑被评估车辆过去的情况，即收益现值法从不把被评估车辆已使用年限和程度作为评估基础。收益现值法所考虑和侧重的是被评估对象未来能给投资者带来多少收益。预期收益的测定，是收益现值法的基础。一般而言，预期收益越大，车辆的价值越大。

2. 重置成本法与现行市价法

重置成本法也是一种比较方法，它是将被评估车辆与全新车辆进行比较的过程。例如评估一辆汽车时，首先要考虑重新购置一台全新的车辆需花多少成本，同时还需要进一步考虑汽车的陈旧状况、功能和技术情况。只有当一系列因素充分考虑后，才可能给汽车定价。而上述过程都归于与全新车辆的比较，否则就无法确定汽车的价格。

与重置成本法比较，现行市价法的出发点更多地表现在价格上。由于现行市价法比较侧重价格分析，因此对现行市价法的运用便十分强调市场化程度。如果市场很活跃，参照车辆很容易取得，那么运用现行市价法所取得的结论就会更可靠。现行市价法的这种比较性对于重置成本法而言，其条件更为广泛。

运用重置成本法时，也许只需有一个或几个类似的参照车辆即可。但是运用现行市价法时，必须有更多的市场数据。如果只取某一数据作比较，那么现行市价法所作的结论将不准确。

3. 收益现值法与现行市价法

如果收益现值法与现行市价法存在某种联系，那么这一联系就是现行市价法与收益现值法的结合。通过把现行市价法和收益现值法结合起来评估车辆的价值，在汽车市场发达的国家应用相当普遍。

从评估观点看，收益现值法中任何参数的确定，都具有人的主观性。因为预期收益和折现率等都是不可知的参数，但是这些参数在运用收益现值法评估车辆价值时必须明确，否则收益现值法就不能使用。然而,一旦从估计上来考虑收益现值法中的参数,那么这就涉及估计依据问题。对于这样的问题,在市场发达的地方,解决的方式便是采用参照车辆。通过选择参照车辆,进一步计量其收益折现率及预期年限,然后将这些参照根据比较有效地运用到被评估车辆上,以确定车辆的价值。

把收益现值法和现行市价法结合起来,其目的在于降低评估过程中的人为因素,更好地反映客观实际,从而使车辆的评估更能体现市场观点。

4. 清算价格法与现行市价法

清算价格法与现行市价法,都是基于现行市场价格确定车辆价格法的方法。但是也有所不同:利用现行市价法确定的车辆价格,如果被出售者接受,而不被购买者接受,出售者有权拒绝交易。但利用清算价格法确定的清算价格,若不能被买方接受,清算价格就失去意义。这就使得利用清算价格进行的评估,完全是一种站在购买方立场上的评估,在某种程度上,可以认为是一种取悦于购买方的评估。

2.5.2 二手车评估方法的选用

1. 重置成本法的适用范围

重置成本法是汽车鉴定评估中一种常用方法,它适用于继续使用前提下的汽车鉴定评估。对于在用车辆,可以直接运用重置成本法进行评估,无须作较大的调整。目前我国汽车交易市场尚需进一步规范和完善,运用现行市价法和收益现值法的客观条件受到一定的制约;而清算价格法仅在特定的条件下才能使用,因此,重置成本法在汽车鉴定评估中得到了广泛的应用。

2. 现行市价法的选用

现行市价法的运用首先必须以市场为前提,它是借助于参照车辆的市场成交价变现价运作的(该参照车辆与被评估车辆相同或相似)。因此,一个发达活动的车辆交易市场是现行市价法运用的前提。

此外,现行市价法的运用还必须以可比性为前提。运用该方法评估车辆市场价值的合理性与公平性,在很大程度上取决于所选取的参照车辆的可比性。

可比性包括两方面内容:

(1)被评估车辆与参照车辆之间在规格、型号、用途、性能和新旧程度等方面具有可比性;

(2)参照车辆的交易情况(诸如交易目的、交易条件、交易数量、交易时间、交易结算方式等)与被评估车辆将要发生的情况具有可比性。

以上所述的市场前提和可比前提,既是运用现行市价法进行汽车鉴定评估的前提条件,同时也是对运用现行市价法进行汽车鉴定评估的范围界定。对于车辆的买卖,车辆作为投资参股、合作经营,均适用现行市价法。

3. 收益现值法的选用

运用收益现值法的前提是被评估车辆具有独立的、能连续用货币计量的可预期收益。由于在车辆的交易中,购买的目的一般不在于车辆本身,而是车辆的获利能力。因此,该方法较适于从事营运的车辆。

4.清算价格法的选用

清算价格法适用于企业破产、抵押及停业清理时要售出的车辆。这类车辆必须同时满足以下3个条件,才可以利用清算价格法进行出售。

(1)有具有法律效力的破产处理文件、抵押合同及其他有效文件为依据;

(2)车辆在市场上可以快速出售变现;

(3)清算价格足以补偿因出售车辆所付出的附加支出总额。

本 章 小 结

本章是全书非常重要的一部分,由于汽车评估是资产评估的一个分支,弄清楚资产评估的基础知识对学习汽车评估有非常大的帮助,本章讲解了资产评估的基础理论知识。首先介绍了资产评估的基本概念,然后介绍了汽车鉴定评估的相关知识点,重点介绍了四种基本评估方法:重置成本法、收益现值法、现行市价法、清算价格法,这是全书的重点。汽车价格评估也正是围绕这四种方法展开。掌握这些基础知识,对学习后面的内容有重要意义。

复习与思考题

1.二手车的评估方法有哪些?各有何应用特点?

2.二手车的折旧方法有哪些?如何进行折旧?

3.现行市价法如何进行价格估算?

4.清算价格法鉴定估价的方法有哪些?如何操作?

5.资产评估的定义是什么?

6.资产评估的假设和原则是什么?

7.汽车鉴定评估要素包括哪些?

8.汽车评估方法的联系与区别是什么?

9.某公司欲出售一辆已使用7年6个月的捷达轿车。该车为办公用车,常年工作在郊区或市区,工作条件好。维护、保养较差,车身多处划痕,显得很破旧;发动机动力不足;离合器和变速器均工作不良;轮胎偏磨。其他情况均与车辆新旧程度基本相符。试估算该车的成新率。

拓展知识点

全国注册资产评估师考试用书注册资产评估师执业指南:资产评估。

学习资源

董恩国,孙奇涵.汽车鉴定与评估实务[M].北京:北京理工大学出版社,2011.

第3章 汽车技术状况的检查

教学目标

1. 学会车辆的唯一性识别、车辆的外观检查、车辆的底盘检查。
2. 掌握发动机起动和无负荷检查、汽车路试检查、汽车动态试验后的检查。
3. 知道汽车制动性能、侧滑、车速表、前照灯、喇叭声级、排气污染物检测、汽车基本性能、四轮定位检测。
4. 理解汽车技术状况的评定内容与原则、汽车技术状况的分级。

教学要点

知识要点	掌握程度	相关知识
汽车技术状况的静态检查	学会	车辆的唯一性识别、车辆的外观检查、车辆的底盘检查
汽车技术状况的动态检查	掌握	发动机起动和无负荷检查、汽车路试检查、汽车动态试验后的检查
汽车技术状况的仪器检测	知道	汽车制动性能、侧滑、车速表、前照灯、喇叭声级、排气污染物检测、汽车基本性能、四轮定位检测
汽车技术状况等级的评定	理解	汽车技术状况的评定内容与原则、汽车技术状况的分级

3.1 汽车技术状况的静态检查

汽车技术状况静态检查的目的是快速、全面地了解汽车的大概技术状况。静态检查主要包括身份辨别和外观检查两大部分内容。

通过初步的全面检查,评估人员可以发现汽车表面上比较明显的缺陷,如是否拼装车辆、车身锈蚀、交通事故碰撞变形、零部件的损坏、发动机的严重磨损等问题。

3.1.1 车辆的唯一性识别

对机动车的号牌号码、车辆类型、品牌/型号、颜色、发动机号码、车辆识别代号(或整车出厂编号)及主要特征和技术参数进行核查,核对车辆识别代号(或整车出厂编号)的拓印膜,以确认送检机动车的唯一性。

送检机动车应停放在指定位置,发动机停转。

车辆唯一性认定工作中的主要特征及技术参数认定宜结合车辆外观检查和车辆底盘检查进行。检查时常用的设备和工具主要有:长度测量工具(钢卷尺、钢直尺等)、铅锤、照明器具及称重设备。

汽车评估对车辆的唯一性识别,应逐一核对送检机动车的号牌号码、车辆类型、品牌/型号、颜色、车辆识别代号(或整车型号和出厂编号)和发动机号码,确认是否与送检机动车的机动车行驶证记载的内容及其他相关资料一致;核对车辆识别代号(或整车出厂编号)拓印膜,查验车辆识别代号(或整车型号和出厂编号)、发动机号码有无被凿改嫌疑。同时,还应检查送检评估车辆是否具有私自改装或擅自改变机动车已登记的结构、构造、特征的情形,必要时应用量具测量相关尺寸参数、用称重设备测量相关质量参数。对变更车身/车架或变更发动机后的在用机动车进行安全技术检验时,还应核对车身/车架和发动机的来历凭证及公安机关交通管理部门批准允许变更车身/车架的相关证明材料。

发现送检机动车的车辆识别代号(或整车型号和出厂编号)、发动机号码与机动车行驶证记载不一致,或者有凿改、挖补、打磨痕迹或垫片、擅自另外打刻等异常情形的,或者送检机动车有私自改装或擅自改变机动车已登记的结构、构造或者特征的异常情形时,此次汽车评估检验立即终止。

汽车评估检验的机动车有被盗抢嫌疑时,应详细登记送检机动车的相关信息并尽快向所在地公安机关有关部门报告,等待有关部门核实查处;评估的机动车有私自改装或擅自改变机动车已登记的结构、构造、特征的情形时,应将相关信息报告所在地公安机关交通管理部门和工商行政管理部门。

对变更车身/车架或变更发动机后的在用机动车进行安全技术检验时,对不能提供相关证明材料的,此次汽车评估检验立即终止,应详细登记送检机动车的相关信息并尽快向所在地公安机关交通管理部门报告。

3.1.2 车辆的外观检查

通过对车身的检查,特别是轿车和客车的车身,检查是否有严重的碰撞痕迹,可以判断是否曾经发生过严重事故。由于轿车和客车的车身在整车价值中权重较大,维修费用也比较高,故车身检查是技术状况鉴定的重要环节。检查顺序一般从车的前部开始,可以按以下方法进行:

1. 检查车身各处的缝隙

分别站在车的左前部和右前部,从车头往车尾观察车身各处接缝,如出现接缝不直、缝隙不一、线条弯曲、装饰条有脱落痕迹或新旧不一,说明该车的车身可能修理过。

2. 站在车前观察车漆的颜色和车身平整度

后补的油漆色彩往往不同于原车漆色,如果汽车补过漆,通过观察整个车身各个部位漆的颜色,通过车身反射光的明暗对比可以判断是否做漆,一般做漆的地方反射光较暗,可以检查是否出过事故。至于车身平整度,特别是有较大面积撞伤的部位,工人在补腻子、打磨腻子时往往磨不平,导致车身漆面看上去有波浪感,漆面凹凸不平。也可以用一磁铁沿车身四周移动,如果移到某处,感觉磁力突然减小,说明该处打过腻子、补过漆,用手敲击此处,声音较别处发闷。

3.检查保险杠

在交通事故中,保险杠是最易、最先被撞坏的易损件,通过检查保险杠是否变形、损坏、重新补漆等痕迹,可以判断汽车是否发生过碰撞事故。

4.检查车门

站在车门前,观察B柱是否呈一直线以及接缝的平整度,若B柱不呈直线或者接缝不平整,说明车门经过整形工艺处理过;打开车门,观察门框是否呈一平面,若不平整,则说明进行过钣金处理;另外,可以观看车门附近是否有铆钉痕迹(原车结合时留下的),没有铆钉痕迹说明车子重新烤过漆。

5.观察车窗、车门的关闭

车窗、车门应关闭灵活,密封严实,锁止可靠,缝隙均匀,胶条无老化现象。检查前风窗玻璃是否有国家安全认证标志,没有则表明前风窗玻璃已经更换过。

6.检查后视镜、下视镜

汽车必须在左右各设一面后视镜,安装、调节及其视野范围要符合相关规定。车长大于6m的平头客车、平头货车应在车前设置一面下视镜。

7.检查灯光

主要检查灯光是否齐全、有效、光色、光强、光照角度等是否符合国家标准的相关规定。

8.检查车身金属件的锈蚀情况

随着汽车使用年限的增加,以及各种事故的损害,车身金属零部件逐渐锈蚀,通过锈蚀的严重程度可以判断该车的使用年限。检查的零部件主要是车门、车窗、排水槽、底板及各接缝处等。

3.1.3 车辆的底盘检查

汽车底盘由传动系、行驶系、转向系和制动系4部分组成。底盘检查工作主要就是对这4部分进行检查,通常在地沟或车辆举升器上进行。

1.传动系的检查

(1)检查离合器踏板的自由行程是否符合整车技术条件的要求、离合器的摩擦片磨损状况、铆钉是否松动;弹簧是否发生疲劳折断/开裂;分离拨叉的支点磨损是否严重;分离轴承的磨损情况;若是液压操纵控制的离合器,还要检查液压系统是否漏油等。

(2)检查变速器壳体四周、加油口、放油口等处是否存在漏油或渗油现象;换挡控制机构是否顺畅、各连接处磨损是否严重等。

(3)检查传动轴、中间轴、万向节等处是否有裂痕或者松旷现象;传动轴是否发生弯曲;轴承是否因磨损而松动;连接螺栓是否松动或有裂痕等。

(4)检查桥壳是否有裂痕;检查桥壳各连接处是否有漏油或渗油迹象。

2.行驶系的检查

(1)检查车架是否有裂纹、锈蚀,是否有影响正常行驶的变形(弯曲、扭曲等);检查螺栓和铆钉是否齐全并紧固,车架不得进行焊接。

(2)检查车辆的前后桥是否有裂痕和变形。

(3)检查车辆的悬架系统是否有损坏、螺栓是否松旷、减振器是否漏油;检查板簧有无裂痕、断片和缺片现象,中心螺栓和 U 型螺栓是否紧固等。

(4)检查车架与悬架之间的所有拉杆和导杆是否变形,各连接处是否松旷或移位。

(5)检查轮毂轴承是否磨损、松旷;轮胎螺母以及半轴螺母是否齐全并紧固;检查同一桥上左右轮胎的型号、花纹是否相同;轮胎磨损是否严重、是否翻新轮胎(转向车轮不得使用翻新轮胎)、轮胎的帘线是否外露;检查轮胎是否有异常磨损,若轮胎出现非正常磨损,则说明车轮定位参数不正确或者车辆长期超载运行。

3. 转向系的检查

(1)检查转向盘与前桥的连接是否松旷。

(2)检查转向器的垂臂轴与垂臂连接是否松旷;检查拉杆球头连接是否松旷;检查拉杆与转向节的连接是否松旷;检查转向节与主销之间是否松旷等。

(3)检查转向节与主销之间配合是否满足要求;检查转向器的润滑是否适合等。

(4)检查转向轴是否弯曲。

(5)检查液压助力转向的转向泵驱动带松紧是否合适;油泵、油管是否有漏油现象,软管是否老化。

4. 制动系的检查

(1)检查制动踏板的自由行程是否符合车辆技术条件的要求;检查液压制动系统的总泵、分泵、管路以及管路连接处是否有漏油现象。

(2)检查油管是否有损伤,特别是凹瘪现象;检查真空管是否有损伤。

(3)对于气制动车辆应检查储气罐的压力能否达到规定气压,检查制动管路是否有损伤。

3.2　汽车技术状况的动态检查

汽车的动态检查是指汽车在工作状态下的检查,又称车辆路试检查。通过汽车在各种工况,如发动机起动、怠速、汽车起步、加速、匀速、制动、换挡,检查汽车的操纵性能、加速性能、滑行性能、噪声和排放情况,鉴定汽车的技术状况。

在汽车技术状况的动态检查过程中,根据检查人员的经验和技能,辅之以简单的器具和量具,对车辆进行动态检查。检查可分为无负荷检查和路试检查。

3.2.1　发动机起动和无负荷检查

无负荷检查就是车辆在原地,检查发动机的性能状况,包括发动机起动、怠速声响、急加速性、曲轴箱窜油和窜气量、尾气颜色、发动机熄火等项目。

1. 检查起动性

检查发动机起动是否容易,起动机是否良好。

正常情况下,用起动机起动发动机时,一般起动不应超过 3 次,每次起动时间不超过 5～

10s 若需再次起动,应间隔 15s 以上,起动时,应无异常响声。如果发动机不能正常起动,表明发动机的起动性能不好。

影响发动机起动性能的原因有很多,主要有油路、电路、气路和机械四个方面。如供油不畅、电动汽油泵没有保压功能、点火系统漏电、蓄电池接线柱锈蚀、空气滤清器堵塞、汽缸磨损使汽缸压力过低、气门关闭不严等。发动机起动困难应综合分析各种原因,引起发动机起动困难的原因不同,对车辆价值影响也不同,并且差别很大。

检查导致发动机起动不良的原因时,首先检查蓄电池,其次检查发动机运转的阻力(拆下全部火花塞和喷油器,手动运转曲轴,检查转动阻力大小);再次检查汽油机的点火系(可能点火不正时、火花塞打火弱或者不打火)、燃油系统(混合气体过浓或过稀)、汽缸压力等环节。对于柴油机,则可能汽缸压力过低;燃油中有水或空气;输油泵、喷油泵、喷油器工作不良;或者油路堵塞等原因,应一一排查。

2. 无负荷时的工况检查

(1)发动机起动后使其怠速运转。打开发动机盖,听发动机有无异响、噪声,观察发动机工作是否平稳。

(2)检查急加速性。待发动机正常运转后,用手拨动节气门,从怠速急加速,观察发动机的急加速性能,然后迅速松开节气门,注意发动机怠速是否熄火或工作不稳。

(3)检查发动机是否窜气。打开加机油口盖观察发动机窜气量,应无明显的油气。

(4)检查排气颜色。正常的汽油发动机排出气体是无色的,在严寒的冬季可见白色的水汽;柴油发动机带负荷运转时,发动机排出气体一般是灰色的,负荷加重时,排气颜色会深一些。无论汽油发动机还是柴油发动机,如果排气颜色发蓝色,说明机油窜入燃烧室。若机油油面不高,一般为汽缸与活塞密封出现问题,即活塞、活塞环因磨损与汽缸的间隙过大。无论汽油发动机还是柴油发动机,如果排气管冒黑烟,说明混合气过浓、汽油发动机点火时刻过迟等。

3. 检查发动机声响

让发动机怠速运转,检查人员站在车头旁边听发动机有无异响以及响声大小。然后,用手拨动节气门,适当增加发动机转速,倾听发动机的异响是否加大,或是否有新的异响出现。

技术状况良好的发动机,零部件之间的配合间隙适当、润滑良好、工作温度正常、燃油供给充分、点火正时,无论转速和负荷怎样变化,发出平稳而有节奏、协调而又平滑的排气声音和运转声。

运转过程中,如果发动机发出一些不协调的声响,如类似金属敲击的声音、咔嗒声、摩擦声等,这些声音统称为异响,说明发动机的某个零部件的技术状况发生变化,导致工作异常;如果听到低频的轰隆声或爆燃声,表明发动机受损严重,需要进行大修了。

常见的发动机异响有:曲轴轴承异响、连杆轴承异响、活塞敲缸异响、气门异响等。这些异响需要拆解修理检查排除,特别是发动机内部异响,鉴定评估人员需要特别注意。

4. 检查发动机的急加速性(加速灵敏性)

待冷却液温度、油温都正常后,通过改变节气门的开度,检查发动机在各种转速下运转是否平稳,转速变化时应过渡顺畅。迅速踏下加速踏板,发动机由怠速状态猛加速,观察发动机转速由低到高能否灵活反应,此过程中发动机应无"回火"、"放炮"现象。发动机加速运转过程中,检查发动机有无"敲缸"和气门运动噪声。把加速踏板踩到底然后迅速释放,观察发动机的转速能否由高速迅速降到低速,且灵活反应,发动机是否怠速熄火。在规定转速下,发动机机油压力应符合相关规定。

5. 检查曲轴箱窜油、窜气情况

打开润滑油加注口,慢慢踩踏加速踏板,如果窜气严重,肉眼就能观察到油雾气;若窜气不是很严重,可将一张白纸,平放在润滑油加注口上方5cm左右处,然后踩下加速踏板,若白纸上有油迹,则表明有窜油状况发生,严重时油迹面积会更大。

6. 检查尾气颜色

如果发动机技术状况良好,汽缸内的混合气体能够充分燃烧,汽油发动机排出的尾气应该是无色的,在冬季能够看见白色的水汽;柴油机工作时排出的气体一般是淡灰色的,当负荷较大时,灰色加深。无论是汽油机还是柴油机,如果排气颜色呈现蓝色,说明机油窜入了燃烧室,最常见的原因是活塞、活塞环与汽缸之间的密封不良,即因活塞、活塞环与汽缸磨损严重导致间隙过大。如果排气管冒黑烟,说明混合气过浓,发动机技术状况欠佳。如果排气管冒白烟,可能是汽缸垫损坏或者缸体有裂缝等原因造成冷却液进入汽缸。

7. 检查发动机熄火情况

对于汽油机,关闭点火开关后,发动机正常熄火;对于柴油机,停机装置应灵活有效。

3.2.2　汽车路试检查

在对静态的旧车进行初步观察后,需要进一步了解车辆的性能状况,通过试车加以体验,即路试检查。汽车路试是指车速一般在20km/h左右,通过一定里程的路试检查汽车的工况。路试过程中应从点火、起步到加减挡、加速、转弯、脚制动和手制动及全车灯光使用情况等各方面进行操作,了解车辆运行是否顺畅、安静、舒适等。

1. 检查汽车动力性

汽车动力性在道路试验中的检测项目一般有高挡加速时间、起步加速时间、最高车速、陡坡爬坡车速和长坡爬坡车速。

在旧机动车起动发动机,聆听转速情况,包括发动机运转是否轻快、连续、平稳,有无杂音、异响。回到车上,轻踩加速踏板,感受发动机加速响应是否连续,连续加速后怠速应仍然稳定。检查汽车在相应的坡道上,使用相应挡位时的动力性能,是否与经验值相近,感觉是否正常。

若发动机发出很大的霹雳声响,则表明未燃烧完的混合气进入了排气装置,可能是排气门密封不严或点火提前所致。若汽油机排气管大量冒蓝烟,则说明气门或活塞磨损严重,引起烧机油现象。若排气管冒黑烟,则说明燃烧不充分,其结果将导致油耗上升。

在一段坏路面行驶,检查汽车是否有异响或有硬物碰撞的声音。发动机在怠速阶段不允许熄火。

2. 检查离合器

正常的离合器应该是接合平稳、分离彻底,工作时不得有异响、抖动和不正常打滑现象。缓踩加速踏板,轻抬离合器踏板,车辆起步应平稳。不应发卡、挂不上或摘不下、或齿轮有响动。汽车行驶中换挡应轻便无噪声,否则说明离合器分离有问题。为了进一步检查离合器是否完好,可挂上二挡,拉上手刹,然后松开离合器,如果发动机不熄火,则表明离合器在打滑或磨损过甚。

3.检查变速器

从起步挡加速到高速挡,再由高速挡减至低速挡,检查变速器换挡是否轻便灵活、互锁和自锁装置有效、是否有乱挡现象。同时,换挡时变速杆不得与其他部件干涉。自动变速器的汽车在平坦的路面起步一般不要踩加速踏板,如果需要踩加速踏板才能起步,说明自动变速器保养不好,或已到保修里程;检查自动变速器是否有换挡迟滞现象,自动变速器的汽车换挡时应该无明显的感觉,如果感觉汽车在加减速时有明显的发"冲"现象,说明自动变速器保养不好,或已到大修里程。如果离合器分离无问题,而在汽车行驶换挡时出现打齿的声音,说明同步器有问题。

4.检查转向操纵性能

通过加、减挡位,轻打转向盘,感觉转向系统是否满意;正常行驶方向应不跑偏,能自动维持直线行驶,转弯后可以基本自行回正(90%);车辆调头,左右转向打到极限时车轮应无异响。

5.检查制动性能

按不同车速测试紧急刹车的感觉,如分别以 40km/h、60km/h 的车速急刹车,检查制动时方向的稳定性,松开转向盘制动,汽车应能保持原来的直行方向。装有 ABS 的汽车,当汽车以 30~40km/h 的速度在各种路面上紧急制动时,车轮不应抱死,直至汽车快要停住为止。

轻轻拉上驻车制动,汽车慢速行驶时应明显有被制动的感觉。当车轮轮辋变形或车轮动平衡遭破坏时,在转向盘或车身上会明显感觉到振动。

6.检查传动系统

将汽车加速至 40~60km/h 时迅速抬起加速踏板,检查有无明显的金属撞击声,如果有说明传动间隙大。

汽车在任何车速下都不应抖动。如果汽车在某一车速范围内抖动,说明汽车的转动系统或行驶系统动平衡有问题,应检查轮胎、传动轴和悬架等。

还可试一下空挡滑行情况,例如,以 20km/h 的车速行驶,平路可滑 50~80m。如果一摘挡车子就停下来,就表明行驶运动部件安装调试与润滑不当,如轴承过紧、制动摩擦片剐蹭或润滑油凝固等。

7.检查风噪声

汽车行驶过程中,逐渐提高车速至高速行驶,倾听车外风噪声。风噪声过大,说明车门密封不严,原因为密封条变质损坏,或车门变形,特别是事故车在整形后,密封问题较难解决。

正常情况下,车速越高,风噪声越大。对于空气动力学性能好的汽车,其密封和隔音性能较好,噪声较小。而对于空气动力学性能较差或整形后的事故车,风噪声一般较大。

3.2.3 汽车动态试验后的检查

1.汽车各总成温度检验方法

汽车各总成温度一般可用手感检验,用手触摸各总成温度最高部位,在手能够忍受的限度内,判为"温度正常"。如有疑义,应采用点温计测量。测量部位及温度数值应符合企业产品技术条件规定。如无规定,则按下述原则判断。

(1)变速器温度判断:在变速器油面检查孔测量润滑油温度,不高出环境温度70℃,即判为正常。

(2)后桥减速器温度判断:在后桥减速器油面检查孔测量润滑油温度,不高出环境温度60℃,即判为正常。

(3)轮毂温度判断:检查轮毂凸出圆柱上部外表温度,不高出环境温度40℃,即判为正常。

(4)传动轴中间支承温度判断:检验中间支承壳外表面温度,不高出环境温度40℃,即判为正常。

2.检查"四漏"现象

(1)在发动机运转及停车时,散热器、水泵、缸体、缸盖、暖风装置及所有连接部位均不应有明显渗漏水现象。

(2)机动车连续行驶距离不小于10km,停车5min后观察不得有明显渗漏油现象。

(3)检查汽车的气、电泄漏现象。

3.汽车气、液渗漏界定

(1)渗漏:气体极少量的不明泄漏。用涂肥皂水的方法检验泄漏部位,可见有不连续的小气泡缓慢出现。

(2)漏气:气体明显泄漏。用涂肥皂水的方法检验泄漏部位,可见有连续的气泡迅速出现。

(3)渗液(油、水等液体):液体极少量的不明泄露。在零件表面出现液痕,擦净后,仍会再度出现液痕,但不下滴。

(4)漏液(油、水等液体):液体明显泄漏,并且在零件表面形成液滴,下滴。

4.汽车气、液渗漏检验项目和方法

(1)汽车油(水)液渗、漏检验汽车以中速连续行驶50km后停车检验。

(2)静结合面处,如油(水)迹,但无油(水)滴形成,则判为渗油(水);如有油(水)滴形成,则判为漏油(水)。

(3)动结合面处,停车10min,如有油(水)下滴,则判为漏油(水);如有油(水)迹或油(水)滴,但在10min时不下滴,则判为渗油(水)。

3.3 汽车技术状况的仪器检测

汽车技术状况的仪器检查主要用于对被评估汽车安全、环保项进行检测,一般是指机动车安全技术检测、机动车综合性能检测、机动车环保检测。汽车综合性能检测主要包括汽车的动力性、经济性、制动性、四轮定位、车轮侧滑、前照灯和排气污染物等的检测和评价。

3.3.1 汽车制动性能检测

1.台试制动性能检验

1)设备的选择

(1)机动车制动性能的检验宜采用滚筒反力式制动检验台或平板制动检验台进行,对于前轴驱动的乘用车,更宜采用平板制动检验台测试。采用滚筒反力式制动检验台时,制动检验台的电气系统应能分别控制左右两组滚筒停机以测得左、右车轮的最大制动力。

(2)对于部分无法在滚筒反力式制动检验台上检测的车辆(如全时四轮驱动车辆、多轴半挂车等),应路试检验制动性能;平板制动检验台能检验时,可用平板制动检验台检验。

2)检验前准备

(1)制动检验台滚筒(或平板)表面应清洁,没有异物及油污。

(2)检验辅助器具应齐全。

(3)气压制动的车辆,储气筒压力应能保证该车各轴制动力测试完毕时,气压仍不低于起步气压(未标起步气压者,按 400kPa 计)。

(4)液压制动的车辆,根据需要将踏板力计装在制动踏板上。

3)用滚筒反力式制动检验台检验

(1)被检车辆正直居中行驶,各轴依次停放在轮重仪上,并按仪器说明书规定的时间停放,分别测出静态轮荷(轮重、制动分列式)。

(2)被检车辆正直居中行驶,将被测试车轮停放在滚筒上,变速器置于空挡。

(3)启动滚筒电动机,在 2s 后开始采样并保持足够的采样时间(5s),测取采样过程的平均值作为阻滞力。按规定计算各车轮的阻滞力百分比。

(4)检验员按显示屏指示在 5~8s 内(或按厂家规定的速率)将制动踏板逐渐踩到底(对气压制动车辆)或踩到制动性能检验时规定的制动踏板力,测得左、右车轮制动力增长全过程的数值及左、右车轮最大制动力,并依次测试各车轴;对驻车制动轴,操纵驻车制动操纵装置,测得驻车制动力数值。按规定计算各车轴的制动率、左右轮制动力差百分比、整车制动率、驻车制动力百分比。

(5)制动检验时,如果被测试车轮在滚筒上抱死,但制动率未达到合格要求的,应采用以下(6)或(7)方法进行检验。

(6)在车辆上增加足够的附加质量或相当于附加质量的作用力(在设备额定载荷以内,附加质量或作用力应在该轴左右车轮之间对称作用,不计入轴荷)。为防止被检车辆在滚筒反力式制动检验台上后移,可在非测试车轮后方垫三角垫块或采取整车牵引的方法。

(7)用平板制动检验台检验制动力或按标准规定的路试方法检验制动距离或充分发出的平均减速度和制动协调时间。

(8)台试检验左右轮制动力差不合格,但底盘动态检验过程中点制动时车辆无明显跑偏现象的,应换用平板制动检验台或采用路试方法检验。

4)用平板制动检验台检验

(1)检验员将被检车辆以 5~10km/h 的速度(或制动检验台生产厂家推荐的速度)滑行,置变速器于空挡后(对自动变速器车辆可位于"D"挡),正直平稳驶上平板。

(2)当被测试车轮均驶上平板时,急踩制动,使车辆停止,测得各车轮的轮荷(对乘用车应为动态轮荷)、阻滞力、最大轮制动力等数值,按照规定计算各车轴的制动率、左右轮制动力差百分比、整车制动率等指标。

(3)重新起动车辆,待车辆驻车制动轴驶上平板时操纵驻车制动操纵装置,测得驻车制动力数值,按照规定计算驻车制动力百分比。

（4）车辆制动停止时如被测试车轮已离开平板,则此次制动测试无效,应重新测试。

（5）对制动反应迟缓的车辆,必要时应连接踏板开关信号,检验车辆制动协调时间是否符合规定。

5）标准判定

（1）制动力百分比要求:汽车、汽车列车在制动检验台上测出的制动力应符合表3-1的要求。对空载检验制动力有质疑时,可用表3-1规定的满载检验制动力要求进行检验。使用转鼓试验台检测时,可通过测得制动减速度值计算得到最大制动力。

台试检验制动力要求   表3-1

机动车类型	制动力总和与整车重量的百分比		轴制动力与轴荷[a]的百分比	
	空载	满载	前轴[b]	后轴[b]
三轮汽车	—			≥60[c]
乘用车、其他总质量不大于3500kg的汽车	≥60	≥50	≥60[c]	≥20
铰接客车、铰接式无轨电车、汽车列车	≥55	≥45		
其他汽车	≥60	≥50	≥60[c]	≥50[d]
普通摩托车	—	—	≥60	≥55
轻便摩托车	—	—	≥60	≥50

a. 用平板制动检验台检验乘用车时应按左右轮制动力最大时刻所分别对应的左右轮动态轮荷之和计算。

b. 机动车（单车）纵向中心线中心位置以前的轴为前轴,其他轴为后轴;挂车的所有车轴均按后轴计算;用平板制动试验台测试时并装轴制动力时,并装轴可视为一轴。

c. 空载和满载状态下测试时均应满足此要求。

d. 满载测试时后轴制动力百分比不做要求;空载用平板制动检验台检验时应大于等于35%;总质量大于3500kg的客车,空载用反力滚筒式制动试验台测试时应大于等于40%,用平板制动检验台检验时应大于等于30%。

（2）制动力平衡要求（两轮、边三轮摩托车和轻便摩托车除外）:在制动力增长全过程中同时测得的左右轮制动力差的最大值,与全过程中测得的该轴左右轮最大制动力中大者（当后轴及其他轴,制动力小于该轴轴荷的60%时为与该轴轴荷）之比,对新注册车和在用车应分别符合表3-2的要求。

台试检验制动力平衡要求   表3-2

机动车类型	前轴	后轴（及其他轴）	
		轴制动力大于等于该轴轴荷60%时	制动力小于该轴轴荷60%时
新注册车	≤20%	≤24%	≤8%
在用车	≤24%	≤30%	≤10%

（3）制动协调时间要求:汽车的制动协调时间,对液压制动的汽车应小于等于0.35s,对气压制动的汽车应小于等于0.60s;汽车列车和铰接客车、铰接式无轨电车的制动协调时间应小于等于0.80s。

（4）车轮阻滞率要求:进行制动力检验时,汽车、汽车列车各车轮的阻滞力均应小于等于轮荷的10%。

（5）合格判定要求：台试检验汽车、汽车列车行车制动性能时，检验结果同时满足以上（1）～（4）的，方为合格。

（6）驻车制动性能检验：当采用制动检验台检验汽车和正三轮摩托车驻车制动装置的制动力时，机动车空载，乘坐一名驾驶人，使用驻车制动装置，驻车制动力的总和应大于等于该车在测试状态下整车重量的20%，但总质量为整备质量1.2倍以下的机动车应大于等于15%。

2. 行车制动路试制动性能检验方法

1）路试检验方法

路试制动性能检验应在纵向坡度不大于1%、轮胎与地面间的附着系数不小于0.7的硬实、清洁、干燥的水泥或沥青路面上进行。检验时车辆变速器应置于空挡。在试验路面上，按照 GB 7258 划出规定的试车道的边线，被测车辆沿着试车道的中线行驶。使用便携式制动性能测试仪进行测试时，行驶至规定初速度后，置变速器于空挡，急踩制动踏板，使车辆停止，测量充分发出的平均减速度（MFDD）和制动协调时间，并检查车辆有无驶出车道边线；当使用第五轮仪或非接触式速度仪进行测试时，行驶至高于规定的初速度后，置变速器于空挡，滑行到规定的初速度时，急踩制动，使车辆停止，测量车辆的制动距离和检查车辆有无驶出车道边线。

2）标准判定

各类机动车的制动距离见表3-3所示，制动减速度和制动稳定性见表3-4所示。

用制动距离检验行车制动性能   表3-3

机动车类型	制动初速度（km/h）	空载检验制动距离要求（m）	满载检验制动距离要求（m）	试验通道宽度（m）
三轮汽车	20	≤5.0		2.5
乘用车	50	≤19.0	≤20.0	2.5
总质量不大于3500kg的低速货车	30	≤8.0	≤9.0	2.5
其他总质量不大于3500kg的汽车	50	≤21.0	≤22.0	2.5
铰接客车、铰接式无轨电车、汽车列车	30	≤9.5	≤10.5	3.0
其他汽车	30	≤9.0	≤10.0	3.0
两轮普通摩托车	30	≤7.0		—
边三轮摩托车	30	≤8.0		2.5
正三轮摩托车	30	≤7.5		2.3
轻便摩托车	20	≤4.0		—
轮式拖拉机运输机组	20	≤6.0	≤6.5	3.0
手扶变型运输机	20	≤6.5		2.3

3. 驻车制动路试检验方法

将车辆驶上坡度为20%（总质量为整备质量的1.2倍以下的车辆为15%），附着系数不小于0.7（混凝土或沥青路面）的坡道上，按正反两个方向保持固定不动，其时间不少于5min，检验车辆的驻车制动是否符合要求。

制动减速度和制动稳定性要求 表 3-4

机动车类型	制动初速度 （km/h）	空载检验充分发出的 平均减速度 （m/s²）	满载检验充分发出的 平均减速度 （m/s²）	试验通道宽度 （m）
三轮汽车	20	≥3.8		2.5
乘用车	50	≥6.2	≥5.9	2.5
总质量不大于3500kg的低速货车	30	≥5.6	≥5.2	2.5
其他总质量不大于3500kg的汽车	50	≥5.8	≥5.4	2.5
铰接客车、铰接式无轨电车、汽车列车	30	≥5.0	≥4.5	3.0
其他汽车	30	≥5.4	≥5.0	3.0

3.3.2 汽车侧滑检测

为了保证汽车具有良好的操纵稳定性,转向轮(通常为前轮)所在平面以及主销轴线总是设计成与汽车纵向或横向铅垂面成一定角度。这些角度包括:主销内倾角、主销后倾角、车轮外倾角和前束,合称转向轮(前轮)定位参数。

前束和车轮外倾角如果配合不当,那么转向轮在向正前方滚动的同时还要产生相对于地面的横向滑移,即侧滑。侧滑量过大会直接影响到汽车的操纵稳定性和安全性,加大轮胎的异常磨损。这种滑移现象过于严重时,将破坏车轮的附着条件,丧失定向行驶能力,大大降低汽车行驶的安全性,并导致轮胎的异常磨损。侧向滑移量的大小与方向可用汽车车轮侧滑检验台检测。

1.检验设备的选择

转向轮横向侧滑量的检验应在侧滑检验台上进行,侧滑检验台宜具有轮胎侧向力释放功能。对全时四驱车辆、具有驱动防滑控制功能的车辆等无法上线检验车速表指示误差的车辆,可采用第五轮仪等仪器进行路试检验。

2.检验程序

将车辆正直居中驶近侧滑检验台,并使转向轮处于正中位置,在驱动状态以不高于5km/h的车速平稳通过侧滑检验台,读取最大示值。

3.注意事项

(1)车辆通过侧滑检验台时,不得转动转向盘。

(2)不得在侧滑检验台上制动或停车。

(3)应保持侧滑检验台滑板下部的清洁,防止锈蚀或阻滞。

4.国标规定

国家标准 GB 7258—2012《机动车运行安全技术条件》判定标准:汽车(三轮汽车除外)的车轮定位应与该车型的技术要求一致。对前轴采用非独立悬架的汽车(前轴采用双转向轴时除外),其转向轮的横向侧滑量,用侧滑台检验时侧滑量值应在 ±5m/km 之间。

3.3.3 汽车车速表校验

"十次肇事九次快"说明机动车的行驶速度是行车安全的重要因素之一。驾驶员对车速有车速感觉,但是人对速度的估计往往会因错觉、驾驶经历和驾驶环境等因素而造成误差。因此,车速表是驾驶员用来判断车辆行驶速度的重要仪表。汽车评估中为更好地保证行车安全,有必要利用仪器对车速表的指示误差进行检验,这种仪表就是车速表检验台。

车速表检验台按有无驱动装置可分为:

标准型—目前汽车标准型滚筒式车速表检验台;

电动机驱动型—目前摩托车多使用电动机驱动型车速表检验台。

1.检验设备的选择

车速表指示误差检验宜在滚筒式车速表检验台上进行。

2.检验程序

(1)将车辆正直居中驶上检验台,驱动轮停放在测速滚筒上。

(2)降下举升器或放松滚筒锁止机构,必要时在非驱动轮前部加止动块(前轮驱动车使用驻车制动)。

(3)当车速表指示 40km/h 时,测取实际车速,检验结束。

(4)升起举升器或锁止滚筒,将车辆驶出检验台。

3.注意事项

(1)测速时车辆前、后方及驱动轮两旁不准站立人员。

(2)检验结束后,检验员不可采取任何紧急制动措施使滚筒停止转动。

(3)对于不能在车速表检验台上检验的车辆,应路试检验车速表指示误差。

4.国标规定

GB 7258—2012 车速表指示误差(最大设计车速不大于 40km/h 的机动车除外)判定标准:车速表指示车速 v_1(单位:km/h)与实际车速 v_2(单位:km/h)之间应符合下列关系式:

$$0 \leqslant v_1 - v_2 \leqslant (v_2/10) + 4$$

当该机动车车速表的指示值(v_1)为 40km/h 时,车速表检验台速度指示仪表的指示值(v_2)为 32.8~40km/h 范围内为合格。摩托车速度表指示值达到规定的检测速度 30km/h 时,读取车速表检验台的数值,数值在 23.6~30km/h 时为合格。

3.3.4　汽车前照灯检测

1.设备的选择

前照灯光束照射位置检验及前照灯远光光束发光强度测量应使用具备远近光光束照射位置检验功能的前照灯检测仪。

2.检验前仪器及车辆准备

(1)检测仪受光面应清洁。

(2)对手动式前照灯检测仪应检查其电池电压是否在规定范围内。

(3)轨道内应无杂物,使仪器移动轻便。

(4)前照灯应清洁。

3.检验方法

用自动式前照灯检测仪检验时:

(1)车辆沿引导线居中行驶至规定的检测距离处停止,车辆的纵向轴线应与引导线平行,如不平行,车辆应重新停放,或采用车辆摆正装置进行拨正。

(2)置变速器于空挡,车辆电源处于充电状态,开启前照灯远光灯。

(3)给自动式前照灯检测仪发出启动测量的指令,仪器自动搜寻被检前照灯,并测量其远光发光强度及远光照射位置偏移值。

注:前照灯远光照射位置偏移值检验仅对远光光束能单独调整的前照灯进行;远光光束能单独调整的前照灯是指手工或通过使用专用工具能够在不影响近光光束照射角度的情况下调整远光光束照射角度的前照灯,通常情况下远近光束一体的前照灯其远光光束照射角度不能单独进行调整。

(4)被检前照灯转换为近光光束,自动式前照灯检测仪自动检测其近光光束明暗截止线转角(或中点)的照射位置偏移值。

(5)按上述步骤(3)、(4)完成车辆所有前照灯的检测。

(6)在对并列的前照灯(四灯制前照灯)进行检验时,应将与受检灯相邻的灯遮蔽。用手动式前照灯检测仪检验时,参照上述方法进行。

4.标准判定

1)远光光束发光强度要求

机动车每只前照灯的远光光束发光强度应达到表3-5的要求;并且,同时打开所有前照灯(远光)时,其总的远光光束发光强度应符合 GB 4785 的规定不超过 225000cd。测试时,电源系统应处于充电状态。

前照灯远光光束发光强度最小值要求(单位:cd) 表3-5

机动车类型		检 查 项 目					
		新 注 册 车			在 用 车		
		一灯制	二灯制	四灯制[a]	一灯制	二灯制	四灯制[a]
三轮汽车		8000	6000	—	6000	5000	—
最大设计车速小于70km/h的汽车		—	10000	8000	—	8000	6000
其他汽车		—	18000	15000	—	15000	12000
普通摩托车		10000	8000	—	8000	6000	—
轻便摩托车		4000	3000	—	3000	2500	—
拖拉机运输机组	标定功率>18kW	—	8000	—	—	6000	—
	标定功率≤18kW	6000[b]	6000	—	5000[b]	5000	—

a. 四灯制是指前照灯具有四个远光光束;采用四灯制的机动车其中两只对称的灯达到两灯制的要求时视为合格。
b. 允许手扶拖拉机运输机组只装用一只前照灯。

2)光束照射位置要求

(1)检验前照灯近光光束照射位置时,前照灯照射在距离10m的屏幕上,乘用车前照灯近光光束明暗截止线转角或中点的高度应为0.7H～0.9H(H为前照灯基准中心高度,下同),其他机动车(拖拉机运输机组除外)应为0.6H～0.8H。机动车(装用一只前照灯的机动车除外)前照灯近光光束水平方向位置向左偏应小于等于170mm,向右偏应小于等于350mm。

(2)轮式拖拉机运输机组装用的前照灯近光光束的照射位置,按照上述方法检验时,要求在屏幕上光束中点的离地高度应小于等于 0.7H;水平位置要求,向右偏移应小于等于 350mm,不得向左偏移。

(3)检验前照灯远光照射位置时,对于能单独调整远光光束的前照灯,前照灯照射在距离 10m 的屏幕上时,要求在屏幕光束中心离地高度,对乘用车为 0.85H~0.95H(但不得低于前照灯近光光束明暗截止线转角或中点的高度),对其他机动车为 0.8H~0.95H;机动车(装用一只前照灯的机动车除外)前照灯远光光束水平位置要求,左灯向左偏应小于等于 170mm,向右偏应小于等于 350mm,右灯向左或向右偏均应小于等于 350mm。

3.3.5 汽车喇叭声级检测

1. 检测要求

机动车(手扶拖拉机运输机组除外)应设置具有连续发声功能的喇叭,喇叭声级在距车前 2m、离地高 1.2m 处测量。

2. 声级要求

发动机最大净功率(或电动机最大输出功率总和)为 7kW 以下的摩托车为 80~112dB(A),其他机动车为 90~115dB(A)。教练车(三轮汽车除外)还应设置辅助喇叭开关,其工作应可靠。

3.3.6 汽车排气污染物检测

汽车排放污染物主要有 CO、HC、NO_x、PM(微粒)等,主要通过汽车排气管排放,另外大约 45% 的 HC 和极少量的其他污染物质则由曲轴箱和燃油系统排放。汽车排气污染物的限值和测量方法应按统一规定的标准执行。世界各国都制定了汽车和发动机的排放标准,对各种有害成分的限值进行了规定;受大气环境和技术水平的限制,确定了试验规范、取样方法和使用的检测仪器。

1. 汽油车排气污染物检测

1)检测方法及仪器

根据 GB 18285—2005 点燃式发动机汽车排气污染物排放限值及测量方法(双怠速法及简易工况法)检测。一般使用不分光红外线废气分析仪检测。

2)怠速与高怠速工况

怠速工况指发动机无负载运转状态。即离合器处于接合位置、变速器处于空挡位置(对于自动变速器的车应处于"停车"或"P"挡位);采用化油器供油系统的车,阻风门应处于全开位置;加速踏板处于完全松开位置。高怠速工况指满足上述(除最后一项)条件,用加速踏板将发动机转速稳定控制在 50% 额定转速或制造厂技术文件中规定的高怠速转速时的工况。本标准中将轻型汽车的高怠速转速规定为 2500±100r/min,重型车的高怠速转速规定为 1800±100r/min;如有特殊规定的,按照制造厂技术文件中规定的高怠速转速。

3)汽油车排气污染物检验程序(表 3-6)

(1)发动机由怠速加速到 0.7 倍额定转速,维持 60s 后降至怠速状态。

(2)将取样探头插入排气管中,深度等于 400mm,并固定。

(3)发动机在怠速状态维持 15s 后开始读数,读数取 30s 内最高值和最低值,其平均值即为测量结果。

汽油车排气污染物检验程序 表3-6

0.7 倍的额定转数	0.5 倍的额定转速		怠速转速	
60s	15s	30s	15s	30s

4）排气污染物排放限值

汽油车（包括液化石油气和天然气）排气污染物排放限值如表3-7、表3-8所示。

新生产汽油车排放污染物排放限值（体积分数） 表3-7

车 型	类 别			
	怠 速		高 怠 速	
	CO(%)	HC(×10⁻⁶)	CO(%)	HC(×10⁻⁶)
2005 年 7 月 1 日起新生产的第一类轻型汽车	0.5	100	0.3	100
2005 年 7 月 1 日起新生产的第二类轻型汽车	0.8	150	0.5	150
2005 年 7 月 1 日起新生产的重型汽车	1.0	200	0.7	200

在用汽车排放污染物排放限值（体积分数） 表3-8

车 型	类 别			
	怠 速		高 怠 速	
	CO(%)	HC(×10⁻⁶)	CO(%)	HC(×10⁻⁶)
1995 年 7 月 1 日起生产的轻型汽车	4.5	1200	3.0	900
1995 年 7 月 1 日起生产的型汽车	4.5	900	3.0	900
2000 年 7 月 1 日起生产的第一类轻型汽车1)	0.8	150	0.3	100
2001 年 10 月 1 日起生产的第二类轻型汽车	1.0	200	0.5	150
1995 年 7 月 1 日起生产的重型汽车	5.0	2000	3.5	1200
1995 年 7 月 1 日起生产的重型汽车	4.5	1200	3.0	900
2004 年 9 月 1 日起生产的重轻型汽车	1.5	250	0.7	200

注:1)对于 2001 年 5 月 31 日以后生产的 5 座以下（含 5 座）的微型面包车,执行此类在用车排放限值。

2. 柴油机排气污染物检测

1）检测方法及仪器

根据 GB 3847—2005 车用压燃式发动机和压燃式发动机汽车排气烟度排放限值及测量方法检测。检测设备有滤纸式烟度计、透光式烟度计。

2）柴油车排气污染物检验程序（图 3-1）

（1）由怠速工况将油门踏板迅速踏到底,4s 后松开,反复三次,以清除排气管和消声器里的炭渣;

（2）将取样探头插入被检汽车的排气管约 300mm,并使其中心线与排气管轴线平行,固定稳妥;

（3）将脚踏板开关固定在加速踏板上端;

（4）将脚踏板开关和加速踏板一并迅速踏到底,保持 4s 后迅速松开加速踏板和脚踏板开关,完成第一次检验;

(5)读取示值(自动)或取样(手动);

(6)相隔11s后,重复(4)、(5)的检验步骤;

(7)重复检验三次,取三次检验值的算术平均值为排气烟度的检验结果;

(8)当发动机出现黑烟冒出排气管的时间和抽气泵开始抽气的时间不同步现象时,应取最大烟度值。

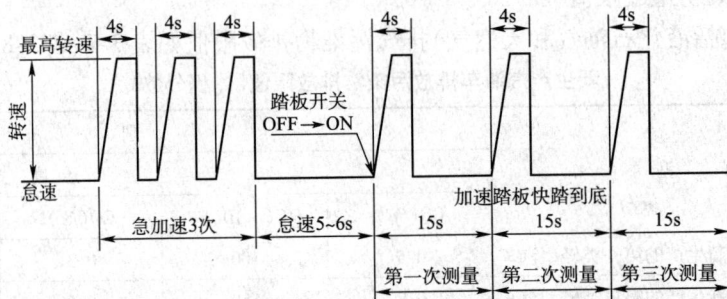

图3-1 柴油车自由加速烟度检验程序

3)排气污染物排放限值

柴油车排气污染物排放限值如表3-9、表3-10所示。

装配压燃式发动机的车辆加速试验排气可见污染物限值 表3-9

车 辆 类 型	光吸收系数(m^{-1})
2001年1月1日以后上牌证的在用车	2.5
2001年1月1日上牌证的装配废气涡轮增压的在用车	3.0

装配压燃式发动机的车辆自由加速试验烟度排放限值 表3-10

车 辆 类 型	烟度值(Rb)
1995年7月1日以前生产的在用车	4.7
1995年7月1日起生产的在用车	4.0

3.3.7 汽车基本性能检测

1.汽车磨合行驶

(1)磨合行驶规范按企业产品技术条件或表3-11的规定进行。

汽车磨合行驶规范 表3-11

序 号	行驶里程(km)	载荷状况	路面要求	备 注
1	0~1000	半载	一般公路	行驶至1000km时,更换发动机润滑油,有限速片的发动机,拆除发动机限速片,可对分电器触点间隙和点火(喷油)提前角进行调整
2	1000~2500	满载	一般公路	在保证行驶安全的前提下,应以较高车速行驶。整个行驶过程不得空挡滑行,行驶至2500km时,更换发动机、传动系、转向系润滑油

注:全轮驱动的汽车应有50km全轮驱动(接合所有驱动桥)行驶,并接合、分离分动器不少于10次。

（2）磨合行驶期间所发生故障纳入 QC/T 900 汽车整车产品质量检验评定方法中进行故障统计并参与评定，但属于使用说明书规定的保养、调整项目，不列入故障统计。

2. 基本性能检验

基本性能检验在汽车磨合行驶后进行，检验项目、检验方法和评定依据见表3-12。

基本性能检验项目、检验方法和评定依据　　　　　表3-12

序　号	检 验 项 目	检 验 方 法	评 定 依 据
1	最低稳定车速	GB/T 12547	企业标准
2	最高挡或次高挡加速性能	GB/T 12543	企业标准
3	起步连续换挡加速性能	GB/T 12543	企业标准
4	限定条件下的平均使用燃料消耗量	GB/T 12545	企业标准
5	最高车速	GB/T 12544	企业标准

3. 评定方法

基本性能检验采用扣分方法进行评定，表3-12中所列项目每一项不合格扣1000分，基本性能检验扣分数为各检验项目扣分数之和。多样车综合评定扣分数为各样车评定扣分数的平均值。

3.3.8 汽车四轮定位检测

四轮定位仪可检测的项目包括：前轮前束值/角（前轮前束角/前张角）、前轮外倾角、主销后倾角、主销内倾角、后轮前束值/角（后轮前束角/前张角）、后轮外倾角、轮距、轴距、左右轴距差、转向20°时的前张角、推力角等。

由于汽车行驶速度越来越高，汽车的操纵稳定性对汽车安全越来越重要。汽车不仅具有前轮定位参数要求，有些高速客车和轿车还具有后轮外倾角和后轮前束等参数。这些定位参数的变化会使汽车操纵稳定性下降，同时增加轮胎的异常磨损和某些零部件过早的疲劳损伤。例如，主销后倾角过大时，转向沉重，驾驶员容易疲劳；主销后倾角过小时，汽车直线行驶时，容易产生前轮摆振，转向盘摇摆不定，转向自动回正能力下降；当左右车轮的主销后倾角不相等或前后桥不平行时，汽车会出现行驶跑偏现象，将大大降低汽车的操纵稳定性和增加驾驶员疲劳。

专业的汽车评估人员了解四轮定位检测不合格后，通常要会同被评估汽车的专业维修人员对不合格项目进行认真分析。拟定维修方案，确定被评估汽车恢复到四轮定位合格可能所需的费用范围。

3.4 汽车技术状况等级的评定

3.4.1 汽车技术状况的评定内容与原则

1. 汽车技术状况的评定内容

2004 年6 月1 日实施的交通部颁布的交通行业标推 JT/T 198—2004《营运车辆技术等级划分和评定要求》，规定了评定营运车辆整车装备及外观检查、动力性、燃油经济性、制动性、转向操纵性、前照灯发光强度和光束照射位置、排放污染物限值、车速表示值误差等。

2.汽车技术状况约评定原则

汽车技术状况的评定原则主要有：

(1)营运车辆应达到 GB 18565—2001 规定的要求。

(2)营运车辆技术等级评定项目和技术要求按表 3-13 的规定执行。

(3)营运车辆技术等级评定的检测方法应按 GB 18565—2001 规定的方法执行。

3.4.2　汽车技术状况的分级

交通部颁布的交通行业标准 JT/T 198—2004《营运车辆技术等级划分和评定要求》将营运车辆技术等级划分为一级、二级和三级。

一级：表 3-13 中分级的项目应达到规定的一级技术要求；没分级的项目应为合格。

二级：表 3-13 中 1.2、1.9 和 4.2 应达到规定的技术要求；1.1、1.3、2.1、3.1、4.4、5.2、7 和 10 八个项目中至少有三项应达到规定的一级技术要求；没分级的项目应为合格。

三级：表 3-13 中分级的项目应达到三级技术要求；没分级的项目应为合格。

营运车辆技术等级的评定项目和技术要求见表 3-13，表中

GB/T 18276—2000：汽车动力性台架试验方法和评价指标；

GB 18352：轻型汽车污染物排放限值及测量方法；

GB 18565—2001：营运车辆综合性能要求和检验方法；

GB/T 18566：运输车辆能源利用检测评价方法；

QC/T 476：车辆防雨密封性限值。

营运车辆技术等级的评定项目和技术要求　　　　　　　表 3-13

序　号	评定项目	技　术　要　求		
		一级	二级	三级
1	整车装备与外观			
1.1	整车装备与标识	（1）整车装备应齐全、完好、有效，各连接部件紧固完好，车体应周正；车体外缘左右对称部位（在离地高 1.5m 以内测量）高度差不大于 20mm；左、右轴距差不大于轴距的 1.2/1000　（2）GB 18565—2001 的 11.1.2 和 11.1.3	GB 18565—2001 的 11.1	
1.2	车架、车身、驾驶室	GB 18565—2001 的 11.8.1、11.8.2、11.8.4、11.8.5 和 11.8.7 表面无锈迹、无脱掉漆		GB 18565—2001 的 11.8.1、11.8.2、11.8.4、11.8.5 和 11.8.7

续上表

序 号	评定项目	技术要求		
		一级	二级	三级
1.3	车门、车窗	(1)GB 18565—2001 的11.8.6.1 (2)玻璃应完好无损	(1)GB 18565—2001 的11.8.6.1 (2)玻璃不得缺损	
1.4	驾乘座椅	GB 18565—2001 的11.8.3 和11.8.10		
1.5	卧铺ᵃ	GB 18565—2001 的11.8.12		
1.6	行李架(舱)ᵃ	GB 18565—2001 的11.8.11		
1.7	安全出口ᵃ、安全带	GB 18565—2001 的11.8.9 和11.11.1		
1.8	车厢、地板、护轮板(挡泥板)	GB 18565—2001 的11.8.3 和11.8.15		
1.9	车轮、轮胎	微型车辆胎冠花纹深度不小于3.2mm,其他车辆转向轮的胎冠花纹深度不小于3.5mm,其余轮胎花纹深度不小于2.5mm		GB 18565—2001 的11.9.1
1.10	悬架装置	GB 18565—2001 的11.9.2、11.9.3 和11.9.5		
1.11	传动系、车桥	GB 18565—2001 的11.10 和11.9.4		
1.12	转向节及臂,横、直拉杆及球销	GB 18565—2001 的7.11		
1.13	制动装置(行车、应急、驻车)	GB 18565—2001 的6.1、6.2、6.9 和6.13.2.2		
1.14	螺栓、螺母紧固	GB 18565—2001 的11.9.1.8 和11.9.2		
1.15	灯光数量、光色、位置	GB 18565—2001 的8.4 ~ 8.13		
1.16	信号装置与仪表	GB 18565—2001 的8.14 ~ 8.20		
1.17	漏气、漏油、漏水、漏电	GB 18565—2001 的10.2 和8.21		
1.18	底盘异响	GB 18565—2001 的11.6.2		
1.19	发动机异响	GB 18565—2001 的11.6.1		
1.20	润滑	GB 18565—2001 的11.7.1 和11.7.3		
1.21	灭火器	GB 18565—2001 的11.11.12		
1.22	车内外后视镜、前下视镜	GB 18565—2001 的11.11.2		
1.23	侧面、后下部防护装置ᵇ	GB 18565—2001 的11.11.9		
2	动力性			
2.1	驱动轮输出功率	GB/T 18276—2000 表1 中额定值的要求	GB/T 18276—2000 表1 中允许值的要求	
2.2	滑行性能	GB 18565—2001 的11.5		
3	燃料经济性			
3.1	等速百公里油耗	不大于该车型制造厂规定的相应车速等速百公里油耗的103%	GB/T 18566	

序 号	评定项目	技术要求		
		一级	二级	三级
4	制动性			
4.1	制动力	GB 18565—2001 的 6.13.1.1 和 6.13.1.2		
4.2	制动力平衡	在制动力增长全过程中同时测得的左右轮制动力差的最大值,与全过程中测得的该轴左右轮最大制动力中大者之比;对前轴不得大于16%,对后轴不得大于20%;当后轴制动力小于后轴轴荷的60%时,在制动力增长全过程中,同时测得的左右轮制动力之差的最大值不得大于后轴轴荷的5%		GB 18565—2001 的 6.13.1.3
4.3	制动协调时间	GB 18565—2001 的 6.13.1.4		
4.4	车轮阻滞力	各轴的阻滞力均不得大于该轴轴荷的2.5%	GB 18565—2001 的 6.13.1.5	
4.5	驻车制动	GB 18565—2001 的 6.13.3		
5	转向操纵性			
5.1	转向轮横向侧滑量	GB 18565—2001 的 7.3		
5.2	转向盘最大自由转动量	最大设计车速大于或等于 100km/h 的汽车为15°,最大设计车速小于100km/h的汽车为20°	GB 18565—2001 的 7.1	
5.3	悬架特性[c]	GB 18565—2001 的 7.6		
6	前照灯			
6.1	发光强度	GB 18565—2001 的 8.2		
6.2	光束照射位置	GB 18565—2001 的 8.1.1 ~ 8.1.3		
7	排放污染物控制			
7.1	汽油车怠速污染物排放[d]	轻型$CO \leqslant 3.5\%$; $HC \leqslant 700 \times 10^{-6}$ 重型$CO \leqslant 4.0\%$; $HC \leqslant 1000 \times 10^{-6}$	GB 18565—2001 的 9.1.1.2	
7.2	汽油车双怠速污染物排放	M1 类怠速: $CO \leqslant 0.7\%$; $HC \leqslant 135 \times 10^{-6}$ 高怠速 $CO \leqslant 0.25\%$; $HC \leqslant 90 \times 10^{-6}$	GB 18565—2001 的 9.1.1.1 表4	

序　号	评定项目	技　术　要　求		
		一级	二级	三级
7.2	汽油车双怠速污染物排放	N1 类急速: 　CO≤0.85%; 　HC≤180×10⁻⁶ 高急速 　CO≤0.45%; 　HC≤130×10⁻⁶		
7.3	柴油车自由加速烟度ᵉ	Rb≤3.6	GB 18565—2001 的 9.1.2.2 表8	
7.4	柴油车排气可见污染物ᵉ	光吸收系数(m⁻¹): 2.2	GB 18565—2001 的 9.1.2.1 表7	
8	喇叭声级	GB 18565—2001 的 9.2.4		
9	车辆防雨密封性ᵃ	QC/T 476		
10	车速表示值误差	车速表示值误差 0 ~ +15%	GB 18565—2001 的 11.4	

a. 载客汽车。

b. 载货汽车。

c. 用于对最大设计车速大于或等于100km/h、轴载质量小于或等于1500kg的载客汽车。

d. 按 GB 18352 通过型式认证装配点燃式发动机的轻型汽车,应进行双急速试验;其他装配点燃式发动机的车辆应进行急速试验。

e. 按 GB 18352 通过型式认证装配压燃式发动机的轻型汽车,应进行排气可见污染物试验;其他装配压燃式发动机的车辆应进行自由加速烟度试验。

本 章 小 结

随着汽车使用时间的增加,汽车的各种技术状况也随之发生改变;汽车的技术状况又决定着汽车的动力性、经济性、安全性、操纵性、环保性以及舒适性和可靠性等。

汽车技术状况的静态直观检查是评估人员在汽车处于静止状态时,根据自身的经验和技能,借助简单的工具,对汽车的技术状况进行检查和鉴定。汽车技术状况的静态直观检查包括车辆的唯一性检查和车辆外部、底盘检查。

汽车技术状况动态直观检查是汽车处于运动状态或发动机运转时,评估人员根据自身的经验和技能,利用简单的工具,对汽车的技术状况进行检查和鉴定。汽车技术状况动态直观检查主要包括发动机起动和无负荷检查、汽车路试检查和汽车动态试验后的检查。

汽车技术状况的仪器检查主要是对汽车整车安全、环保项的检测,包括汽车的制动性能、侧滑、前照灯检测、喇叭声级、汽车排气污染物检测;汽车基本性能检测包括动力性、经济性指标:最低稳定车速、最高挡或次高挡加速性能、起步连续换挡加速性能、限定条件下的平均使用燃料消耗量、最高车速;专业的汽车评估人员了解四轮定位检测不合格后,通常要会同被评估汽车的专业维修人员对不合格项目进行认真分析。拟定维修方案,确定被评估汽车恢复到四轮定位合格可能所需的费用范围。

汽车技术状况的评定根据交通部颁布的交通行业标准 JT/T 198—2004《营运车辆技术等级划分和评定要求》,规定了评定营运车辆整车装备及外观检查、动力性、燃油经济性、制动性、转向操纵性、前照灯发光强度和光束照射位置、排放污染物限值、车速表示值误差等。

复习与思考题

1. 二手车评估前为什么要做技术状况鉴定?
2. 汽车技术状况静态检查的内容有哪些?
3. 汽车外观状况检查包括哪些内容?
4. 汽车技术状况动态路试检查的内容有哪些?
5. 汽车技术状况检测常用哪些仪器?
6. 汽车技术状况的评定与分级的依据是什么?
7. 汽车基本性能检测的项目是什么?
8. 车轮侧滑量大小对于车辆安全有何影响? 如何检测?
9. 汽油车排气污染物检测方法及评定标准?
10. 柴油车排气污染物检测方法及评定标准?

拓展知识点

JT/T 198—2004《营运车辆技术等级划分和评定要求》、QC/T 900《汽车整车产品质量检验评定方法》、GB 21861《机动车安全技术检验项目和方法》、GB 7258《机动车运行安全技术条件》。

学习资源

陈焕江.汽车检测与诊断(上册)[M].3 版.北京:机械工业出版社,2012.
张建俊.汽车诊断与检测技术[M].3 版.北京:人民交通出版社,2010.

第4章 二手车鉴定评估技术规范

4.1 二手车鉴定评估的定义和术语

4.1.1 二手车的定义

二手车是指从办理完注册登记手续到达到国家强制报废标准之前进行交易并转移所有权的汽车。

4.1.2 二手车鉴定评估

二手车鉴定评估是指对二手车进行技术状况检测、鉴定,确定某一时点价值的过程。

1. 二手车技术状况鉴定

对车辆技术状况进行缺陷描述、等级评定。

2. 二手车价值评估

根据二手车技术状况鉴定结果和鉴定评估目的,对目标车辆价值评估。价值评估方法主要包括现行市价法、重置成本法。

1）现行市价法

根据车辆技术状况按照市场现行价格计算出被评估车辆价值的方法。

2）重置成本法

按照相同车型市场现行价格重新购置一个全新状态的评估对象,用所需的全部成本减去评估对象的实体性、功能性和经济性陈旧贬值后的差额,以其作为评估对象现时价值的方法。

4.1.3　二手车鉴定评估机构

从事二手车鉴定评估经营活动的第三方服务机构。

4.1.4　二手车鉴定评估师与高级二手车鉴定评估师

分别指依法取得二手车鉴定评估师、高级二手车鉴定评估师国家职业资格的人员。

4.2　二手车鉴定评估机构条件和要求

4.2.1　场所

二手车鉴定评估机构的场所要求经营面积不少于 $200m^2$。

4.2.2　设施设备

(1)具备汽车举升设备;

(2)车辆故障信息读取设备、车辆结构尺寸检测工具或设备;

(3)具备车辆外观缺陷测量工具、漆面厚度检测设备;

(4)具备照明工具、照相机、螺丝刀、扳手等常用操作工具。

4.2.3　人员

二手车鉴定评估机构的人员要求具有 3 名以上二手车鉴定评估师,1 名以上高级二手车鉴定评估师。

4.2.4　其他

(1)具备电脑等办公设施;

(2)具备符合国家有关规定的消防设施。

4.3　二手车鉴定评估程序

4.3.1　二手车鉴定评估作业流程

二手车鉴定评估机构开展二手车鉴定评估经营活动按图 4-1 流程作业,并按附录四填写《二手车鉴定评估作业表》。二手车经销、拍卖、经纪等企业开展业务涉及二手车鉴定评估活动的,参照图 4-1 有关内容和顺序作业,即查验可交易车辆——登记基本信息——判别事故车——鉴定技术状况,并参照附录三填写《二手车技术状况表》。

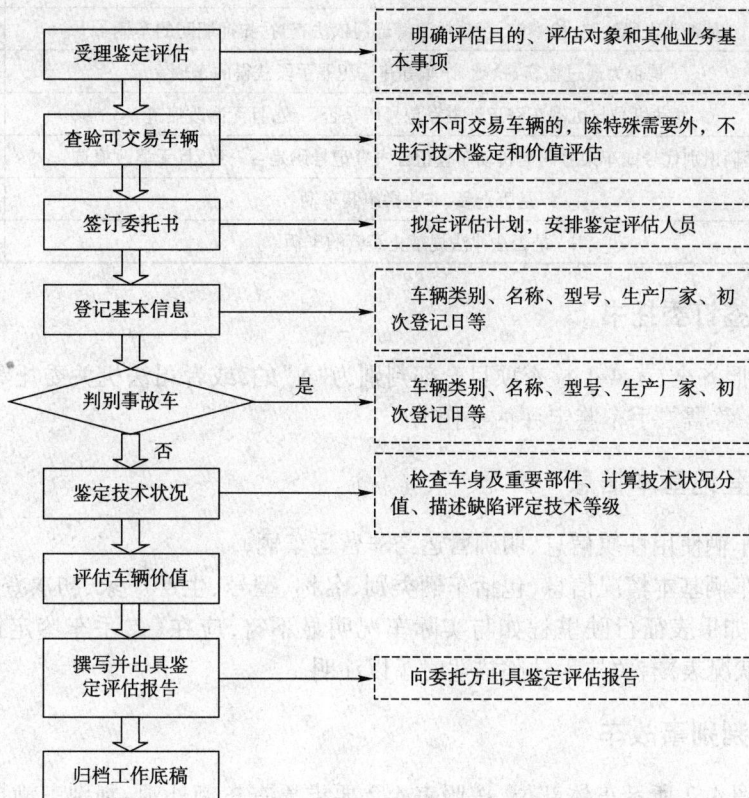

图 4-1　二手车鉴定评估作业流程

4.3.2　受理鉴定评估

了解委托方及其车辆的基本情况,明确委托方要求,主要包括委托方要求的评估目的、评估基准日、期望完成评估的时间等。

4.3.3　查验可交易车辆

(1)查验机动车登记证书、行驶证、有效机动车安全技术检验合格标志、车辆购置税完税证明、车船使用税缴付凭证、车辆保险单等法定证明、凭证是否齐全,并按照表 4-1 检查所列项目是否全部判定为"N"。

(2)如发现上述法定证明、凭证不全、或表 4-1 检查项目任何一项判别为"Y"的车辆,应告知委托方,不需继续进行技术鉴定和价值评估(司法机关委托等特殊要求的除外)。

(3)发现法定证明、凭证不全,或者表 4-1 中第 1 项、4 项至 8 项任意一项判断为"Y"的车辆应及时报告公安机关等执法部门。

可交易车辆判别表 表4-1

序号	检 查 项 目	判 别
1	是否达到国家强制报废标准	Y 是　N 否
2	是否为抵押期间或海关监管期间	Y 是　N 否
3	是否为人民法院、检察院、行政执法等部门依法查封、扣押期间的车辆	Y 是　N 否
4	是否为通过盗窃、抢劫、诈骗等违法犯罪手段获得的车辆	Y 是　N 否
5	发动机号与机动车登记证书登记号码是否一致,且无凿改痕迹	Y 是　N 否
6	车辆识别代号或车架号码与机动车登记证书登记号码是否一致,且无凿改痕迹	Y 是　N 否
7	是否走私、非法拼组装车辆	Y 是　N 否
8	是否法律法规禁止经营的车辆	Y 是　N 否

4.3.4　签订委托书

对相关证照齐全、表4-1检查项目全部判别为"N"的,或者司法机关委托等特殊要求的车辆,按附录一签署二手车鉴定评估委托书。

4.3.5　登记基本信息

(1)登记车辆使用性质信息,明确营运与非营运车辆;

(2)登记车辆基本情况信息,包括车辆类别、名称、型号、生产厂家、初次登记日期、表征行驶里程等。如果表征行驶里程如与实际车况明显不符,应在《二手车鉴定评估报告》或《二手车技术状况表》有关技术缺陷描述时予以注明。

4.3.6　判别事故车

(1)参照图4-2所示车体部位,按照表4-2要求检查车辆外观,判别车辆是否发生过碰撞、火烧,确定车体结构是完好无损或者有事故痕迹。

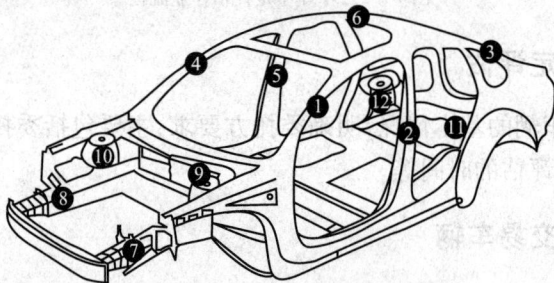

图4-2　车体结构示意图

1-左A柱;2-左B柱;3-左C柱;4-右A柱;5-右B柱;6-右C柱;7-左纵梁;8-右纵梁;9-左减振器悬挂部位;10-右减振器悬挂部位;11-左后减振器悬挂部位;12-右后减振器悬挂部位

(2)使用漆面厚度检测设备配合对车体结构部件进行检测;使用车辆结构尺寸检测工具或设备检测车体左右对称性。

(3)根据表4-2、表4-3对车体状态进行缺陷描述。即:车身部位 + 状态。例:4SH,即:左C柱有烧焊痕迹。

车体部位代码表　　　　　　　　　　　　　　　　　　　　　表4-2

序　号	检 查 项 目	序　号	检 查 项 目	序　号	检 查 项 目
1	车体左右对称性	6	右B柱	11	右前减振器悬挂部位
2	左A柱	7	右C柱	12	左后减振器悬挂部位
3	左B柱	8	左前纵梁	13	右后减振器悬挂部位
4	左C柱	9	右前纵梁		
5	右A柱	10	左前减振器悬挂部位		

车辆缺陷状态描述对应表　　　　　　　　　　　　　　　　表4-3

代表字母	BX	NQ	GH	SH	ZZ
缺陷描述	变形	扭曲	更换	烧焊	褶皱

(4)当表4-2中任何一个检查项目存在表4-3中对应的缺陷时,则该车为事故车。

(5)事故车的车辆技术鉴定和价值评估不在本规范的范围之内。

4.3.7　鉴定车辆技术状况

(1)按照车身、发动机舱、驾驶舱、起动、路试、底盘等项目顺序检查车辆技术状况。

(2)根据检查结果确定车辆技术状况的分值。总分值为各个鉴定项目分值累加,即鉴定总分 = ∑项目分值,满分100分。

(3)根据鉴定分值,按照表4-4确定车辆对应的技术等级。

车辆技术状况等级分值对应表　　　　　　　　　　　　　表4-4

技术状况等级	分 值 区 间	技术状况等级	分 值 区 间	技术状况等级	分 值 区 间
一级	鉴定总分≥90	三级	20≤鉴定总分<60	五级	事故车
二级	60≤鉴定总分<90	四级	鉴定总分<20		

4.3.8　评估车辆价值

(1)根据按照车辆有关情况,确立估值方法,并对车辆价值进行估算。

(2)估值方法选用原则:一般情况下,推荐选用现行市价法;在无参照物、无法使用现行市价法的情况下,选用重置成本法。

(3)现行市价法的运用方法:评估价值为相同车型、配置和相同技术状况鉴定检测分值的车辆近期的交易价格;如无参照,可从本区域本月内的交易记录中调取相同车型、相近分值,或从相邻区域的成交记录中调取相同车型、相近分值的成交价格,并结合车辆技术状况鉴定分值加以修正。

(4)当无任何参照体时,使用重置成本法计算车辆价值。

$$车辆评估价值 = 更新重置成本 × 综合成新率$$

①更新重置成本为相同型号、配置的新车在评估基准日的市场零售价格;

②综合成新率由技术鉴定成新率与年限成新率组成,即:

$$综合成新率 = 年限成新率 × \alpha + 技术鉴定成新率 × \beta$$

其中,年限成新率 = 预计车辆剩余使用年限/车辆使用年限(乘用车使用年限 15 年,超过 15 年的按实际年限计算;有年限规定的车辆、营运车辆按实际要求计算);

技术鉴定成新率 = 车辆技术状况分值/100

α、β 分别为技术鉴定成新率与年限成新率系数,由评估人员根据市场行情等因素确定,且 $\alpha + \beta = 1$。

技术鉴定成新率 $\times \beta$,相当于实体性陈旧贬值与功能性陈旧贬值后,车辆剩余的价值率;年限成新率 $\times \alpha$,相当于经济性陈旧贬值后,车辆剩余的价值率。

4.3.9 撰写及出具鉴定评估报告

(1)根据车辆技术状况鉴定等级和价值评估结果等情况,按照附录二要求撰写《二手车鉴定评估报告》,做到内容完整、客观、准确,书写工整。

(2)按委托书要求及时向客户出具《二手车鉴定评估报告》,并由鉴定评估人与复核人签章、鉴定评估机构加盖公章。

4.3.10 归档工作底稿

将《二手车鉴定评估报告》及其附件与工作底稿独立汇编成册,存档备查。档案保存一般不低于 5 年;鉴定评估目的涉及财产纠纷的,其档案至少应当保存 10 年;法律法规另有规定的,从其规定。

4.4 正常车辆技术状况鉴定有关要求

4.4.1 车身

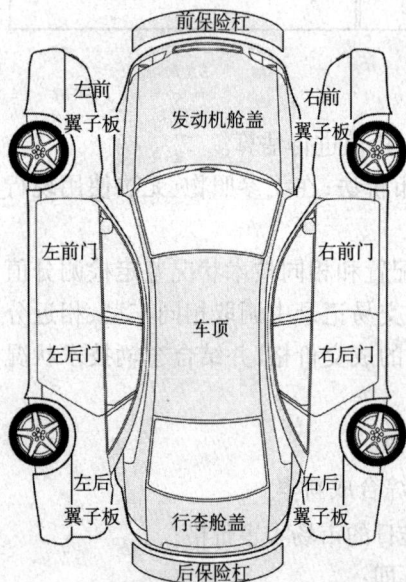

图 4-3 车身外观展开示意图

(1)参照图 4-3 标示,按照表 4-5、表 4-6 要求检查 26 个项目,程度为 1 的扣 0.5 分,每增加 1 个程度加扣 0.5 分。共计 20 分,扣完为止。轮胎部分需高于程度 4 的标准,不符合标准扣 1 分。

(2)使用车辆外观缺陷测量工具与漆面厚度检测检测仪器结合目测法对车身外观进行检测。

(3)根据表 4-5、表 4-6 描述缺陷,车身外观项目的转义描述为:车身部位 + 状态 + 程度。

例:21XS2 对应描述为:左后车门有锈蚀,面积为大于 100mm × 100mm,小于或等于 200mm × 300mm。

程度:1——面积小于或等于 100mm × 100mm;

2——面积大于 100mm × 100mm 并小于或等于 200mm × 300mm;

3——面积大于 200mm × 300mm;

4——轮胎花纹深度小于 1.6mm。

车身外观部位代码对应表 表4-5

代码	部 位	代码	部 位	代码	部 位
14	发动机舱盖表面	23	行李舱盖	32	前照灯
15	左前翼子板	24	行李舱内侧	33	后尾灯
16	左后翼子板	25	车顶	34	前风窗玻璃
17	右前翼子板	26	前保险杠	35	后风窗玻璃
18	右后翼子板	27	后保险杠	36	四门风窗玻璃
19	左前车门	28	左前轮	37	左后视镜
20	右前车门	29	左后轮	38	右后视镜
21	左后车门	30	右前轮	39	轮胎
22	右后车门	31	右后轮		

车身外观状态描述对应表 表4-6

代码	HH	BX	XS	LW	AX	XF
描述	划痕	变形	锈蚀	裂纹	凹陷	修复痕迹

4.4.2 发动机舱

按表4-7项要求检查10个项目。选择A不扣分,第40项选择B或C扣15分;第41项选择B或C扣5分;第44项选择B扣2分,选择C扣4分;其余各项选择B扣1.5分,选择C扣3分。共计20分,扣完为止。

发动机舱检查项目作业表 表4-7

序号	检 查 项 目	A	B	C
40	机油有无冷却液混入	无	轻微	严重
41	缸盖外是否有机油渗漏	无	轻微	严重
42	前翼子板内缘、冷却液箱体框架、横拉梁有无凹凸或修复痕迹	无	轻微	严重
43	散热器格栅有无破损	无	轻微	严重
44	蓄电池电极桩柱有无腐蚀	无	轻微	严重
45	蓄电池电解液有无渗漏、缺少	无	轻微	严重
46	发动机皮带有无老化	无	轻微	严重
47	油管、冷却液有无老化、裂痕	无	轻微	严重
48	线束有无老化、破损	无	轻微	严重
49	其他	只描述缺陷,不扣分		

如检查第40项时发现机油有冷却液混入、检查第41项时发现缸盖外有机油渗漏,则应在《二手车鉴定评估报告》或《二手车技术状况表》的技术状况缺陷描述中分别予以注明,并提示修复前不宜使用。

4.4.3 驾驶舱

按表4-8要求检查15个项目。选择A不扣分,第50项选择C扣1.5分;第51、52项选择C扣0.5分;其余项目选择C扣1分。共计10分,扣完为止。

驾驶舱检查项目作业表　　　　　　　　表4-8

序　号	检 查 项 目	A	C
50	车内是否无水泡痕迹	是	否
51	车内后视镜、座椅是否完整、无破损、功能正常	是	否
52	车内是否整洁、无异味	是	否
53	转向盘自由行程转角是否小于15°	是	否
54	车顶及周边内饰是否无破损、松动及裂缝和污迹	是	否
55	仪表台是否无划痕,配件是否无缺失	是	否
56	排挡把手柄及护罩是否完好、无破损	是	否
57	储物盒是否无裂痕,配件是否无缺失	是	否
58	天窗是否移动灵活、关闭正常	是	否
59	门窗密封条是否良好、无老化	是	否
60	安全带结构是否完整、功能是否正常	是	否
61	驻车制动系统是否灵活有效	是	否
62	玻璃窗升降器、门窗工作是否正常	是	否
63	左、右后视镜折叠装置工作是否正常	是	否
64	其他	只描述缺陷,不扣分	

如检查第60项时发现安全带结构不完整或者功能不正常,则应在《二手车鉴定评估报告》或《二手车技术状况鉴定书》的技术状况缺陷描述中予以注明,并提示修复或更换前不宜使用。

4.4.4 起动

按表4-9要求 检查10个项目。选择A不扣分,第65、66项选择C扣2分;第67项选择C扣1分;第68至71项,选择C扣0.5分;第72、73项选择C扣10分。共计20分,扣完为止。

起动检查项目作业表　　　　　　　　表4-9

序　号	检 查 项 目	A	C
65	车辆起动是否顺畅(时间少于5s,或一次起动)	是	否
66	仪表板指示灯显示是否正常,无故障报警	是	否
67	各类灯光和调节功能是否正常	是	否
68	泊车辅助系统工作是否正常	是	否
69	制动防抱死系统(ABS)工作是否正常	是	否
70	空调系统风量、方向调节、分区控制、自动控制、制冷工作是否正常	是	否
71	发动机在冷、热车条件下怠速运转是否稳定	是	否
72	怠速运转时发动机是否无异响,空挡状态下逐渐增加发动机转速,发动机声音过渡是否无异响	是	否
73	车辆排气是否无异常	是	否
74	其他	只描述缺陷,不扣分	

如检查第 66 项时发现仪表板指示灯显示异常或出现故障报警,则应查明原因,并在《二手车鉴定评估报告》或《二手车技术状况鉴定书》的技术状况缺陷描述中予以注明。

优先选用车辆故障信息读取设备对车辆技术状况进行检测。

4.4.5　路试

按表 4-10 要求 检查 10 个项目。选择 A 不扣分,选择 C 扣 2 分。共计 15 分,扣完为止。

路试检查项目作业表　　　　　　　　　　　　　　　　　　表 4-10

序 号	检 查 项 目	A	C
75	发动机运转、加速是否正常	是	否
76	车辆起动前踩下制动踏板,保持 5～10s,踏板无向下移动的现象	是	否
77	踩住制动踏板起动发动机,踏板是否向下移动	是	否
78	行车制动系最大制动效能在踏板全行程的 4/5 以内达到	是	否
79	行驶是否无跑偏	是	否
80	制动系统工作是否正常有效、制动不跑偏	是	否
81	变速器工作是否正常、无异响	是	否
82	行驶过程中车辆底盘部位是否无异响	是	否
83	行驶过程中车辆转向部位是否无异响	是	否
84	其他	只描述缺陷,不扣分	

如果检查第 80 项时发现制动系统出现制动距离长、跑偏等不正常现象,则应在《二手车鉴定评估报告》或《二手车技术状况表》的技术缺陷描述中予以注明,并提示修复前不宜使用。

4.4.6　底盘

按表 4-11 要求检查 8 个项目。选择 A 不扣分,第 85、86 项,选择 C 扣 4 分;第 87、88 项,选择 C 扣 3 分;第 89、90、91 项,选择 C 扣 2 分。共计 15 分,扣完为止。

底盘检查项目作业表　　　　　　　　　　　　　　　　　　表 4-11

序 号	检 查 项 目	A	C
85	发动机油底壳是否无渗漏	是	否
86	变速器壳体是否无渗漏	是	否
87	转向节臂球销是否无松动	是	否
88	三角臂球销是否无松动	是	否
89	传动轴十字轴是否无松框	是	否
90	减振器是否无渗漏	是	否
91	减振弹簧是否无损坏	是	否
92	其他	只描述缺陷,不扣分	

4.4.7　功能性零部件

对表 4-12 所示部件功能进行检查。结构、功能坏损的,直接进行缺陷描述,不计分。

车辆功能性零部件项目表   表 4-12

序号	类别	零部件名称	序号	类别	零部件名称
93	车身外部件	发动机舱盖锁止	105	随车附件	备胎
94		发动机舱盖液压撑杆	106		千斤顶
95		后门/行李舱液压支撑杆	107		轮胎扳手及随车工具
96		各车门锁止	108		三角警示牌
97		前后刮水器	109		灭火器
98		立柱密封胶条	110		全套钥匙
99		排气管及消音器	111	其他	遥控器及功能
100		车轮轮毂	112		喇叭高低音色
101	驾驶舱内部件	车内后视镜	113		玻璃加热功能
102		座椅调节及加热			
103		仪表板出风管道			
104		中央集控			

4.4.8 拍摄车辆照片

(1)外观图片。分别从车辆左前部与右后部45度角拍摄外观图片各1张。拍摄外观破损部位带标尺的正面图片1张。

(2)驾驶舱图片。分别拍摄仪表台操纵杆、前排座椅、后排座椅正面图片各1张,拍摄破损部位带标尺的正面图片1张。

(3)拍摄发动机舱图片1张。

4.4.9 二手车鉴定评估机构经营管理

(1)有规范的名称、组织机构、固定场所和章程,遵守国家有关法律、法规及行规行约,客观公正地开展二手车鉴定评估业务。

(2)在经营场所明显位置悬挂二手车鉴定评估机构核准证书和营业执照等证照,张贴二手车鉴定评估流程和收费标准。

(3)二手车鉴定评估人员应严格遵守职业道德、职业操守和执业规范。

(4)开展二手车鉴定评估活动应坚持客观、独立、公正、科学的原则,按照关联回避原则,回避与本机构、评估人有关联的当事人委托的鉴定评估业务。

(5)建立内部培训考核制度,保证鉴定评估人员职业素质和鉴定评估工作质量。

(6)建立和完善二手车鉴定评估档案制度,并根据评估对象及有关保密要求,合理确定适宜的建档内容、档案查阅范围和保管期限。

附录一　二手车鉴定评估委托书(示范文本)

委托书编号:_____

委托方名称(姓名):　　　　　　　　　法人代码证(身份证)号:

鉴定评估机构名称:　　　　　　　　　法人代码证:

委托方地址:　　　　　　　　　　　　鉴定评估机构地址:

联系人:　　　　　　　　　　　　　　电话:

因 □交易 □典当 □拍卖 □置换 □抵押 □担保 □咨询 □司法裁决需要,委托人与受托人达成委托关系,号牌号码为_____,车辆类型为_____,车架号(VIN 码)为_____的车辆进行技术状况鉴定并出具评估报告书,_____年___月___日前完成。

委托评估车辆基本信息

车辆情况	厂牌型号				使用用途	营运 □ 非营运 □
	总质量/座位/排量				燃料种类	
	初次登记日期	年	月	日	车身颜色	
	已使用年限	年	个月	累计行驶里程(万公里)		
	大修次数	发动机(次)		整车(次)		
	维修情况					
	事故情况					
价值反映	购置日期	年	月	日	原始价格(元)	
备注:						

委托方:(签字、盖章)　　　　　　　　　　　受托方:(签字、盖章)

　　　　　　　　　　　　　　　　　　　　　　(二手车鉴定评估机构盖章)

　　年　　月　　日　　　　　　　　　　　　　　年　　月　　日

1. 委托方保证所提供的资料客观真实,并负法律责任。

3. 仅对车辆进行鉴定评估。

4. 评估依据:《机动车运行安全技术条件》、《二手车鉴定评估技术规范》等。

5. 评估结论仅对本次委托有效,不做它用。

6. 鉴定评估人员与有关当事人没有利害关系。

7. 委托方如对评估结论有异议,可于收到《二手车鉴定评估报告》之日起10日内向受托方提出,受托方应给予解释。

附录二　二手车鉴定评估报告(示范文本)

×××鉴定评估机构评报字(20　　年)第××号

一、绪言

_____(鉴定评估机构)接受_____的委托,根据国家有关评估及《二手车流通管理办法》和《二手车鉴定评估技术规范》的规定,本着客观、独立、公正、科学的原则,按照公认的评估方法,对牌号为_____的车辆进行了鉴定。本机构鉴定评估人员按照必要的程序,对委托鉴定评估的车辆进行了实地查勘与市场调查,并对其在_____年____月____日所表现的市场价值作出了公允反映。现将该车辆鉴定评估结果报告如下:

二、委托方信息

委托方:_____　　委托方联系人:_____

联系电话:_____　　车主姓名/名称:(填写机动车登记证书所示的名称)

三、鉴定评估基准日

_____年____月____日

四、鉴定评估车辆信息

厂牌型号:_____　　牌照号码:_____

发动机号:_____　　车辆 VIN 码:_____

车身颜色:_____　　表征里程:_____　　初次登记日期:_____

年审检验合格至:_____年____月　　交强险截至日期:_____年____月

车船税截至日期:_____年____月

是否查封、抵押车辆:□是　□否　　车辆购置税(费)证:□有　□无

机动车登记证书:　　□有　□无　　机动车行驶证:　　□有　□无

未接受处理的交通违法记录:□有　□无

使用性质:□公务用车　□家庭用车　□营运用车　□出租车　□其他:

五、技术鉴定结果

技术状况缺陷描述:_____

_____

重要配置及参数信息:_____

技术状况鉴定等级:_____　　等级描述:_____

六、价值评估

价值估算方法:□现行市价法　□重置成本法　□其他

价值估算结果:车辆鉴定评估价值为人民币_____元,金额大写:_____

七、特别事项说明[1]

八、鉴定评估报告法律效力

本鉴定评估结果可以作为作价参考依据。本项鉴定评估结论有效期为90天,自鉴定评估基准日至_____年____月____日止。

九、声明

(1)本鉴定评估机构对该鉴定评估报告承担法律责任;

(2)本报告所提供的车辆评估价值为评估基准日的价值;

(3)该鉴定评估报告的使用权归委托方所有,其鉴定评估结论仅供委托方为本项目鉴定评估目的使用

和送交二手车鉴定评估主管机关审查使用,不适用于其他目的,否则本鉴定评估机构不承担相应法律责任;因使用本报告不当而产生的任何后果与签署本报告书的鉴定评估人员无关;

(4)本鉴定评估机构承诺,未经委托方许可,不将本报告的内容向他人提供或公开,否则本鉴定评估机构将承担相应法律责任。

附件:

一、二手车鉴定评估委托书

二、二手车技术状况鉴定作业表

三、车辆行驶证、机动车登记证书证复印件

四、被鉴定评估二手车照片(要求外观清晰,车辆牌照能够辨认)

二手车鉴定评估师(签字、盖章)　　　　　　　　　　　复核人[2](签字、盖章)

年　　月　　日　　　　　　　　　　　　　　(二手车鉴定评估机构盖章)

　　　　　　　　　　　　　　　　　　　　　年　　月　　日

[1]特别事项是指在已确定鉴定评估结果的前提下,鉴定评估人员认为需要说明在鉴定过程中已发现可能影响鉴定评估结论,但非鉴定评估人员执业水平和能力所能鉴定评定估算的有关事项以及其他问题。

[2]复核人是指具有高级二手车鉴定评估师资格的人员

备注:1.本报告书和作业表一式三份,委托方二份,受托方一份;

　　　2.鉴定评估基准日即为《二手车鉴定评估委托书》签订的日期。

附录三 二手车技术状况表(示范文本)

车辆基本信息	厂牌型号				牌照号码			
	发动机号				VIN码			
	初次登记日期	年 月 日			表征里程			万公里
	品牌名称		□国产 □进口		车身颜色			
	年检证明	□有(至___年___月) □无			购置税证书		□有 □无	
	车船税证明	□有(至___年___月) □无			交强险	□有(至___年___月) □无		
	使用性质		□营运用车 □出租车 □公务用车 □家庭用车 □其他					
	其他法定凭证、证明	□机动车号牌 □机动车行驶证 □机动车登记证书 □第三者强制保险单 □其他						
	车主名称/姓名				企业法人证书代码/身份证号码			
重要配置	燃料标号		排量		缸数			
	发动机功率		排放标准		变速器形式			
	气囊		驱动方式		ABS		□有 □无	
	其他重要配置							
是否为事故车	□是 □否	损伤位置及损伤状况						
鉴定结果	分值			技术状况等级				
车辆技术状况鉴定缺陷描述	鉴定科目	鉴定结果(得分)		缺陷描述				
	车身检查							
	发动机检查							
	车内检查							
	起动检查							
	路试检查							
	底盘检查							

二手车鉴定评估师:_____ 鉴定单位:_____(盖章)_____

鉴定日期:_____年___月___日

声明:

本二手车技术状况表所体现的鉴定结果仅为鉴定日期当日被鉴定车辆的技术状况表现与描述,若在当日内被鉴定车辆的市场价值或因交通事故等原因导致车辆的价值发生变化,对车辆鉴定结果产生明显影响时,本技术状况鉴定说明书不作为参考依据。

说明:

本二手车技术状况表由二手车经销企业、拍卖企业、经纪企业使用,作为二手车交易合同的附件。车辆展卖期间,放置在驾驶室前风窗玻璃左下方,供消费者参。

附录四 二手车鉴定评估作业表(示范文本)

流水号：　　　　　　鉴定评估日　　年　月　日

评估单位名称（盖章）：
评估单位名称（盖章）：

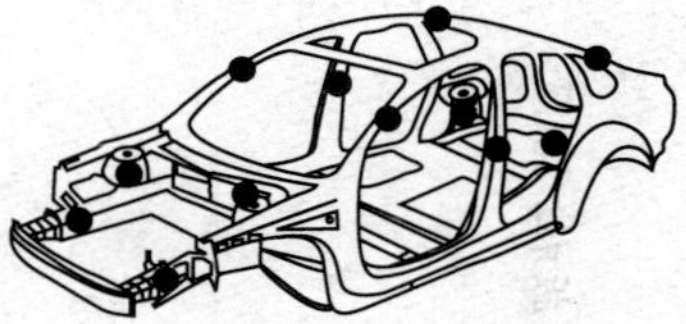

1 左A柱　5 右B柱　9 左减振器悬挂部位
2 左B柱　6 右C柱　10 右减振器悬挂部位
3 左C柱　7 左纵梁　11 左后减振器悬挂部位
4 右A柱　8 右纵梁　12 右后减振器悬挂部位

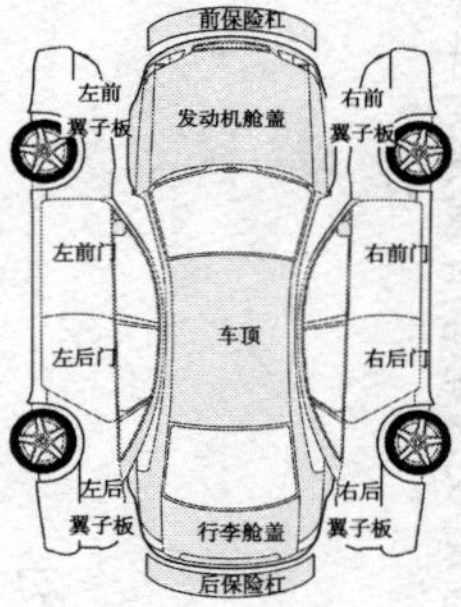

厂牌型号		行驶里程	仪表	km
牌照号码			推定	km
VIN码		车身颜色		
发动机号		车主姓名/名称		
企业法人证书代码/身份证号码	首次登记日期 年 月 日	使用性质 □营运 □出租车 □公务用 □家庭用 □其他		
年检证明 □有（至＿年＿月）□无	车船税证明	□有（至＿年＿月）□无		
交强险 □有（至＿年＿月）□无	购置税证书	□有 □无		
其他法定凭证、证明	□号牌 □行驶证 □登记证书 □保险单 □其他			
是否为事故车	□否 □是	损伤位置及损伤状况		
车辆主要技术缺陷描述				

车体骨架检查项目					
车体左右对称性					
左A柱	左前纵梁				
左B柱	右前纵梁				
左C柱	左前减振器悬挂				
右A柱	右前减振器悬挂				
右B柱	左后减振器悬挂				
右C柱	右后减振器悬挂				
代码	BX	NQ	GH	SH	ZZ
描述	变形	扭曲	更换	烧焊	褶皱
缺陷描述					
事故判定	□事故车 □正常车				

车身检查	扣分	状态描述
发动机舱盖表面		划痕 HH
左前翼子板		变形 BX
左后翼子板		锈蚀 XS
右前翼子板		裂纹 LW
右后翼子板		凹陷 AX
左前车门		修复痕迹 XF
右前车门		缺陷程度
左后车门		1—面积小于100mm×100mm
右后车门		
行李舱盖		2—面积大于100mm×100mm并小于200mm×300mm
行李舱内则		
车顶		
前保险杠		
后保险杠		3—面积大于200mm×300mm
左前轮		4—轮胎花纹深度少于1.6mm
左后轮		
右前轮		缺陷描述
右后轮		
前照灯		
后尾灯		
前后风窗玻璃		
四门风窗玻璃		
左右后视镜		
其他项目		
合计扣分		

发动机舱检查	程度			扣分
机油有无冷却液混入	无	轻微	严重	
缸盖外是否有机油渗漏	无	轻微	严重	
前翼子板内缘、冷却液箱体框架、横拉梁有无凹凸或修复痕迹	无	轻微	严重	
散热器格栅有无破损	无	轻微	渗漏	
蓄电池电极桩柱有无腐蚀	无	轻微	严重	
蓄电池电解液有无渗漏、缺少	无	轻微	严重	
发动机皮带有无老化油管、冷却液管有无老化、裂痕	无	轻微	严重	
	无	轻微	裂痕	
线束有无老化、破损	无	轻微	破损	
其他				
合计扣分				

启动检查			扣分
车辆起动是否顺畅（起动时间小于5s，或一次起动）	是	否	
仪表板上的指示灯显示是否正常，无故障报警	是	否	
各类灯光和调节功能是否正常	是	否	
泊车辅助系统工作是否正常	是	否	
制动防抱死系统（ABS）工作是否正常	是	否	
空调系统风量、方向调节、分区控制、自动控制，制冷工作是否正常	是	否	
发动机在冷/热车条件下怠速运转是否稳定	是	否	
怠速运转条件下发动机是否无异响，空挡状态下逐渐增加发动机转速，声音过渡是否无异响	是	否	
车辆排气是否无异常	是	否	
其他			
合计扣分			

驾驶舱检查			扣分
车内是否有无水泡痕迹	是	否	
倒车镜、座椅是否完整无破损、功能正常	是	否	
车内是否整洁、无异味	是	否	
转向盘自由行程转角是否小于15°	是	否	
车顶及周边内饰是否无破损/松动/裂缝/污迹	是	否	
仪表台是否无划痕，配件是否无缺失	是	否	
排挡把手柄及护罩是否完好、无破损	是	否	
储物盒是否无裂痕，配件是否无缺失	是	否	
天窗是否移动灵活、关闭正常	是	否	
门窗密封条是否良好、无老化	是	否	
安全带结构是否完整、功能是否正常	是	否	
驻车制动系统结构是否完整	是	否	
玻璃窗升降器、门窗工作是否正常	是	否	
左、后视镜折叠装置工作是否正常	是	否	
其他			
合计扣分			

底盘检查			扣分
发动机油底壳是否无渗漏	是	否	
变速器壳体是否无渗漏	是	否	
转向节臂球销是否无松动	是	否	
三角臂球销是否无松动	是	否	
传动轴十字轴是否无松框	是	否	
减振器是否无渗漏	是	否	
减振弹簧是否无损坏	是	否	
其他			
合计扣分			

路试检查			扣分
发动机运转、加速是否正常	是	否	
车辆起动前踩下制动踏板，保持5~10s，踏板无向下移动的现象	是	否	
起动后继续踩住制动，踏板是否向下移动	是	否	
行车制动系最大制动效能在踏板全行程的4/5以内达到	是	否	
车辆行驶是否无跑偏	是	否	
制动系统是否正常有效，不跑偏	是	否	
变速器工作是否正常、无异响	是	否	
行驶中车辆底盘部位是否无异常	是	否	
行驶中车辆转向部位是否无异响	是	否	
其他			
合计扣分			

车辆功能性零部件列表	
发动机盖锁止	仪表板出风管道
发动机盖液压撑	中央集控
后门液压支撑杆	备胎
行李舱液压支撑杆	千斤顶
各车门锁止	轮胎扳手及随车工具
前刮水器	三角警示牌
后刮水器	灭火器
立柱密封胶条	全套钥匙
排气管及消音器	遥控器及功能
车轮轮毂	喇叭高低音色
车内后视镜	玻璃加热功能
座椅调节与加热	

总得分	
技术等级	
估价方法	
参考价格	
评估师（签章）	
评估师证号	
审核人（签章）	
二手车鉴定评估结论	

本章小结

2013 年 12 月 31 日,国家质检总局、国家标准委正式发布了《二手车鉴定评估技术规范》,这项二手车评估"国标"将在今 2014 年 6 月 1 日正式实施。为规范二手车鉴定评估行为,营造公平、公正的二手车消费环境,保护消费者合法权益,促进汽车市场健康发展,制定本标准。本标准在制定过程中,参考了国外二手车鉴定评估有关法规与行业标准的主要思路与方法。本章系统地介绍了《二手车鉴定评估技术规范》。

复习与思考题

1. 什么是二手车?
2. 什么是二手车鉴定评估?
3. 二手车鉴定评估机构需要什么条件和要求?
4. 简述二手车鉴定评估程序。
5. 使用车辆外观缺陷测量工具与漆面厚度检测检测仪器结合目测法对车身外观进行检测,结果描述为 21XS2 是什么意思?

拓展知识点

GB/T 30323—2013.二手车鉴定评估技术规范[S].

学习资源

刘永臣,孙丽.汽车评估与鉴定百问百答[M].中国电力出版社.2007.

第5章 新上市汽车评估

教学目标

1. 理解新车评估与在用车、二手车评估的区别，了解用户购买新车的过程。
2. 掌握新车价格的构成及其影响因素。
3. 知道新车碰撞测试的实验和评分标准。
4. 掌握新车的定价目标、定价方法、定价策略。

教学要点

知识要点	掌握程度	相关知识
消费者的购车动机和购车行为分析	理解	购买动机、差异、行为模式、购买行为6W2H分析法
新车的价格	掌握	新车价格构成及影响因素
新车的定价目标	掌握	利润导向、销售导向、市场竞争、质量导向、销售渠道导向
新车的定价方法	掌握	成本、需求、竞争导向定价法
新车的定价策略	掌握	新车定价策略、折扣和折让定价策略、心理定价策略等
新车评估系统介绍	知道	国外 NCAP、我国的 C—NCAP

5.1 消费者的购车动机和购车行为分析

动机是推动人们从事某种行为、达到某种目的、满足某些需要的意图、愿望和信念。行为是动机的具体外在表现。消费者的购车动机必然直接或间接地表现在购车过程之中，影响其购车行为，不同的购车动机影响着消费者对新车价格的不同看法。

5.1.1 常见的汽车购买动机

1. 求实动机

消费者追求"实惠"、"实用"，以汽车的实用价值为导向的购买动机。持有这种动机的消费者在选购汽车时,特别重视汽车的质量、性能和实际效用,讲究一分钱分货,相对而言,对所谓的汽车"个性"、汽车的造型、款式、色彩、品牌等并不是特别强调。收入不高的用户和商用车的用户持此种动机较多。针对持有求实动机的客户,企业在对新车定价时,应坚持薄利多销的原则,价格不可定得过高。

2. 求新动机

消费者追求"时髦"和"奇特",以追求汽车的新潮、时尚、新颖、奇特为导向的购买动机。在求新动机支配下,消费者选择汽车时,特别注重款式、颜色、造型等是否流行与新颖,相对而言,对汽车的耐用性、价格等并不十分介意。一般而言,在收入水平较高的人群及经济条件比较好的青年消费者中较常见,他们一般是新产品的尝试者,喜欢领导新潮流。针对持有求新动机的客户,对于刚上市的新车定价时,可以适当地提高一些,以获取较高的利润,也为以后的降价行为留有空间。

3. 求名动机

消费者以追求高档、名牌汽车为主要特征,几乎不考虑汽车的价格和实际使用价值,期望通过高档名牌汽车显示或提高自己的身份或地位,从而得到心理上的满足。具有这种购买动机的顾客一般都具有相当的经济实力和一定的社会地位。此外,表现欲望和炫耀心理比较强的顾客,即使经济条件一般,也可能具有此种购买动机,他们是高档名牌汽车的主要消费者。针对持有求名动机的客户,若企业的汽车品牌比较有名,则可以将汽车价格定得较高,在满足顾客心理需求的同时获取较高的利润。

4. 求廉动机

消费者以追求汽车的价格低廉为导向,在求廉动机的支配下,消费者在选择汽车时,最注重的是汽车的价格,相对而言,对汽车的颜色、款式、内饰等不太计较,而对降价、折让等促销活动怀有较大兴趣,喜欢在促销、降价时购买汽车,并且特别注重厂家的赠品。购买前顾客会花费较多的精力和时间,多途径了解、比较各种汽车的价格,从而选择价格相对便宜的汽车。2002年我国汽车市场发生"井喷"以来,汽车市场的每次降价都会带来一定的购车热潮,这也说明,目前我国的消费者的经济水平相对较低。针对持有求廉动机的客户,企业可以减少不必要的配置,从而降低实际成本,将汽车价格定得较低,使之具有市场竞争力,提高市场占有率,达到薄利多销。

5. 攀比动机

消费者在购买汽车时自觉不自觉地与周围的人们进行比较,以争强好胜、不甘居人后为主要特征。这类顾客在购买汽车时不是出于对汽车的了解和实际需求,而是为了与别人攀比向别人炫耀,购买行为在很大程度上取决于归属的社会群体,具有较大的盲从性。针对持有攀比动机的客户,企业在定价时要考虑当地汽车市场的消费文化。

6. 嗜好动机

消费者以满足个人兴趣、爱好为导向的购买动机。在嗜好动机的驱使下,消费者往往对某类或某品牌汽车表现出特别的兴趣,从而成为这类汽车的购买者。他们的购买行为取决于个人的嗜好,一般不受他人或广告的影响,如有人喜欢四驱车或 SUV,尽管价格较贵、油耗较高,在市区内其性能得不到充分发挥,还是要买。针对持有嗜好动机的客户,企业在对新车定价时,要考虑产品的目标客户群,了解顾客的嗜好,掌握顾客的心理诉求。

7.模仿动机

消费者在购买汽车时自觉不自觉地模仿他人。形成的原因多种多样,或是仰慕名人,或是缺乏主见,或是对汽车不了解而模仿,不管何种缘由,持模仿动机的消费者,其购买行为受他人影响比较大。所以,企业在进军新车定价时,可以聘请对消费者具有较大影响力的歌星、影星等作为代言人,达到刺激模仿者的视觉神经,进行市场促销。

上述购买动机往往相互影响、相互制约。有些情况下,一种动机居支配地位,其他动机起辅助作用,亦可能是几种动机共同起作用。不同的购买动机,使消费者能够接受的汽车价格差别很大。

目前,我国消费者的购车动机还相对情感化,购买汽车有解决交通的动机,也有攀比的动机、炫耀的动机,当然也有提高生活质量的动机等。不像西方发达国家的消费者,购车动机比较简单实用,消费者往往是在充分了解汽车的性能后,再结合自己的需要才决定是否购买。我国消费者在购买汽车时,往往关注的是朋友、同事花多少钱买什么车,受周围环境的影响较大。

5.1.2 不同顾客购车动机的差异

消费者由于收入和观念上的差别,以及年龄、性别、职业、兴趣、爱好等方面的不同,消费需求不同,对汽车的追求也不同,从而导致不同的购车动机。下面以性别和年龄两个因素为例简要说明一下不同消费考的购买动机。

1.不同性别的顾客购买汽车动机的差异

1)男性顾客购车动机的特点

(1)动机形成迅速、果断,自信心强。男性消费者的独立性和自尊心相对较强,善于控制自己的情绪,考虑问题时一般能够理性、冷静地权衡各种利弊因素,受他人的影响相对轻一些,一旦产生购买动机,决策形成很快,决策过程现对较短。

(2)购车动机具有被动性。男性消费者对汽车的购买动机不像女性消费者那么强烈。一般情况下,往往由于实际需要并且家庭经济情况允许购买才会产生购买动机,不会盲从。

(3)购车动机感情色彩淡薄。男性顾客在购买汽车时,主要考虑汽车的性能、质量、品牌、使用的效果、售价和保修期限,属于理性的消费者,很少为面子而购买不适合自己需求的车辆。另外,男性顾客认为男性的特征是粗犷有力,购买汽车时,往往对明显具有女性特征的车辆不感兴趣。

(4)购买商用车的动机是实用性。由于商用车是用于经营,而不是代步工具,购买目的是为了赚钱而不是为了享受也不是为了炫耀,况且商用车的驾驶者一般为男性,男性消费者在购买商用车时往往考虑车的实用性,注重车的配置和适用工况。

2)女性顾客购车动机的特点

社会上流行这样一句话:女人的钱最好赚。谁吸引住了女性顾客,谁就逮住了赚钱的机会。在汽车营销过程中,营销人员应充分重视女性消费者,掌握女性顾客的购车动机,挖掘女性汽车消费市场。女性消费者的购车动机一般具有以下消费特点:

(1)追求时尚。俗话说"爱美之心,人皆有之",对于女性消费者来说,更是如此。不论是青年女子,还是中老年女性,尽管年龄不同,消费心理有所差异,但是她们在选购汽车时,首先想到的就是车辆能否增加自己的形象美,使自己显得更加年轻和富有魅力。

(2)追求外观。女性消费者非常注重汽车的外观式样,将外观与质量、价格当成同样重要的因素来看待,因此在选购汽车时,她们会注重汽车的色彩、式样。

(3)购车动机具有主动性、灵活性。与男性不同,女性的购买原因是多方面的,或者客观需要,或者作为爱好消遣,或者为了炫耀等,购买动机具有较强的主动性、灵活性。所谓灵活性是指女性购车变数较多,如原本打算购买某种车辆,若此时看到有更时尚的新车上市,就会放弃原来的购买计划转而购买新款车。

(4)购车动机带有浓厚的感情色彩。女性消费者一般具有比较强烈的情感特征。在女性消费者特别是年轻女性看来,汽车不仅仅是代步工具,而且是一个温馨的家,所以她们对车子的式样、外观、颜色、内饰等的期望值比男性更高。同时女性的感情比较丰富、细腻,富于幻想、联想,因此购车动机带有强烈的感情色彩。如看到某种时尚的车型新颖漂亮,马上会联想到自己驾驶的感觉会是什么样子,心旷神怡,随之就会产生强烈的喜欢、偏爱等感情,促发购买动机。

(5)购车动机波动性较大,易受外界因素影响。女性心理活动较男性细腻、复杂,易受外界因素的影响,购车动机的变化较大。如广告宣传、促销活动、销售人员的服务、4S店的陈列布置、周围朋友的意见等都会使女性临时改变购车计划。

(6)喜欢炫耀,自尊心强。对于许多女性消费者来说,之所以购买汽车,除了满足代步需求之外,还可能为了显示自己的社会地位和财富,向别人炫耀自己的与众不同。在这种心理的驱使下,她们会追求中高档汽车,而不特别考虑汽车是否适合自己的家庭需要,只要能显示自己的身份和地位,她们就会乐意购买。

2. 不同年龄段的顾客购车动机的差异

1)青年顾客购车动机的特点

(1)追求时尚和新颖,追赶潮流。青年人的特点是热情奔放,思想活跃,富于幻想,喜欢冒险,感觉敏锐,追求刺激,标新立异,容易接受新鲜事物,尝试新的生活,喜欢追赶时代潮流。他们的购车行为趋于求新求美,喜欢购买时尚有特色的车辆。因此,刚刚上市的新车,或当前社会流行的某一款车,都会引起他们极大的兴趣和购买欲望,即使一时经济上不允许,他们也会通过其他途径与车辆接触。

(2)张扬个性,表现自我。青年消费者处于由少年不成熟阶段向中年成熟阶段的过渡时期,特别是现在的年轻一代,大多是独生子女,"80后"甚至"90后",生活在改革开放的年代,自我意识日益加强,强烈地追求个性独立,不加掩饰自己,力图表现自己完美的个性形象,自我意识强烈。反映在消费行为上就是通过购买具有特色的座驾表现自我个性与追求,喜欢个性化强烈的汽车,力求在消费活动中充分表现自我,决不人云亦云,对于大众化的车辆一般不屑一顾。

汽车厂商也嗅出"个性化"的味道,为了满足消费者的个性,通过产品差异化手段,纷纷给自己的车辆加入了"自我"的元素。个性化的元素,不仅体现在车型、外观、颜色上,还逐渐延伸到内部设计、功能服务等方面,目的就是满足追求个性的消费者的需求。

(3)购买动机具有冲动性。青年人的心理特征一方面表现出果断迅速、反应灵敏,另一方面也由于这一阶段的消费者人生阅历并不丰富,思想感情、兴趣爱好、个性特征正处在由不稳定向稳定过渡的时期,对事物的分析判断能力还没有完全成熟,容易感情用事,甚至产生冲动行为,容易出现吃"后悔药"的现象,因此他们的购车动机具有明显的冲动性特点。很多年轻消费者并没有冷静地分析车辆的各种性能,而仅仅凭着对车辆的感情色彩来判断车辆的好坏、优劣,就形成了对车辆的好恶倾向。选购车辆时他们首先注重的是车辆的美观和时尚,其次才是质量和价格。

很多青年人购买汽车之后,最初的一段时间感觉非常新奇,对新车爱不释手,爱护有加,细心保养。经过一段时间后,新鲜感渐渐褪去,此时年轻人特有的多变心理使得他们开始对自己的汽车失去兴趣,转而对其他车辆产生兴趣,开始盘算如何将手中的车卖掉,置换一款自己更中意的新车。有资料显示,现在的二手车交易中,由于青年人的喜新厌旧而淘汰的"旧车"在整体二手车交易量中占有不小的比例。

2)中老年顾客购车动机的特点

由于中老年顾客(在我国,特别是中年顾客)工作稳定,收入较高,家庭稳定,有条件也有需要改善生活质量,在竞争日益激烈的市场环境下,汽车营销人员应特别注重中老年消费者的市场需求,了解其消费心理特征。中老年消费者所具有的汽车消费心理特征主要有以下几个特点:

(1)注重汽车的品牌,强调汽车安全性。中老年消费者在长期的社会生活中,对于曾经接触过或使用过的汽车品牌,印象比较深刻,而且非常相信自己的感觉,对于印象好的汽车品牌的忠诚度较高。

(2)购车动机具有较强的理智性。中老年顾客生活经验丰富,情绪反应比较平稳,很少感情用事,大多会以理智来支配自己的行为,消费心理比较成熟,购车时比较注重车辆内在的质量和性能,购买车辆具有较强的理智性,不会像年轻人那么冲动。

(3)精打细算,注重服务。中老年顾客更注重轿车的售后服务,倾向于到4S店去购买车辆。考虑到购车后的"养车"费用,更追求实惠,按照自己的实际需求购买汽车,对汽车的质量、价格等都会详细了解,减少盲目性。

(4)有主见,不易受他人影响。中老年消费者相信自己的生活经验,比较有主见,不会人云亦云,对于商家的广告轰炸和别人的介绍,能理性地分析车辆的各种特点,然后决定是否购买。汽车营销人员在与此类消费者进行推销或业务介绍时,不要一味地向他们推荐车辆,防止引起他们的"反感",要做一个忠实的聆听者,尊重和听取他们的意见,向他们"晓之以理",促进成交。

5.1.3　消费者购车行为模式

通过对消费者的消费心理研究,结合汽车市场的营销现状,提出我国消费者购买汽车的一般行为模式,见图5-1。

消费者受到某些刺激(购买动机的影响因素)之后,从心里感到并确认自己的确需要有一部汽车,由此产生购买动机,引发其购买欲望。

当消费者产生购买欲望后,就会主动地通过某些途径去搜集相关汽车的资料,认真研究,加以比较,从中确认适合自己需要的汽车,综合考虑各种影响购买因素,如经济能力等(对比评价—购买决策这个过程可能会重复多次),最终作出购买决定,发生购买行为。

当消费者购买某品牌的汽车后,这只是第一阶段的购买行为,属于初次购买,完整地购买行为并没完全结束。由于汽车属于高档耐用消费品,并不是一次性消费完毕,消费者在购买汽车之后相当长的时间内关于汽车的使用、维护、保养等问题都会使消费者重新认识、评价汽车产品,若汽车产品获得了消费者的认可,则消费者会通过某些渠道正面宣传该汽车产品,对其周围的潜在顾客产生深远影响,导致重复购买;相反,如果消费者使用之后发现所购汽车并没有原来期望的那么好,就会影响消费者对该产品的评价,并且影响其周围的消费群体,使该产品的部分潜在顾客流失,影响产品的市场预期,导致市场销量下降。

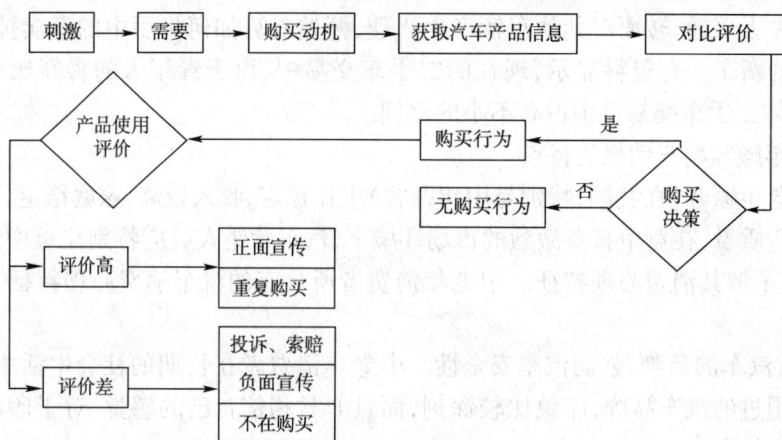

图 5-1　消费者购车行为模式

通过对消费者购车行为模式的分析,我们可以看出,在某些环节,营销人员可以通过自己的主动性去影响消费者。例如,在了解哪些刺激能够影响消费者的需求后,有助于汽车营销人员更好地找到刺激消费者需求的刺激点,有助于营销人员发布相应的信息吸引消费者注意,使宣传、促销工作效果更佳明显。

消费者即使作出了购买决策也并不一定能发生购买行为,因为可能受其他条件(如资金所限)限制而不能执行购买决策,不能立即产生相应的购买行为。如果营销人员观察到这一点,可以帮助消费者解决妨碍购买行为发生的条件,有助于消费者最终产生购买行为。例如,若受资金所限,可为消费者介绍分期付款业务或汽车消费信贷业务帮助消费者解决资金问题,促进消费者购买行为的发生。

在此,我们强调首次购买只是消费者购买行为的第一阶段,考虑到在汽车的使用寿命期间,汽车的维修、保养等问题对消费者的影响,为了提高服务质量、提高用户满意度,营销人员应牢固树立以消费者为中心的营销理念,将用户的烦恼、顾虑解决掉,从而提高用户的忠诚度。

5.1.4　汽车消费者购买行为 6W2H 分析法

消费者购买汽车的过程基本上可分为三个阶段:购买前、购买中、购买后。通过实践和经验,作为一名汽车销售人员,如果能够将以下几个问题(即 6W2H)彻底解决了,汽车销售便可轻松搞定。6W2H 可以直接反映出消费者的购买行为,通过 6W2H 分析可以了解消费者购买行为的规律及变化趋势,以便制定和实施相应的市场营销策略。

6W2H—Who、What、Which、Why、When、Where、How、How much。

1. Who

区域市场由谁构成？谁是竞争者？谁做得最好？谁做得不好？谁需要汽车？谁会购买？谁可能参与购买？谁决定购买？谁使用所购买产品？谁是购买的发起者？谁影响购买者的思想？作为营销人员，既要了解市场，又要熟悉对手，还有知道潜在顾客在哪里，谁有购买者决策权等。

2. What

顾客追求什么？顾客的需求和欲望是什么？对顾客最有吸引力的产品是什么？满足顾客购买愿望的效用是什么？顾客追求的核心利益是什么？顾客欲购买什么品牌或型号的汽车？作为营销人员必须了解顾客的内心活动，顾客追求安全？操控性还是经济性？顾客看中产品的哪些特点？还有哪些问题致使顾客不能尽快下定购买决心等等。如：2500万元的布加迪轿车被一位中国富翁买走，这事放在哪儿都是新闻。那么，这位车主看中的是汽车的哪些方面？只是炫耀自己的经济实力吗？还是为了保持媒体曝光率、成功制造全民性话题、有意识地塑造具有传奇性质的个人品牌。

3. Which

顾客准备购买哪种型号的汽车产品？在多家经销商中顾客会到哪家经销商购买汽车？在多个品牌中购买哪个品牌的产品？购买著名品牌还是非著名品牌的产品？在有多种替代品的产品中决定可能购买哪种？

4. Why

顾客为何要购买汽车（其购买汽车的真正目的是什么）？为何喜欢这个品牌？为何喜欢这个型号？为何讨厌某品牌汽车？为何不购买或不愿意购买？为何买这个不买那个？为何选择到本公司购买汽车而不到竞争对手那里购买？为何选择到竞争者的店里购买汽车，而不选择本公司等等。如富康和普桑价位、性能差不多，用户为什么买富康而放弃普桑？用户为什么不喜欢日系汽车？

5. When

顾客何时产生需求？准备何时购买？什么季节购买？何时需要？何时使用？曾经何时购买过？何时重复购买？何时换代购买？顾客需求何时发生变化？顾客何时过生日？什么时刻可以促成交易？

6. Where

消费者在哪里上班？家住哪个小区？上班习惯走哪条路？计划到哪里购买？配偶在哪里上班？孩子在哪里上学？喜欢到哪家4S店进行爱车保养？喜欢到哪里维修车辆？

7. How

如何购买？如何决定购买行为？以什么方式付款？消费者对某汽车及其广告如何反应？消费者对这个品牌的汽车质量如何评价？如何服务才能满足顾客需要？如何与顾客进行交流沟通？如何提高用户满意度？

8. How much

消费者家庭收入多少？计划购买什么价位的汽车？顾客的每月娱乐花费多少？年支配资金多少？每月驾车出游多少次？什么价位的车畅销？市场占有率多高？

5.2 新车的价格

5.2.1 新车价格构成

1.我国汽车价格的构成

影响汽车价格的因素主要有两大类:企业的内部因素和外部因素。

1)企业的内部因素

企业的内部因素是指影响汽车价格的来自企业内部的因素,主要包括:

(1)汽车的设计。当企业决定开发一种新车型时,一般已明确了汽车的价格范围,因为产品的策略与市场策略是密不可分的,在设计汽车时,汽车将来的市场定位、消费群体及今后的销售价格区域基本上在这时已经确定下来。

(2)汽车的制造成本、费用。这是指汽车的生产成本、技术转让成本、管理费用和销售费用,是汽车价格构成的主体。在汽车的售价中,绝大部分都要用来补偿生产汽车所消耗的成本及经营费用,因此,汽车单位成本多少,经营费用的多少,也决定了汽车价格的范围。如果汽车的价格无法补偿其所消耗的成本费用,那么,这个产品也就失去生产的价值。

(3)企业的盈利目标和竞争力。企业经营的目标就是使企业的价值最大化,基于这个目标,企业在制定汽车的销售价格时要考虑盈利目标和营销策略,同时还要考虑本身产品的竞争能力,这两者是有关联的,企业经营策略影响产品的竞争力,产品竞争力强弱会影响企业的盈利目标和经营政策。

2)企业的外部因素

企业的外部因素是指来自企业外部的影响企业汽车价格的因素,这些因素主要包括:

(1)市场因素。市场因素指的是经济因素,如经济繁荣或衰退、产品的定位、同类产品的供求关系、竞争激烈程度等。

(2)竞争对手的情况。竞争对手的情况是指竞争对手的生产技术,产品的品质、种类,产品在市场上的占有率,同类产品的价格及价格策略、销售策略等。

(3)消费者的情况。消费者的情况是指消费者的消费习惯、消费心理、消费特点、消费能力、消费偏好,收入水平等。

2.进口车的价格构成

对于目前国内进口车的价格主要由 5 部分构成,即到岸价格、关税、消费税、增值税和经销商费用,其中,到岸价格由于涉及外汇汇率变化,因此并不是一定的。

一般的进口车价格计算公式为:

$$进口车基本价格 = 到岸价 \times (1 + 关税税率 + 消费税税率) \times$$
$$(1 + 增值税税率) + 经销商费用$$

按照这一计算公式,以一辆到岸价为 10 万元人民币、排量为 1.0 ~ 2.2L 的进口中级轿车为例,按照加入 WTO 前的关税水准,其销售价 = 10 万 × (1 + 80% + 5%) × (1 + 17%) + 其他费用,忽略经销商费用,则为 21.64 万元。实际上关税对进口车价格的影响也非常有限,如表 5-1 所示。

项　目	计　算　公　式	举例(万元)	
报关价	到岸价	以一辆报关价20万人民币计算	20
关税	应纳关税＝报关价×关税税率25%	20×25%＝5	5
消费税	应纳消费税＝(报关价＋关税)/ (1－消费税率)×12%	消费税＝(20＋5)/(1－12%)×12%＝3.4	3.4
增值税	应纳增值税＝(报关价＋关税＋ 消费税)×17%	增值税＝(20＋5＋3.4)×17%＝4.9	4.9
综合费用	通关费用		3
	商检费用		
	运输费用		
	银行费用		
	选装件费用		
	其他费用		
经销商利润			4
进口车国内销售价			40.3

5.2.2　影响新车价格的因素

价格是价值的货币表现形式,价格在表现价值上受到价值规律的制约,价格围绕价值上下波动。这是政治经济学里讲过的。在市场经济条件下,特别是由卖方市场向买方市场下转换时,汽车价格波动激烈,可能经常偏离价值。新车价格的构成要素生产成本、流通费用、税金和利润的变动都会影响汽车的价格,除此之外,影响新车价格波动的因素主要还有以下几个方面:

1. 汽车特质

所谓汽车特质,就是指汽车本身的品质特征,包括汽车的质量、性能、造型、配置、服务等内容,对消费者产生吸引力的往往就是汽车的特质。汽车特质一方面决定了汽车的研发与生产成本的高低,同时也在很大程度上影响了消费者的购买意向,所以,汽车特质是影响汽车价格的首要因素。

消费者购买汽车时往往首先关注的就是汽车品质。所以,汽车生产企业要根据选定的目标市场,根据目标客户的需求,推出相应特质的汽车产品,在此基础上,根据汽车特质给顾客带来的认知价值的高低,进行汽车产品价格的确定。

2. 市场需求

如图5-2所示,图中纵坐标为汽车价格,横坐标为市场需求量,从图中可以看出,汽车价格与需求量之间存在某种因果关系,即对于同一汽车产品,假设没有其他因素的影响,那么,汽车的价格越低,市场需求量就会越大。对于企业来说,在进行新车定价时,对于中高档汽车,可以维持较低产量,而实行较高的价格;而对于大众化的普及的经济型、紧凑型汽车则应该降低价格,扩大市场需求,提高销量,从而维持较高的市场占有率。如2008年北京国际车展上展出的布加迪豪华轿车凝聚着世界顶级的汽车设计理念和制造技术,以2500万元/辆的价格亮相仅 2 小时就接到了来自国内的第一笔订单。布加迪作为大众旗下的顶级豪华跑车品牌,始终保持着极低的产量,这也为其带来了极高的收藏价值,是各国权贵用来炫耀身份的御用座驾;而奇瑞 QQ 作为一款专为时尚人群打造的小车,采取较低的价格迅速打开市场,并占领市场,短短的 5 年时间就成为中国汽车工业史上最具影响力的汽车品牌之一。

3. 市场供给

从图 5-3 市场供给曲线可以看出,商品价格越高,市场供给的数量就越大,也就是说,价格升高,利润增加,企业自然就会增加供给。

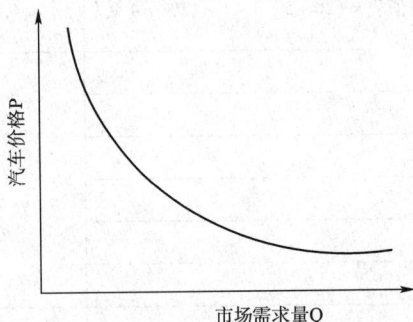

图 5-2 需求曲线　　　　　　　　　　　　图 5-3 供求曲线

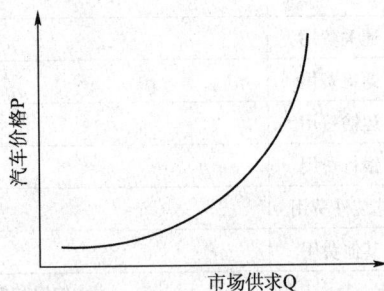

在汽车市场上,处在同一层次的汽车产品的定价往往会影响到汽车产量的变化。一般地,当汽车定价较高,利润空间较大,必然会吸引竞争对手进入同一竞争市场,供给增加;当汽车价格降低,利润降低,就会导致某些企业退出竞争市场。而汽车价格的高低,往往是竞争力强的企业定价自由度大,竞争力弱的企业只能追随定价,自由度较小。例如,在微型轿车市场上,主要品牌有天津夏利、吉利、奥拓等,其中夏利产品成熟,产量较大,主导着市场,所以,夏利的定价往往会影响吉利、奥拓等微型轿车的定价。

当然,市场供给量达到一定程度后,市场竞争激烈,又会导致汽车价格的下降,自进入 21 世纪,我国汽车价格大幅度下降就是例证。

4. 市场竞争环境

首先,从行业的竞争程度看,如果汽车行业垄断程度较高,汽车生产厂家就会减少供给,导致供不应求,使消费者选择的自由度小,汽车可以定以较高的价格,企业获取垄断利润;相反,如果汽车市场竞争程度较高,汽车同质化程度较大,市场供求趋于平衡,甚至供大于求,企业就必须根据自身的实力和市场策略来选择合适的价格策略。其次,现在的汽车市场竞争激烈,从市场上汽车价格的动态变化上看,竞争对手之间调整汽车价格是常有的事情。如果竞争对手调整汽车价格,要进行认真分析对手调价的目的以及调价后市场的反应,然后采取有针对性的多样化的顾客增值模式进行应对,防止盲目地跟随竞争对手进行价格调整,要化被动为主动。

5. 法律法规

为了维护国家利益、社会公共利益以及本国消费者的基本利益,维持正常的汽车市场秩序,保障国民经济的稳定发展,任何国家都制定了一系列的法律法规来规范汽车市场,这些法律法规都直接或间接地影响着汽车的价格。如国家为了对汽车进口进行有效控制。不同的时期规定了不同的进口汽车关税,影响着汽车价格水平;财政部、国家税务总局 2008 年 8

月 13 日发布通知,从 2008 年 9 月 1 日起调整汽车消费税政策,提高大排量乘用车的消费税税率,降低小排量乘用车的消费税税率,说明国家对汽车消费市场的政策导向;自 2009 年 1 月 1 日起实施的《成品油价税费改革方案》,降低了消费者的用车成本,小排量、经济型轿车更受消费者的青睐。

6. 社会经济环境

国际轿车市场发展历史表明:一个国家轿车市场的中长期发展趋势主要是由车价/人均 GDP 的比值决定的。当车价/人均 GDP 比值达到 2 ~ 3 时,轿车的普及率开始提高,轿车开始大规模进入家庭,轿车市场开始进入成长期。经济发展水平越高,发展速度越快,人们购买力越强,对汽车的价格敏感性越差,汽车企业定价的自由度越大,相反,企业的定价自由度就越小。

我国对私家车的消费一直采取宽松政策,中高档汽车的价格仍有下降的空间与压力,而"十一五"规划期间 GDP 的年均增长率为 85% ,可见车价/人均 GDP 比值将不断地向 3 接近,从而为轿车大量进入家庭提供了保证,参见图 5-4 我国近年车价/人均 GDP 的变化。

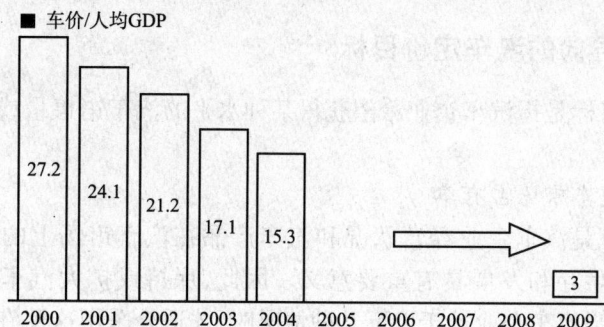

图 5-4　我国近年车价/人均 GDP 的变化

7. 汽车使用环境

汽车购买之后的车辆购置税、消费税、过路过桥费、停车费、燃油消费、汽车维修保养费用等都不同程度影响着汽车的消费结构,影响着人们的购买力,从而影响着企业对相应车辆的定价。

作为交通工具,汽车购买之后还需要有相应的道路及停车场等相关的配套设施。随着汽车保有量的增加,各大城市的道路交通压力越来越大,尤其在北京、上海等特大城市尤为严重,某些地方甚至出现汽车没有自行车快的现象,这些现象反过来会抑制汽车的消费,从而影响汽车的价格。

5.3　新车的定价目标

5.3.1　利润导向的汽车定价目标

汽车企业一般都把利润作为重要的汽车定价目标,这种目标主要有 3 种:

1. 以利润最大化为目标

以利润最大化为汽车定价目标,指的是汽车企业期望获取最大限度的销售利润。通常已成功地打开销路的中小企业,经常使用这种目标。追求利润最大化并不等于追求最高汽车价格。最大利润既有长期和短期之分,又有汽车企业全部汽车产品和单个汽车产品之别。

2. 以目标利润作为汽车定价目标

汽车企业把某项汽车产品或投资的目标利润水平规定为汽车销售额或投资额的一定百分比,即汽车销售利润或汽车投资利润率。汽车定价是在汽车成本的基础上加上目标利润。根据实现目标利润的要求,汽车企业要估算汽车按什么价格销售、销售多少才能达到目标利润。一般来说,预期汽车销售利润率或汽车投资利润率要明显高于银行存款利率。

以目标利润作为汽车定价目标的汽车企业,应具备以下两个条件:

(1)该汽车企业具有较强的实力,竞争力比较强,在汽车行业中处于领导地位;

(2)采用这种汽车定价目标的多为汽车新产品、汽车独家产品以及低价高质量的汽车产品。

3. 适当利润目标

有些汽车企业为了保全自己,减少市场风险,或者限于实力不足,以满足适当利润作为汽车定价目标,这种情况多见于处于市场追随者地位的中小汽车企业。

5.3.2 销售导向的汽车定价目标

这种汽车定价目标是指汽车企业希望获得某种水平的汽车销售量或汽车市场占有率而确定的目标。

1. 保持或扩大汽车市场占有率

汽车市场占有率是汽车企业经营状况和汽车产品在汽车市场上的竞争能力的直接反映,对于汽车企业的生存和发展具有重要意义。因此,保持或扩大汽车市场占有率非常重要。一般来讲,只有当汽车企业处于以下几种情况时,才适合采用这种汽车定价目标。

(1)采用进攻型经营策略的汽车企业;

(2)低价能阻止现有和可能出现的竞争者;

(3)汽车企业有雄厚的实力能承受低价所造成的经济损失;

(4)汽车成本随着生产量的增加呈现逐渐下降的趋势,而利润有逐渐上升的可能;

(5)该汽车的价格需求弹性较大,低价会促使汽车市场份额的扩大。

2. 增加汽车销售量

增加汽车销售量是指以增加、扩大现有汽车销售量为汽车的定价目标。这种方法一般适用汽车的价格需求弹性较大、生产能力过剩,只有降低价格,才能扩大销售,使单位固定成本降低、汽车企业总利润增加的情况。

5.3.3 市场竞争导向的汽车定价目标

这是指汽车企业主要注重竞争激烈的汽车市场上以应付或避免竞争为导向的汽车定价目标。在汽车市场竞争中,大多数竞争对手对汽车价格很敏感,在汽车定价以前一般要广泛收集市场信息,把自己生产的汽车的性能、质量和成本与竞争者的汽车进行比较,然后制定本企业的汽车价格。

通常采用的方法有:

①与竞争者同价;②高于竞争者的价格;③低于竞争者的价格。

汽车企业在遇到同行价格竞争时,常常会被迫采取相应对策。如:竞相降价,压倒对方;及时调价,价位对等;提高价格,树立威望。在现代市场竞争中,需要注重汽车质量、促销、分销和服务等方面,以巩固和扩大自己的汽车市场份额。

5.3.4　汽车质量导向的定价目标

汽车质量导向的定价目标是指汽车企业要在市场上树立汽车质量领先地位的目标,而在汽车价格上作出反映。优质优价是一般的市场供求准则,研究和开发优质汽车必然要支付较高的成本,自然要求以高的汽车价格得到回报。

从完善的汽车市场体系来看,高价格的汽车自然代表或反映着汽车的高性能、高质量及其优质服务。采取这一目标的汽车企业必须具备以下两个条件:一是高性能、高质量的汽车,二是提供优质的服务。

企业选择这一定价目标就是通过价格表现自己产品的定位,同时以价格来维护自己的信誉、维护用户的利益、维护社会公德和商业道德,树立企业的信誉和品牌形象。有的企业恪守"一分钱,一分货",产品质量不打折扣,如奔驰汽车的价格就是其质量和品位的象征。

5.3.5　汽车销售渠道导向的定价目标

对于那些需代销商销售汽车的汽车企业来说,保持汽车销售渠道畅通无阻,是保证汽车企业获得良好经营效果的重要条件之一。

为了使得销售渠道畅通,汽车企业必须研究汽车价格对代销商的影响,充分考虑代销商的利益,保证代销商有合理的利润,使代销商有较高的积极性去销售汽车。

在现代汽车市场经济中,代销商是现代汽车企业营销活动的延伸,对宣传推介汽车、提高汽车企业知名度具有十分重要的作用。汽车企业在激烈的汽车市场竞争中,有时为了保住完整的汽车销售渠道,促进汽车销售,不得不让利于代销商。

这几种定价目标不是孤立的,它们相互联系,互相渗透,你中有我,我中有你。企业的汽车定价目标往往是复合的,随着时间、市场竞争环境等因素的变化,企业采取的定价目标也会发生变化。

5.4　新车的定价方法

汽车定价方法是指汽车企业为了在目标市场上实现定价目标,而给汽车产品制定一个基本价格或浮动范围的方法。影响汽车价格的因素比较多,但在制定汽车价格时主要考虑汽车产品的成本、汽车市场的需求和竞争对手的价格等因素。一般来说,汽车产品的成本规定了汽车的最低价格,汽车市场的需求决定了汽车市场的价格弹性,竞争对手的价格提供了制定汽车价格时的参考点。在实际操作中,一般侧重于影响因素中的一个或几个因素来选定汽车定价方法,以解决汽车定价问题。由此产生了汽车成本导向定价法、汽车需求导向定价法和汽车竞争导向定价法等3种汽车定价方法。

5.4.1　成本导向定价法

汽车成本导向定价法就是以汽车成本、费用和税金为基础,加上一定的利润来制定汽车价格的方法。这是一种按汽车卖方意图定价的方法。以汽车成本为基础的定价方法主要有以下3种：

1.汽车成本加成定价法

汽车成本加成定价法是一种最简单的汽车定价方法，即在单辆汽车成本的基础上加上一定比例的预期利润作为汽车产品的售价。售价与成本之间的差额，就是利润。由于利润的多少是按一定比例反映的，这种比例习惯称为"几成"，所以这种方法称为成本加成定价法。

计算公式如下：

$$汽车价格 = \frac{单车成本 \times (1 + 利润成本)}{1 - 增值税}$$

$$成本利润率 = \frac{要求达到的总利润}{总成本} \times 100\%$$

汽车成本加成定价法的优点：

(1)能使汽车企业的全部成本得到补偿，并有一定的盈利，使得汽车企业的再生产能继续进行；

(2)有利于政府及有关部门通过规定成本利润率，对汽车企业的汽车价格进行监督；

(3)如果汽车行业都采用此法，就可以避免汽车企业价格竞争，保持市场的价格稳定。

汽车成本加成定价法的缺点：

(1)由于汽车成本加成定价法忽视了汽车市场的需求和竞争对手的价格，只反映了生产经营中的成本消耗，因此，根据这种方法制定的汽车价格必然缺乏对汽车市场供求关系变化的适应能力，不利于增强汽车企业的市场竞争力；

(2)汽车企业成本属于企业的个别成本，而不是正常生产合理经营下的社会成本，因此，有可能包含不正常、不合理的费用开支。

此定价法主要适用于汽车生产经营处于合理状态下的企业和供求大致平衡、成本较稳定的产品。

2.汽车加工成本定价法

汽车加工成本定价法是将汽车企业成本分为外购成本后分别进行处理，并根据汽车企业新增成本来加成定价的方法。对于外购成本，企业只垫付资金，只有企业内部生产过程中的新增成本才是企业自身的成本消耗。因此，按汽车企业内部新增成本的一定比例计算自身成本消耗和利润，按汽车企业新增价值部分缴纳增值税，使汽车价格中的盈利同汽车企业自身的成本消耗成正比，是汽车加工成本定价法的要求。其计算公式如下：

$$汽车价格 = 外购成本 + \frac{汽车加工新增成本 \times (1 + 汽车加工成本利润率)}{1 - 加工增值税率}$$

$$汽车加工成本利润率 = \frac{要求达到的总润率}{加工新增加成本总额} \times 100\%$$

$$加工增值税 = \frac{应缴纳增值税总金额}{销售总额 - 外购成本总额} \times 100\%$$

这种汽车加工成本定价法主要适用于加工型汽车企业和专业化协作的汽车企业。此方法既能补偿汽车企业的全部成本，又能使协作企业之间的利润分配和税收负担合理化，避免按汽车成本定价法形成的行业之间和协作企业之间利益不均。

3.汽车目标成本定价法

汽车目标成本定价法是指汽车企业以经过一定努力预期能够达到的目标成本为定价依据,加上一定的目标利润和应纳税金来制定汽车价格的方法。目标成本与定价时的实际成本不同,这是企业在充分考虑到未来市场环境变化的基础上,为实现企业的经营目标而制定的一种预期成本,一般都低于定价时的实际成本。其计算公式如下:

$$汽车价格 = \frac{汽车目标成本 \times (1 + 汽车目标成本利润率)}{1 - 加工增值税率}$$

$$汽车目标成本利润率 = \frac{要求达到的总利润}{目标成本 \times 目标产销量} \times 100\%$$

上述表明,汽车目标成本的确定要同时受到价格、税率和利润要求的多重制约,即汽车价格应确保市场能容纳目标产销量,扣税后销售总收入在补偿目标产销量计算的全部成本后能为汽车企业提供预期的利润。此外,汽车目标成本还要充分考虑原材料、工资等成本价格变化的因素。

汽车目标成本虽不是定价时的实际成本,但也不是主观臆造出来的,主要建立在对"量、本、利"关系进行科学测算的基础上。通常,企业成本可以划分为固定总成本和变动成本这两大类。小批量生产成本高的主要原因是固定总成本按产量分摊额减少,平均变动成本一般变化不大,并还可能由于工艺技术更熟悉而降低一些,于是就使单辆汽车成本大大降低。预期的成本降低便可将汽车价格制定到能吸引消费者的水平,从而为汽车打开销路。但是,并非汽车目标成本定得越低越好,因为要降低目标成本就必须增大目标产销量,如果接近一个汽车企业的生产能力极限,单辆汽车成本水平反而又会升高,因此汽车目标成本一般是在保本点直到设备利用率达到80%左右的产量区间内确定的。

汽车目标成本定价法是为谋求长远和总体利益服务的,较适用于经济实力雄厚、生产和经营有较大发展前途的汽车企业,尤其适用于新产品的定价。采用汽车目标成本定价法有助于汽车企业开拓市场,降低成本,提高设备利用率,从而提高汽车企业的经济效益。

5.4.2　需求导向定价法

汽车需求导向定价法是一种以需求为中心,汽车企业依据汽车消费者对汽车价值的理解和对汽车需求的差别来定价的方法。

1.对汽车价值的理解定价法

所谓对汽车价值的理解定价法,就是汽车企业按照汽车消费者对汽车价值理解来制定汽车价格,而不是根据汽车企业生产汽车的实际价值定价。对汽车价值的理解定价法同汽车在市场上的定位是相联系的。其方法是:

(1)先从汽车的质量、提供的服务等方面为汽车在目标市场上定价;

(2)决定汽车所能达到的售价;

(3)估计在此汽车价格下的销量;

(4)由汽车销量算出所需的汽车生产量、投资额及单辆汽车成本;

(5)计算该汽车是否能达到预期的利润,以此来确定该汽车价格是否合理,并可进一步判明该汽车在市场上的命运如何。

运用对汽车价值的理解定价法的关键是,要把自己的汽车产品与竞争者的汽车产品相比较,正确估计本企业的汽车产品在汽车消费者心目中的形象,找到比较准确的理解价值。因此,在汽车定价前应做好市场调研。

2. 对汽车需求的差别定价法

对汽车需求的差别定价法是根据对汽车需求方面的差别制定的价格。主要有如下情况:

(1)按汽车的不同目标消费者采取不同价格。因为同一商品对于不同消费者,其需求弹性不一样。有的消费者对价格敏感,适当给予优惠可以诱其购买,有的则不敏感,可以照价收款;

(2)按汽车的不同花色、样式确定不同价格。因为对同一品牌、同一规格汽车的不同花色、样式,消费者的偏好程度和需求量也会不同。因此,制定不同的价格,能够吸引不同需求的消费者;

(3)按汽车的不同销售时间采用不同价格。同一种汽车因销售时间不同,其需求量也不同,汽车企业可以据此制定不同的价格争取最大销售量。

总之,对汽车需求的差异定价法能反映汽车消费者对汽车需求的差别及变化,有助于提高汽车企业的市场占有率和增强其汽车产品的渗透率。但这种定价法不利于成交控制,且需求的差别不易精确估计。

5.4.3 竞争导向定价法

汽车竞争导向定价法是依据竞争者的价格定价,使本汽车企业的价格与竞争者价格相类似或保持一定的距离。这是一种汽车企业为了应对汽车市场竞争的需要而采取的特殊的定价方法。主要包括以下3种方法。

1. 随行就市定价法

随行就市定价法,即以同类汽车产品的平均价格作为汽车企业定价的基础。这种方法适合汽车企业既难于对顾客和竞争者的反应作出准确的估计,自己又难于另行定价时运用。在实践中,有些产品难以计算,采用随行就市一般可较准确地体现汽车价值和供求关系,保证能获得合理效益。同时,也有利于协调同行业的步调,融洽与竞争者的关系。

此外,采用随行就市定价法,其汽车产品的成本与利润要受同行业平均水平的制约。因此,企业只有努力降低成本,才能获得更多的利润。

2. 相关商品比价法

相关商品比价法,即以同类汽车产品中消费者认可某品牌汽车的价格作为依据,结合企业汽车产品与认可汽车的成本差率或质量差率来制定汽车价格。它有以下3种计算方式:

(1)当汽车商品与认可汽车相比,成本变化与质量变化方向程度大体相似时,可按成本变化,实行"按值论价":

$$汽车价格 = 认可汽车价格 \times (1 - 成本差率)$$

(2)当汽车产品与认可汽车相比,成本下降不多而质量下降较多时,则应严格执行"按

质论价"原则,实行低质廉价:

$$汽车价格 = 认可汽车价格 \times (1 - 质量差率)$$

采用这种定价法,由于价格常与认可汽车保持由信誉、质量和成本等方面的差别而形成一定的距离,因此,这是一种以避免竞争为主要意图的定价方法。

(3)当汽车产品与认可汽车相比,成本上升不多而质量有较大提高,可以根据"按值论价、优质优价"原则,结合考虑供求关系,在下列区域中定价:

$$汽车价格 \times (1 + 成本差率) < 汽车价格 \leqslant 认可汽车价格 \times (1 + 质量差率)$$

其中,质量差率要通过对汽车质量效用的综合评估而确定。

3. 竞争投标定价法

在汽车交易中,采用招标、投标的方式,由一个卖主(或买主)对两个以上并相互竞争的潜在买主(或卖主)出价(或要价),择优成交的定价方法,称为竞争投标定价法。其显著特点是招标方只有一个,处于相对垄断的地位;而投标方有多个,处于相互竞争的地位。能否成交的关键在于投标者的出价能否战胜所有竞争对手而中标,中标者与卖方(买方)签约成交。

此定价法主要用于政府采购汽车和处理走私罚没汽车。

5.5　新车的定价策略

新车的定价策略是指汽车生产企业通过市场调研,对顾客的需求和企业的生产成本以及市场竞争状况进行分析,从而选择一种能吸引顾客、实现营销组合的价格策略。

在市场营销活动中,汽车产品的价格不仅是汽车商品价值的负面表现形式,而且是随着市场需求、市场竞争状况的变化而变动的,在我国汽车市场竞争日益激烈的今天,定价策略成国内汽车企业重要的营销手段。

5.5.1　新车定价策略

1. 撇脂定价策略

所谓"撇脂定价法"(market-skimming pricing)又称高价法,即将产品的价格定得较高,尽可能在产品生命初期,在竞争者研制出相似的产品以前,尽快地收回投资,并且取得相当的利润。然后随着时间的推移,在逐步降低价格使新产品进入弹性大的市场。一般而言,对于全新产品、受专利保护的产品、需求的价格弹性小的产品、流行产品、未来市场形势难以测定的产品等,可以采用撇脂定价策略。又称撇油定价策略,是针对新上市车型的高价保利策略,指企业在汽车产品寿命周期的投入期或成长期利用消费者的求新、求奇心理,抓住激烈竞争尚未出现的有利时机,有目的将汽车价格定得很高,以便在短期内获取尽可能多的利润,尽快地收回投资的一种定价策略。其名称来自从鲜奶中撇取乳脂,含有提取精华之意。

1)采用撇脂策略的条件

采用撇脂策略应具备以下条件:

(1)型有足够多的购买者而且愿意接受较高的价格;

(2)新车型仿制困难使得竞争者难以迅速进入同一竞争市场;

(3)新车型与同类车型、替代产品相比具有较大的优势和不可替代的功能；

(4)新车型采取高价策略获得的利润足以补偿因高价造成需求减少所带来的销量损失。

2)撇脂定价策略的特点

撇脂定价策略的优点：新车刚投放市场，需求弹性小，暂时没有竞争者。因此，只要汽车产品有新意、质量过硬，就可以制定高价，满足一些消费者求新、求异的消费心理；由于价格较高，可以使企业在效短时期内取得较大利润；定价较高，又给以后降价活动留有一定空间，当竞争者大量进入市场时可以主动降价，提高竞争能力，同时，也符合价格由高到低的消费心理。

撇脂定价策略的缺点：新车刚上市，尚未树立市场声誉时，过高的价格往往不利于开拓市场，一旦销售遇阻，新产品就有夭折的风险；如果高价投放市场时销路旺盛，又很容易引来竞争者，导致竞争加剧。

3)撇脂定价策略的适用状况

撇脂定价策略一般适用于以下情况：

(1)企业研制开发的汽车新车型技术含量高、难度大、开发周期长；

(2)新车型市场需求较大，即使把价格定得很高，市场需求也不会大量减少；

(3)即使高价导致需求减少，也不至于抵消高价所带来的利益；

(4)企业为了树立产品性能高、质量优的高档品牌形象。

2. 渗透定价策略

这是一种汽车低价促销策略，也称渐取策略或低额定价策略，与撇脂策略截然相反，在新车型投放市场时，尽量把价格定得低一些，使消费者易于接受，采取保微利，通过薄利多销打开和占领市场。企业的目标不是争取短期更大利润，而是尽快争取最大可能的市场占有率。此策略的产品上市后以较低价格在市场上慢取利、广渗透，因此叫作渗透法策略。

1)采用渗透定价策略的条件

采用渗透定价策略的车型应具备以下条件：

(1)该车型的市场需求规模较大，具有强大的市场竞争潜力；

(2)该车型的需求价格弹性较大，稍微降低价格，需求量会大大增加；

(3)通过大批量生产能够降低生产成本。

2)渗透定价策略的特点

渗透定价策略的优点：一是可以利用较低价位迅速打开新车型的市场销路，占领市场，实现薄利多销，通过提高销售量来保证企业利润，也容易得到销售渠道成员的支持；二是采取低价低利，对阻止竞争对手的介入有很大的屏障作用，有利于控制市场。

渗透定价策略的缺点：由于定价过低，一旦市场占有率提高缓慢，投资的回收期较长；一旦渗透失利，企业就会一败涂地。有时低价还容易使消费者怀疑商品的质量保证。

3)渗透定价策略的适用状况

渗透定价策略一般适用于以下几种情况：

(1)新车型所采用的技术已经公开，或者易于仿制，竞争者容易进入该产品市场。利用低价可以排斥竞争者，占领市场；

(2)本公司上市的汽车新产品在市场上已有同类产品，但是，本公司比生产同类汽车产

品的企业拥有较大的生产能力,并且该产品的规模效益显著,通过规模生产降低成本和经营费用,提高效益;

(3)该类汽车产品市场供求基本平衡,市场需求对价格比较敏感,低价可以吸引顾客,刺激市场需求迅速增长,扩大市场份额。

撇脂定价策略和渗透定价策略各有利弊,在具体运用过程中,对于企业到底选择哪一种策略进行汽车定价更为合适,应根据市场需求、竞争情况、市场潜力、企业的生产能力和汽车成本等因素综合考虑,各种因素的特性及影响作用见表5-2。

汽车撇脂定价策略与渗透定价策略的选择标准　　　　　　表5-2

选择标准	撇脂定价策略	渗透定价策略	选择标准	撇脂定价策略	渗透定价策略
市场需求水平	高	低	消费者购买力水平	高	低
与同类车型的差别性	较大	不大	目标市场潜力	不大	大
价格需求弹性	小	大	汽车仿制的难易程度	难	易
企业提向生产能力的可能性	小	大	投资回收期长短	较短	较长

3. 满意定价策略

这是一种介于撇脂定价策略和渗透定价策略之间的汽车定价策略,所定的价格比撇脂价格低,比渗透价格要高,是一种中间价格。在新车上市后,企业本着适中原则,为产品制定一个不高不低的价格,兼顾厂商、中间商及消费者的利益,使顾客、同行及经销商都感到满意。满意定价策略比前两种定价策略的风险小,成功的可能性大,但也要根据市场需求、竞争情况等因素进行具体分析。

1)满意定价策略的特点

满意定价策略的优点:企业制定的汽车价格比较合理,既能让消费者愉快接受,又能保证企业从中获取合理利润,使买卖双方都感到满意。同时,满意价格制定得比较公平,因此上调下降的余地也比较大。

满意定价策略的缺点:比较保守,力求稳定,不适用于需求复杂多变或竞争激烈的市场环境。

2)满意定价与撇脂、渗透定价的区别

满意定价与撇脂、渗透定价的不同之处在于,满意定价的前提是市场竞争不很激烈,产品以保守的角色参与市场竞争,来获取应有的收益,没有很强的市场攻击性。而后二者的市场竞争优势都很明显,分别是质量领先与成本领先,同时是以市场抢占者的身份参与竞争,具有很强的市场攻击性,结果往往成为其目标市场上的领导者。

4. 按汽车产品生命周期定价策略

生命周期定价法就是借助汽车产品生命周期来帮助企业制定定价策略的定价方法。

无论汽车的品牌、造型等如何变化,市场总是逐渐演变的。一个车型从产生开始,逐渐被顾客接受,直至最后被更能满足顾客需求的新车型代替而步入死亡。在汽车产品市场生命周期的不同阶段,相关成本、购买者的价格敏感性和竞争者的行为是不断变化的。因此,汽车定价策略要适合时宜、有效,随市场变化而调整。

1)导入期

新车型在市场导入期,没有其他品牌的汽车可进行比较,大多数消费者习惯把汽车价格作为衡量其质量的标志,且对新车型的价格敏感性相对较低,但当不同的汽车产品进入市场时,消费者的反应差异是很大的。

2) 成长期

进入成长期后,产品的销售量开始迅速上升,利润达到最高点。促销的平均费用低于导入期的促销费用。竞争日趋激烈。消费者的注意力不再单纯地停留在汽车产品的效用上,开始比较不同汽车品牌的性价比,企业可以采取汽车产品差异化和成本领先的策略。一般来说,由于消费者对产品更加熟悉,价格敏感性提高,故成长期的汽车价格要比导入期的价格低。但对于那些对价格并不敏感的市场,不宜使用渗透定价。

尽管这一阶段竞争加剧,但整个汽车行业市场的扩张可以有效防止价格战的出现;然而,有时汽车企业为了赶走竞争者,也可能会展开价格战。如美、日、韩三国的汽车企业就是在美国汽车市场走向成长期时才爆发价格战的。

3) 成熟期

在产品成熟期,汽车销量达到最高点,而利润增长速度开始下降,因此,成熟期的汽车定价目标不是为了提高市场份额,而是尽可能地创造竞争优势,提高规模效益。此阶段不宜再使用捆绑式销售,否则会导致产品组合中一个或几个性能较好的汽车产品难以打开市场,但可以通过销售更有利可图的辅助产品或优质服务来稳固竞争地位。此时由于市场竞争进一步加剧,可以适当下调价格。实力雄厚的企业将处于价格主导地位,弱小企业则处于比较被动的地位,是价格的追随者。

4) 衰退期

进入衰退期后,产品销量迅速下降,价格已降到最低水平,企业利润微薄,因此,很多汽车企业选择降价销售。但是,此时降价往往不能刺激起足够的需求,结果反而降低了企业的盈利能力。衰退期的汽车定价目标不是赢得什么,而是在损失最小的情况下退出市场,或者是维护企业的竞争地位。有三种策略可供衰退期选择:紧缩策略(将资金紧缩到竞争力最强、生产能力最大的汽车生产线上)、收缩策略(通过汽车定价,获得最大现金收入,退出整个市场)和巩固策略(巩固竞争优势,通过降价打败弱小的竞争者,占领他们的市场)。

5.5.2　折扣和折让定价策略

在汽车市场营销中,企业为了竞争和实现经营战略,经常对汽车价格采取折扣和折让策略,直接或间接地降低汽车价格,以争取消费者,扩大汽车销量。灵活运用折扣和折让策略,可以提高企业经济效益。具体来说,常见的折扣和折让策略有以下几种:

1. 数量折扣

数量折扣一般用在与集团客户交易的过程中,是根据用户购买的汽车数量多少,分别给予不同的折扣。用户购买的汽车数量越多,折扣越大。其目的是鼓励客户大量购买,或集中向本企业购买。数量折扣分为累计数量折扣和非累计数量折扣。

累计数量折扣是指在一定时期内,用户购买汽车达到一定程度的数量或金额时,企业按总量(总额)给予一定折扣的优惠,目的在于使一些集团客户与汽车企业保持长期的合作,成为可信赖的长期客户,从而维持企业的市场占有率。

非累计数量折扣是指按每次购买汽车的数量多少给予用户一定的折扣优惠,其目的是鼓励顾客大批量购买,促进产品多销、快销,减少库存和资金占压。

数量折扣的促销作用非常明显,企业因单位产品利润减少而产生的损失完全可以从销量的增加中得到补偿。此外,销售速度的加快,使企业资金周转次数增加,流通费用下降,产品成本降低,从而导致企业总盈利水平上升。

运用数量折扣策略的难点是如何确定合适的折扣标准和折扣比例。如果享受折扣的数量标准定得太高,比例太低,则只有很少的顾客才能获得优待,绝大多数顾客将感到失望;购买数量标准过低,比例不合理,又起不到鼓励顾客购买和促进企业销售的作用。因此,企业应结合具体的汽车产品特点、销售目标、成本水平、企业资金利润率、需求规模、用户购买频率、竞争者的手段以及传统的行业惯例等因素来制定科学的折扣标准和比例。

2. 现金折扣

现金折扣是对在规定的时间内按约定提前付款或一次付清款项的顾客给予一定的优惠,目的是鼓励顾客尽早付款,以促进汽车企业的资金周转,降低销售费用,减少财务风险。

采用现金折扣一般要考虑三个因素:折扣比例;给予折扣的时间限制;付清全部贷款的期限。在西方国家,典型的付款期限折扣表示为"3/20,Net 60"。其含义是在成交后20天内付款,买者可以得到3%的折扣,超过20天,在60天内付款不予折扣,超过60天付款要加付利息。

由于现金折扣的前提是汽车的销售方式为分期付款,因此,有些企业采用附加风险费用、管理费用的方式,以避免可能发生的经营风险。同时,为了扩大销售,分期付款条件下顾客支付的货款总额不宜高于现款交易价太多,否则就起不到"折扣"促销的效果。

提供现金折扣等于降低价格,所以,企业在运用这种手段时要考虑该车型是否有足够的需求弹性,要确保能通过需求量的增加使企业获得足够利润。此外,由于我国的许多企业和消费者对现金折扣还不熟悉,运用这种手段的企业必须加强宣传,使潜在的顾客清楚自己将从中得到的实惠。

3. 季节折扣

季节折扣可以分为淡季折扣和旺季折扣。前者是指在汽车销售淡季时,厂家给购买者一定的价格优惠,目的在于鼓励经销商提前预定和消费者购买汽车,减少库存,节约管理费,加速资金周转。后者是指生产能力较大的企业在汽车销售旺季,进行价格促销,旨在提高市场占有率,巩固并增强竞争地位。

季节折扣比例的确定,应考虑成本、库存费用、基价和资金利息等因素。季节折扣有利于减少库存,加速商品流通,迅速收回资金,促进企业均衡生产,充分发挥生产和销售潜力,避免因季节需求变化所带来的市场风险。季节性折扣可以使企业合理安排生产,做到"淡季不淡,旺季更旺",充分发挥生产能力,季节性折扣实质上是季节差价的一种具体应用。

4. 运费让价

为了调动经销商的积极性,汽车生产企业对经销商的运输费用给予一定的补贴,支付一部分甚至全部运费。汽车运费让价一般不采用打折的方法,而采用回扣的方法。因为同样是降价,经销商在支出了很大的一笔费用以后能够收到回扣的感受比仅仅得到一种降价的产品要好一些。

5. 推广让价策略

推广让价是汽车生产企业对经销商积极开展促销活动所给予的一种补助或降价优惠,

又称推广津贴。经销商分布广,影响面大,熟悉当地市场状况,因此企业可以借助当地的经销商开展各种促销活动,如在当地媒体刊登广告、在当地市场进行小型新车展销会等。对经销商的促销费用,生产企业一般以发放津贴或降价供货作为补偿。

6. 交易折扣策略

交易折扣策略是汽车企业根据各个经销商在市场营销中担负的不同功能所给予的不同折扣,又称商业折扣或功能折扣。企业采取此策略的目的是为了扩大生产,争取更多的利润,或为了占领更广泛的市场,利用经销商努力推销产品。交易折扣的多少,随车型的不同而不同;相同的车型,又要看经销商所承担的商业责任的多少而定。如果经销商提供商品车的运输、促销、资金融通等功能,对其折扣就较多;否则,折扣将随功能的减少而减少。

5.5.3　心理定价策略

心理营销定价策略是针对消费者的不同消费心理,制定相应的商品价格,以满足不同类型消费者的需求的策略。每一品牌的汽车都能满足汽车消费者某一方面的需求,汽车价值与消费者的心理感受有着很大的关系。这为汽车心理定价策略的运用提供了空间,企业在定价时可以利用汽车消费者的心理因素,有意识地将汽车价格定得高或低,以满足消费者心理的、物质的和精神的多方面需求,通过消费者对汽车产品的偏爱或忠诚,引导消费者的消费理念,扩大市场销售量(销售额),从而获得最大效益。常见的心理定价策略如下:

1. 尾数定价策略

尾数定价又称零头定价,指企业利用汽车消费者求廉的心理,在新车定价时,不采用整数报价,而是有意采用带尾数的定价策略。这是一种具有强烈刺激作用的心理定价策略。带尾数的汽车价格给汽车消费者直观上一种便宜的感觉,消费者还会认为企业是经过了认真的成本核算才制定的价格,可以提高消费者对该定价的信任度,从而激起消费者的购买欲望。尾数定价策略一般适用于汽车档次较低的经济型汽车。

尾数定价法在欧美及我国常以奇数为尾数,如0.99,9.95等,这主要是因为消费者对奇数有好感,容易产生一种价格低廉,价格向下的概念。但由于"8"与"发"谐音,在定价中8的采用率也较高。

例如,2004年低端轿车市场竞争激烈,10月12日,吉利推出三款新车型:豪情亮星经济型,此款车型把配置简化到最低,同时也提供了一个能够与奥拓竞争的价格:2.9999万(给消费者的感觉是两万多而不是三万);豪情亮星舒适型,售价为3.1999万;豪情203A技术领先型,售价为3.9999万。

2. 整数定价策略

整数定价与尾数定价相反,针对的是消费者的求名、求方便心理,将商品价格有意定为整数,由于同档次车型产品,配置各有千秋,在交易中,消费者往往将价格作为判别产品质量、性能的指示器。

整数定价策略适用于:汽车档次较高、需求的价格弹性比较小、价格高低不会对需求产品较大影响的汽车产品。由于目前选购高档汽车的消费者都属于高收入阶层,自然会接受较高的整数价格。在高档汽车定价时,把汽车价格定成整数,凭借整数价格来给消费者造成高档消费品的印象,提高汽车品牌形象,满足汽车消费者的心理需求。

3. 声望定价策略

这是整数定价策略的进一步发展。消费者一般都有追求名望的心理。企业根据汽车产品在消费者心目中的声望、信任度和社会地位制定比市场同类车型的价格更高的一种定价策略。它能有效地消除购买心理障碍，使顾客对该汽车产品形成信任感和安全感，顾客也从中得到荣誉感。声望定价策略可以满足某些汽车消费者心里的特殊欲望，如地位、身份、财富、名望和自我形象等，还可以通过高价格彰显汽车的名贵优质。有报道称，在美国汽车市场上，质高价低的中国汽车通常竞争不过相对质次价高的韩国汽车，其原因就在于美国人眼中低价就意味着低档次。声望定价策略一般适用于知名度高、市场影响大的著名品牌的汽车。如德国的奔驰轿车，售价20万马克；数千万人民币一辆的布加迪轿车，巴黎时装中心的服装，一般售价2000法郎；我国的一些国产精品也多采用这种定价方式。当然，采用这种定价法必须慎重，若普通汽车滥用此法，搞不好便会失去市场。

4. 招徕(指的是招揽)定价策略

企业将某种型号的汽车产品价格定得非常高或非常低，以此引起消费者的好奇心理和观望行为，吸引消费者，从而带动其他车型的销售的汽车定价策略。如企业在某一时期推出某款车型降价出售，过段时间又换另一种车型降价，吸引顾客时常关注该企业的产品，促进降价产品的销售，同时带动其他正常价格的汽车产品的销售。招徕定价策略常为汽车超市、汽车专卖店所使用。

采用招徕定价策略时，须注意以下几点：

(1)降价的车型应是消费者比较关注的，否则没有吸引力；

(2)实行招徕定价的车型，品种规格要多，以便使顾客有较多的选购机会；

(3)降价车型的降价幅度要大，一般应接近成本甚至低于成本。只有这样，才能引起消费者的注意和兴趣，才能激起消费者的购买欲望；

(4)降价车型的数量要适当，若太多，企业亏损太大，太少则容易引起消费者的反感；

(5)企业不可采取有价无车的欺骗行为，否则，会引起消费者的抵触、反感情绪。

5. 分级定价策略

在定价时，把同品牌的车型分为几个等级，不同等级的车型，采用不同价格的一种汽车定价策略。这种定价策略能使消费者产生货真价实、按质论价的感觉，容易被消费者接受；另一方面，在同样的价格内消费者有选择的余地，成交机会较大。而且，这些不同等级的汽车若同时提价，对消费者的质价观冲击不会太大。企业在采用分级定价策略时应注意，产品等级的划分要适当，级差不能太大或太小，否则，起不到应有的效果。例如，款式差价定价方法就是一种分级定价策略。

5.5.4　针对汽车产品组合的定价策略

汽车产品组合是指一个企业所生产经营的全部汽车产品线和产品项目的组合。对于生产经营多种车型的企业来说，定价须着眼于整个产品组合的利润实现最大化，而不是追求单个车型的价格。

一个汽车企业往往会有多个系列的多种车型同时生产和销售，这些车型之间的需求和成本是相互联系的，相互之间又存在一定程度的"替代、竞争关系"，定价时应结合关联的产

品组合制定产品的价格系列,使产品组合的利润最大化。这种定价策略主要有以下两种情况:

1. 同系列汽车产品组合定价策略

也就是把一个企业生产的同一系列的车型作为一个产品组合来定价。为了吸引消费者,可以选定某一车型将其价格定得较低;同时又选定某一车型将其价格定得较高,在该系列汽车产品中充当品牌价格,以提高该系列汽车的品牌效应。

同系列汽车产品组合定价策略与分级定价策略有些相似,但前者更注重系列产品作为产品组合的整体化,强调产品组合中各汽车产品的内在关联性。

2. 附带选装配置的汽车产品组合定价策略

这种定价策略是指汽车产品的配置可以由用户进行某些选择时,把汽车产品与可供选装的配置看作产品组合来定价。这种情况在汽车经销企业中应用较多。企业首先要确定产品组合中应包含的可选装的配置,其次再对汽车及选装配置进行合理的定价。

5.6　新车评估系统介绍

全世界每年由于汽车事故造成的人员伤亡、财物损失极大,由此,各发达国家都对汽车的碰撞安全制定了严格的要求,并且制定了相应的法规。世界各国基本上都是以汽车碰撞实验作为汽车安全性能的评价指标,这些指标的高低可以帮助消费者了解欲购车辆的安全性。

NCAP 是英文 New Car Assessment Program 的缩写,即新车安全评价规程,考验汽车安全性能的一系列碰撞测试。它是一个行业性组织,定期将企业送来或者市场上出现的新车进行碰撞试验,它规定的实车碰撞速度往往比政府制定的安全法规的碰撞速度要高。从而在更严重的碰撞环境下评价车内乘员的伤害程度,根据头部、胸部、腿部等主要部位的伤害程度将试验车的安全性进行分级。尽管 NCAP 不是政府强制性试验,但由于它代表性广泛,标准科学,试验严格,组织公正,直接面向消费者公布试验结果,通过碰撞测试向消费者表示什么汽车是安全的或是最安全的,为消费者所关注,各大汽车企业也都非常重视 NCAP,把它作为汽车开发的重要评估依据,在 NCAP 试验中取得良好成绩的厂家,也将试验结果作为产品推广的宣传内容。出于各国 NCAP 结论的权威性都远高于政府安全法规,保险公司也将NCAP 结论作为制定不同车辆保费的主要依据。

严格的试验条件是保证评价结果客观准确的重要前提,因此,国外 NCAP 试验室普遍都具备高水平的测试设备和专业能力。但是,各国 NCAP 在组织实施方式、试验规程和评分方法上有明显不同,这与各国在法规体系、道路交通事故统计和车辆状况等方面存在的差异密切相关。

5.6.1　国外 NCAP 介绍

1. Euro NCAP

欧洲作为全球汽车制造领域最具实力的地区,不仅拥有最多的汽车生产企业,也有着最为成熟完善的消费环境。Euro NCAP 的全称是 Euro New Car Assessment Programme(欧盟新车安全评价规程),它始创于1997年,宗旨是检验欧洲各国市场上销售的各类车型在安全性方面的表现,为消费者提供真实可信的参考信息。

Euro NCAP由欧洲5个国家的政府倡导,组织成员来自法国、德国、荷兰、瑞典、西班牙、英国等,并得到国际汽车联合会FIA、德国赛车协ADAC等汽车运动组织的协助。除定期对市场销售的车型进行撞击测试并公布结果外,NCAP还会对在现实中发生的交通事故以及伤亡数据作统计分析,向汽车生产企业提供指导和改进建议,这项工作主要由瑞典国家安全局(SNRA)和安全顾问评级委员会(SARAC)负责。

欧洲NCAP的碰撞测试有两个基本项目,即正面碰撞和侧面碰撞。正面碰撞速度为64km/h,侧面碰撞速度为50km/h。在做车辆碰撞测试时邀请生产企业直接参与以示公正性,还允许其产品有两次碰撞机会,当厂家获知初次碰撞结果不理想时,会对产品进行改进或安装安全装置,再进行第二次碰撞,以获得最好的成绩为准。

评分标准说明:NCAP的碰撞测试成绩通过星级(★)表示,共有五个星级,星级越高表示该车的碰撞安全性能越好,达到33分以上为最高安全等级。

★★★★★称为五星级,分数33~40分,表示乘员严重伤害的概率小于或等于10%;

★★★★称为四星级,分数25~32分,表示乘员严重伤害的概率为11%~20%;

★★★称为三星级,分数17~24分,表示乘员严重伤害的概率为21%~35%;

★★称为二星级,分数9~16分,表示乘员严重伤害的概率为36%~45%;

★称为一星级,分数1~8分,表示乘员严重伤害的概率等于或大于46%。

同时,汽车碰撞试验不但是检验对车上乘员的安全保护程度,也要检验车辆对行人的安全保护程度。因此近年NCAP也将汽车对行人保护程度划分为4星级:★★★★分数为28~36分,★★★分数为19~27分,★★含分数为10~18分,★分数为1~9分。

当然,上述这种分级只对同质量等级的车型之间进行比较才有效,因此NCAP评价的前提必须是同质量等级的汽车之间碰撞安全性能的比较,不同质量等级的汽车之间进行碰撞安全性能比较是无意义的。

Euro NCAP是独立于汽车公司与政府的组织,欧盟汽车协会对新车安全评价采用的一个规程,是世界上最严格的车辆安全评价规程之一。该规程与政府安全法规有以下区别:

(1)政府安全法规是定性的结论,即只有合格与不合格的结论。而Euro NCAP通过评分的方式,将车辆的安全性评为五等,即便是处于同一档次,其分数也有高低,因此是定量的、比较性的评价;

(2)政府安全法规试验过程与结论都是不公开的,Euro NCAP包括试验过程在内的评价全过程都是向公众开放的、公正透明的,其结论也必须定期公布。

2. 美国的NCAP

美国主要存在有NHTSA NCAP碰撞测试和IIHS NCAP碰撞测试两种测试。具有政府背景的NHTSA(National Highway Traffic Safety Administration,美国高速公路安全管理局)碰撞测试作为市场推入标准的碰撞测试,其目的是为了保障基本的碰撞安全性,试验合格就可以上市销售。NHTSA NCAP碰撞测试从20世纪70年代开始实施,由56km/h 100%正面重叠碰撞测试、61km/h 27°夹角侧面碰撞测试和侧翻几率测试三项组成。

1995年,主要由北美各大保险公司注资的IIHS(Insurance Institute for Highway Safety,高

速公路安全保险协会）作为非盈利性独立的检测机构进行的 NCAP 碰撞测试则采取比政府更高的标准，就是 64km/h 40% 正面重叠碰撞试验和 50km/h 侧面碰撞试验。IIHS NCAP 坚持客观公正的原则，对市场上的汽车产品进行高标准和高区分度的测试，向消费者和保险公司提供负责的结果报告。他们属于不同的评价体系，前者是底线和门槛，后者则是指导用户消费的标准。

美国的碰撞测试与欧洲稍有不同，其碰撞的车速稍慢，而其评估指标则分为正面碰撞中司机和乘客保护、侧面碰撞中司机和乘客保护，以及滚翻事故中乘员保护等 5 项，但与欧洲方面的碰撞测试没有本质的区别。

3. 日本的 J—NCAP

NCAP 在日本被称为"汽车安全性评估"，也有人叫作 J—NCAP，全部的新车都要进行安全标准的汽车认证测试，这项标准被严格地实施。与欧美国家不同，日本政府并没有针对汽车安全性评价的法律规定，日本新车碰撞测试方法（J—NCAP）及评价标准是由国家出资，由日本国土交通省、汽车事故对策机构、汽车行业专家以及消费者代表四方组成的汽车测试评价讨论会来确定的。

对使用者而言选择更加安全的车，这个标准就成为了一个可信度较高的信息，而且可以促使汽车生产制造厂商对车辆进行提高安全性的改进工作。在试验细则方面，由于日本汽车产品多数都要出口欧美市场，因此日本汽车碰撞试验很大程度上借鉴了欧美标准。

J—NCAP 由对新车的安全性能的 3 个碰撞测试和制动性能测试，从 2004 年引进了"行人安全性"的评价体系，考量对行人头部的保护性能，共由 5 个测试项目构成，商用车部门的测试也从 2004 年启动。

（1）正面完全碰撞：把测试车的前面全部与墙壁碰撞，J—NCAP 的规定是 55km/h 正面碰撞，用驾驶座位和乘客座位坐了的实验用假人受到碰撞时受到伤害的程度作为评价依据。在正面碰撞项目中，日本有两种碰撞形式，100% 重叠率的刚性壁障和 40% 重叠率的可变形壁障。兼顾美国和欧洲的两种形态的正面碰撞，即 100% 重叠率的刚性壁障碰撞和 40% 重叠率的可变形壁障碰撞。100% 刚性壁障的碰撞速度是 55km/h；40% 可变形壁障的碰撞速度是 64km/h。

（2）正面交错碰撞：测试车前面的一部分撞上障碍物，J—NCAP 规定以 64km/h 使驾驶座位侧面撞向占车体 4 成宽度的障碍物上。

（3）侧面碰撞：是将测试车静止，用一台碰撞车撞击测试车的驾驶座位侧面，J—NCAP 用的碰撞车重量为 950kg（以日本小型车 1300cc 排量的平均重量为标准），以 55km/h 进行碰撞。结果则由驾驶座位专用的实验用途假人受伤害程度作为测量标准。在侧面碰撞方面，欧美之间在试验形态和试验用假人等方面尚未达到一致，日本更多参考欧洲法规。

（4）制动性能测试：100km/h 直线行驶的汽车采取紧急制动，测试其制动距离。分别在干燥路面和湿滑路面进行，温度条件分别是干燥路面 35.0 ± 10.0℃ 和湿润路面 27.0 ± 5.0℃，记录从踩制动踏板之后到停止之前的距离。

（5）行人保护是 J—NCAP 一个独立的评价项目，目前只有欧洲和日本有。J-NCAP 的行人保护与欧洲的试验方法略有不同。日本儿童和成人的碰撞速度与角度（行人撞击发动机盖），都是考虑了日本本国居民的情况下设定的。测试时，以 35km/h 将假人头部撞击到车的某个部位,测量其伤害值,假想成以44km/h的速度和行人撞上的情况。

日本碰撞成绩也是采取5星标准,把大多数车辆都能取得的点数作为基础分1星,超过基础分的部分均等分割,分成5个星级。

5.6.2　我国的 C—NCAP

1. C—NCAP 简介

中国汽车技术研究中心在深入研究和分析国外NCAP的基础上,结合我国的汽车标准法规、道路交通实际情况和车型特征,并进行广泛的国内外技术交流和实际试验确定了C—NCAP的试验和评分规则。与我国现有汽车正面和侧面碰撞的强制性国家标准相比,不仅增加了偏置正面碰撞试验,还在两种正面碰撞试验中在第二排座椅增加假人放置,以及更为细致严格的测试项目,技术要求也非常全面。C—NCAP对试验假人及传感器的标定、测试设备、试验环境条件、试验车辆状态调整和试验过程控制的规定都要比国家标准更为严谨和苛刻,与国际水平一致。今后,C—NCAP还将随着技术的发展进行完善。

C—NCAP是将在市场上购买的新车型按照比我国现有强制性标准更严格和更全面的要求进行碰撞安全性能测试,评价结果按星级划分并公开发布,旨在给予消费者系统、客观的车辆信息,促进企业按照更高的安全标准开发和生产,从而有效地减少道路交通事故的伤害及损失。C—NCAP要求对每种车型进行车辆速度50km/h与刚性固定壁障100%重叠率的正面碰撞、车辆速度56km/h对可变形壁障40%重叠率的正面偏置碰撞、可变形移动壁障速度50km/h与车辆的侧面碰撞等三种碰撞试验,根据试验数据计算各项试验得分和总分,由总分多少确定星级。评分规则非常细致严格,最高得分为51分,星级最低为1星级,最高为5+。

2. C—NCAP 评价方法

1) 燃料消耗量评价

(1) 燃料消耗量试验要求。

按照C—NCAP试验程序要求,每车型共进行三辆车的试验,每辆车进行一次试验。试验前,车辆不进行磨合。具备四轮驱动能力的车辆,在四轮驱动模式下进行试验。如果生产厂家规定四轮驱动模式仅用于低速行驶,四轮驱动模式达不到试验循环最高车速,可使用两轮驱动模式试验。试验结果分为市区循环、市郊循环两部分。

(2) 评价。

发布三辆车市区循环燃料消耗量的平均值、市郊循环燃料消耗量的平均值,并给出按照市区和市郊里程分布来计算燃料消耗量参考值的方法和示例。

(3) 计算方法。

按照下述公式计算市区循环和市郊循环的燃料消耗量。

对于装汽油机的车辆:

$$FC = \frac{0.1154}{D}[(0.866 \times HC) + (0.429 \times CO) + (0.273 \times CO_2)]$$

对于装柴油机的车辆:

$$FC = \frac{0.1155}{D}[(0.866 \times HC) + (0.429 \times CO) + (0.273 \times CO_2)]$$

式中：FC——燃料消耗量，L/100km；

  D——15℃下试验燃料的密度，kg/L；

  HC——测得的碳氢排放量，g/km；

  CO——测得的一氧化碳排放量，g/km；

  CO_2——测得的二氧化碳排放量，g/km。

按照下述公式计算燃料消耗量参考值：

$$FE_{参考值} = \overline{FE}_{市区循环} \times \gamma + \overline{FE}_{市郊循环} \times (1-\gamma)$$

式中：$FE_{参考值}$——经过加权计算的燃料消耗量参考值，L/100km；

  $\overline{FE}_{市区循环}$——三辆车市区循环平均燃料消耗量，L/100km；

  $\overline{FE}_{市郊循环}$——三辆车市郊循环平均燃料消耗量，L/100km；

  γ——市区燃料消耗量的加权系数：

  $1-\gamma$——市郊燃料消耗量的加权系数。

C—NCAP 取 $\gamma = 0.7$ 作为计算燃料消耗量参考值的示例。

2）碰撞试验评价

（1）试验项目。

①正面100%重叠刚性壁障碰撞试验。试验按照 C—NCAP 试验程序进行，试验车辆100%重叠正面冲击固定刚性壁障，壁障上附以20mm 厚胶合板。碰撞速度为 50～51km/h（试验速度不得低于50km/h）。试验车辆到达壁障的路线在横向任一方向偏离理论轨迹均不得超过 150mm。在前排驾驶员和乘员位置分别放置一个 Hybrid Ⅲ型第50百分位男性假人，用以测量前排人员受伤害情况。在第二排座椅最左侧座位上放置一个 Hybrid Ⅲ型第5百分位女性假人，最右侧座位上放置一个 P 系列3岁儿童假人，用以考核乘员约束系统的性能及对儿童乘员的保护，暂不对第二排假人伤害指数进行评价，但利用儿童假人头部指标作为判断儿童座椅固定方式是否失效的依据之一。若车辆第二排座椅 ISOFIX 固定点仅设置于左侧，可以将女性假人放置的位置与儿童约束系统及儿童假人调换。

②正面40%重叠可变形壁障碰撞试验。试验按照 C—NCAP 试验程序进行，试验车辆40%重叠正面冲击固定可变形壁障。碰撞速度为 56～57km/h（试验速度不得低于56km/h），偏置碰撞车辆与可变形壁障碰撞重叠宽度应在40%车宽 ±20mm 的范围内。在前排驾驶员和乘员位置分别放置一个 Hybrid Ⅲ型第50百分位男性假人，用以测量前排人员受伤害情况。在第二排座椅最左侧座位上放置一个 Hybrid Ⅲ型第5百分位女性假人，使用时该假人需佩戴安全带，用以考核该约束系统功能。暂不对该假人伤害指数进行评价，在试验中需测量 A 柱、转向管柱和踏板变形量。

③可变形移动壁障侧面碰撞试验。试验按照 C—NCAP 试验程序进行，在移动台车前端加装可变形蜂窝铝，移动壁障行驶方向与试验车辆垂直，移动壁障中心线对准试验车辆 R 点，碰撞速度为 50～51km/h（试验速度不得低于50km/h）。移动壁障的纵向中垂面与试验车辆上通过碰撞侧前排座椅 R 点（车辆 R 点是通过移动式三坐标仪进行测量的。三坐标仪需要在一个特定的平面上建立坐标系，坐标系各轴方向与车身坐标系相同）的横断垂面之间的距离应在 ±25mm 内。在驾驶员位置放置一个 EuroSID Ⅱ型假人，用以测量驾驶员位置受伤害情况。在第二排座椅被撞击侧放置 SID—IIs（D 版）假人并使用安全带，用以考核乘员

约束系统的性能及对第二排乘员的保护。暂不对该假人伤害指数进行评价。

（2）试验评分原则。

①正面100%重叠刚性壁障碰撞试验总体评分。在这项试验中，可以得到的最高分数为16分，评分部位为假人的头部、颈部、胸部、大腿部和小腿部，每个部位最高得分分别为5分、2分、5分、2分和2分。具体分值参见表5-3正面100%重叠刚性壁障碰撞试验总体评分原则。

正面100%重叠刚性壁障碰撞试验总体评分原则　　表5-3

部位	部位罚分项	得分	总分
头部	对于驾驶员侧假人，若转向管柱产生向上位移量，则其头部得分应被修正，修正值为0~-1。	0~5	
颈部	/	0~2	
胸部	对于驾驶员侧假人，若转向管柱产生向后位移量，则其胸部得分应被修正，修正值为0~-1	0~5	
大腿	/	0~2	
小腿	/	0~2	
总体罚分项	对于两侧的每一个车门，若在碰撞过程中开启，则分别减去1分		0~16
	对于前排驾驶员侧和乘员侧的安全带，若在试验过程中失效*，则分别减去1分		
	将假人从约束系统中解脱时，如果发生了锁止且通过在松脱装置上施加超过60N的压力仍未解除锁止，则分别减去1分	总体罚分最高限定4分	
	若第二排假人及儿童约束系统固定方式（包括成人用安全带或ISOFIX固定装置）失效**，则减去1分		
	试验后，对应于每排座位，若有门且在不使用工具的前提下，两侧车门均不能打开，则该排对应减去1分		
	碰撞试验后，若燃油供给系统存在液体连续泄漏且在碰撞后5min平均泄漏速率超过30g/min，则减去2分		

注*：成人安全带失效是指安全带和约束系统出现下列情形之一：

　　a.安全带织带断裂；

　　b.安全带带扣、调节装置、连接件之一出现断裂和脱开；

　　c.卷收器未能正常工作；

　　d.有乘员下潜现象出现（submarine effect）。

＊＊：儿童约束系统固定装置失效是指出现下列情形之一：

　　a.用于固定儿童约束系统的成人安全带出现上述*中a~c所述的失效；

　　b.用于固定儿童约束系统的ISOFIX装置出现断裂和脱开；

　　c.用成人安全带固定儿童约束系统和用ISOFIX装置固定儿童约束系统时，由于成人安全带或ISOFIX装置的原因而导致儿童假人头部与车辆内部有接触，并且儿童假人的头部3ms合成加速度值超过72g。

评分以驾驶员侧假人的伤害指数为基础，只有当乘员侧假人相应部位的得分低于驾驶员侧假人相应部位的得分时，才采用乘员侧相应部位得分来代替。对于每个假人，基本的评分原则是：设定高性能指标限值和低性能指标限值，分别对应每个部位的最高得分和0分；

若同一部位存在多个评价指标,则采用其中的最低得分来代表该部位的得分;所有单项得分保留到小数点后两位。

②正面40%重叠可变形壁障碰撞试验总体评分。在这项试验中,可以得到的最高分数为16分,按照试验假人身体区域被分成4组,每组最高得分均为4分。具体分组为:

第1组:头、颈;

第2组:胸;

第3组:膝盖、大腿、骨盆;

第4组:小腿、脚及脚踝。

评分标准以驾驶员侧假人的伤害指数为基础,只有当乘员侧假人相应部位的得分低于驾驶员侧假人相应部位的得分时,才采用乘员侧相应部位得分来代替。对于每个假人,基本的评分原则是:对于每个指标,设定高性能指标限值和低性能指标限值,分别对应每个部位的最高得分4分和0分;若同一组中存在多个身体部位的评分,则采用其中的最低得分部位来代表该组的得分;若同一部位存在多个评价指标,则采用其中的最低得分来代表该部位的得分;所有单项得分保留到小数点后两位。正面40%重叠可变形壁障碰撞试验总体评分原则见表5-4。

正面40%重量可变形壁障碰撞试验总体评分原则 表5-4

组号	部位	部位罚分项	得分	总分
第一组	头、颈	对于驾驶员侧假人,若转向管柱向上位移量过大,则其头部得分应被修正,修正值为0～-1	0～4	
第二组	胸部	对于驾驶员侧假人,若A柱向后位移量过大以及转向管柱向后位移量过大,则其胸部得分应被修正,修正值为0～-2和0～-1	0～4	
第三组	膝、大腿及骨盆	/	0～4	
第四组	小腿、脚及脚踝	对于驾驶员侧假人,若踏板向后和向上位移量过大,则其得分应被修正,修正值分别为0～-1	0～4	
总体罚分项		对于两侧的每一个车门,若在碰撞过程中开启,则分别减去1分	总体罚分最高限定4分	0～16
		对于前排驾驶员侧和乘员侧以及第二排假人所放置座位的安全带,若在试验过程中失效,则分别减去1分		
		将假人从约束系统中解脱时,如果发生了锁止且通过在松脱装置上施加超过60N的压力仍未解除锁止,则分别减去1分		
		试验后,对应于每排座位,若有门且在不使用工具的前提下,两侧车门均不能打开,则该排对应减去1分		
		碰撞试验后,若燃油供给系统存在液体连续泄漏且在碰撞后前5min平均泄漏速率超过30g/min,则减去2分		

③可变形移动壁障侧面碰撞试验总体评分。在这项试验中,最高可以得到的分数为 16 分,评分部位为头部、胸部、腹部和骨盆,每个部位最高得分均为 4 分。基本的评分原则是:设定高性能指标限值和低性能指标限值,分别对应每个部位的最高得分 4 分和 0 分;若同一部位存在多个评价指标,则采用其中的最低得分来代表该部位的得分;所有单项得分保留到小数点后两位,具体评分原则见表 5-5。

可变形移动壁障侧面碰撞试验的总体评分原则表   表 5-5

部位	部位罚分项	得分	总分
头部	/	0 ~ 4	
胸部	(1)若背板力 F_y 值过大,则胸部得分应被修正,修正值为 0 ~ -2 (2)若 T_{12} 的 F_y 和 M_x 值过大,则胸部得分应被修正,修正值为 0 ~ -2	0 ~ 4	0 ~ 16
腹部	/	0 ~ 4	
骨盆	/	0 ~ 4	
总体罚分项	对于两侧的每一个车门,若在碰撞过程中开启,则分别减 1 分	总体罚分最高限定 4 分	
	对于前排驾驶员侧及第二排假人所放置位置的安全带,若在试验过程中失效,则分别减去 1 分		
	碰撞试验后,若燃油供给系统存在液体连续泄漏且在碰撞后前 5min 平均泄漏速率超过 30g/min,则减去 2 分		

(3)加分项。总体最高加分为 3 分。

①安全带提醒装置。对于配置有安全带提醒装置的车辆,可得到加分,这项目最高加分为 1 分。

对于驾驶员位置:该位置安全带提醒装置信号必须包含听觉信号形式,若驾驶员未佩戴安全带,则听觉信号在下列条件之一时必须被激活:

a. 车辆已发生向前运动 60s;

b. 车辆已发生向前运动 500m;

c. 车辆的向前行驶速度已超过 25km/h。

若驾驶员位置安全带提醒装置满足上述要求,则可得 0.5 分加分,否则不加分。

对于前排乘员位置:若前排乘员位置上有安全带提醒装置(对提醒信号形式无要求),并且该位置同时具有座椅使用状态监测功能(即:若该座椅未被使用,则该位置的安全带提醒装置应自动处于失效状态),则相应得到 0.5 分加分。

②侧面安全气囊和气帘。对于配置有侧面安全气囊和气帘的车辆,若该气囊和气帘在可变形移动壁障侧面碰撞试验中能正常展开,则可得 1 分加分。

③ISOFIX 固定装置。对于配置有 ISOFIX 固定装置的车辆(车辆上必须有两组 ISOFIX 固定装置,且其中一组位于后排),若该装置在正面 100% 重叠刚性壁障试验中未失效,则可得 1 分加分。

3)得分与星级评价

将三项试验得分及加分项得分求和并四舍五入保留到小数点后一位,记为总分。在 C—NCAP 中最高得分为 51 分,为达到相应星级,试验总分必须满足下面的总分评价原则:

首先根据总分,按照以下星级评分标准对试验车辆进行星级评价。

总　分	星　级
≥50分	5＋（★★★★★☆）
≥45且＜50分	5（★★★★★）
≥40且＜45分	4（★★★★★）
≥30且＜40分	3（★★★）
≥15且＜30分	2（★★）
＜15分	1（★）

其次,对于根据总分评价出的5星级车和4星级车,还必须分别满足下列条件:

对于5星级车,在三项试验中,假人的特定部位不能为0分,否则该车将被降为4星级车。在正面100%重叠刚性壁障碰撞试验和正面40%重叠可变形壁障碰撞试验中,特定部位为头部、颈部和胸部;在可变形移动壁障侧面碰撞试验中,特定部位为头部、胸部、腹部和骨盆。

对于4星级车,在三项试验中,每项试验的得分不能低于10分,否则该车将被降为3星级车。

例如:某车的总得分为47分,按照总分,该车可评定为5星级车,但在正面100%重叠刚性壁障碰撞试验中,假人胸部得分为0分,则该车的最终评定只能为4星级。

又如:某车的总得分为41分,按照总分,该车可评定为4星级车,但在正面40%重叠可变形壁障碰撞试验中的得分仅为9分,则该车的最终评定只能为3星级。

本 章 小 结

本章中主要讲解汽车评估的相关问题,主要包括新上市车(简称新车)评估、非新车(包括在用车和二手车)评估两大类。二手车评估主要是考虑车辆的折旧、碰撞损失等因素,但是新车的评估主要是考虑企业对新车的市场定位以及消费者对新车的认知程度,在新车制造成本的基础上决定新车的市场定价或市场估价。

复习与思考题

1. 我国消费者常见的汽车购买动机有哪些? 如何识别?

2. 汽车价格主要由哪几部分组成?

3. 汽车企业可以选择的汽车定价目标有哪些? 如何选择?

4. 汽车企业常用的汽车定价方法有哪些? 如何选择?

5. 汽车企业常用的定价策略有哪些? 如何选择?

6. 什么是NCAP? 什么是C—NCAP?

7. 各国的NCAP标准有什么区别?

拓展知识点

张金换,杜汇良,马春生.汽车碰撞安全性设计[M].北京:清华大学出版社,2010.

学习资源

李杰,广州凌凯汽车资料编写组.汽车营销[M].北京:北京理工大学出版社,2011.

第6章 事故车辆损失评估

教学目标

1. 理解事故车损失的评估原则与步骤、易损零部件修与换的原则;

2. 掌握碰撞损伤的诊断与测量、汽车碰撞损失项目确定、工时费、涂饰费的确定、材料价格、修复价值和残值;

3. 知道汽车水灾损失分析、汽车火灾损失分析。

教学要点

知识要点	掌握程度	相关知识
事故车辆损失评估概述	理解	事故车损失的评估原则与步骤、依据、基本工具、注意事项
碰撞损伤的诊断与测量	掌握	车辆碰撞损伤影响因素、区位检查、目测检查、测量检查
易损零部件修与换的原则	理解	承载式车身结构钣金件、非结构钣金件、塑料件、机械类零件、电器件、橡胶及纺织品、易损零部件的修与换
汽车碰撞损失项目确定	掌握	发动机、底盘、车身及附件碰撞损失的确定
汽车水灾、火灾损失分析	知道	汽车水灾损失影响因素、火灾的分类、评估步骤、损失评估
工时费、涂饰费的确定	掌握	工时费、涂饰费的确定
材料价格、修复价值和残值	掌握	材料价格、修复价值和残值

6.1 事故车辆损失评估概述

对事故车损失的评估关系到车主、保险公司以及维修厂等多方利益。汽车评估人员对出险车辆的损失评估,既要考虑保险公司的经济效益,也要考虑事故车辆修复后能否基本恢复其原有性能,也就是说,汽车评估人员必须能够准确、合理地对事故车辆的损失进行评估。

6.1.1 事故车损失的评估原则

对事故车辆损失的评估,应遵循以下基本原则:

(1)维修仅限于本次事故造成的损失;

(2)能修理的零部件,尽量修理,不能更换;

(3)能局部维修的,不扩大到整体修理,如车身局部的喷漆修理;

(4)更换个别零部件可以恢复性能的,不更换总成;

(5)根据修复的难易程度,参照当地工时费水平,准确确定工时费用;

(6)根据更换项目,参照当地采购价格或保险公司的系统报价,准确确定换件费用。

6.1.2 事故车损失评估的技术依据

在对事故车进行损失评估时所采取的技术依据主要是:

(1)了解出险车辆的结构及整体性能;

(2)熟悉受损零部件拆装的难易程度及相关作业量;

(3)掌握受损零部件的检测技术,了解修理工艺及所需工装器具;

(4)熟悉受损零部件的市场价格;

(5)掌握修理过程中所需的辅助材料及用量;

(6)掌握出险车辆维修后的检查、鉴定技术标准。

6.1.3 事故车损失评估所需的基本工具

对损坏汽车的鉴定工作有时非常复杂,如果不借助适当的工具、按照规范的步骤进行检查,很难做到准确无误。评估人员在评估时常用的工具有:

(1)必要的测量工具,如卷尺、量规等。

(2)常用的手动工具。评估人员应当能够熟练使用扳手、能够熟练拆卸一些损坏的配件,做进一步的检查。

(3)举升设备。评估人员应当能够自己操作举升机或千斤顶,对车辆进行正确的举升操作。因为对于较为严重的碰撞事故,一般都要将车辆举起,检查车身底部。

(4)记录信息的工具。可以用笔、本记录损伤情况,也可用语音方式将损坏情况记录在MP3 等录音设备上,或者直接记录在笔记本电脑上。

(5)查询配件信息的手册或软件。可以是原厂配件手册、第三方手册或估价软件,以便查询配件信息和关键尺寸。

6.1.4 事故车损失的评估步骤

事故车损失的评估步骤有:

(1)弄清肇事起源点,由此确定因肇事部位的撞击、振动可能引起哪些部位损伤。

(2)确定维修方案,并据此对损坏的零部件由表及里进行登记,并进行修复或更换的分类。鉴定、登记时可以按以下顺序进行:由前到后,由左到右,先登记外附件(即钣金覆盖件、外装饰件),再按发动机、底盘、电器、仪表等分类进行。

（3）根据已确定的维修方案及修复工艺难易程度确定工时费用。

（4）根据所掌握的汽车配件价格确定材料费用。

（5）评估时各方（被保险人、第三者、修理厂、保险公司）最好均在场。在明确修理范围及项目，确定所需费用，签订"事故车辆估损单"协议后方可让事故车进厂修理。

6.1.5　事故车损失评估的注意事项

1. 损失范围确认

（1）区分本次事故和非本次事故造成的损失。根据事故部位的痕迹进行判断。本次事故的碰撞部位，一般有脱落的漆皮痕迹和新的金属刮痕；非本次事故的碰撞部位一般有油污或锈迹。

（2）区分事故损失和机械损失。机械损失如制动失灵、机械故障、轮胎自身爆裂，以及零部件的锈蚀、陈旧、老化、变形、裂纹、龟裂等，这些都属于车辆的折旧部分。而事故损失多是由于意外原因造成的，但若因机械损失导致事故（如造成碰撞、倾覆、爆炸等）的，则事故损失部分属于评估范围。

（3）区分因意外风险导致的事故损失和因产品质量或维修质量问题而引发事故损失。碰撞、倾覆、坠落、火灾、爆炸、暴风、暴雨、雹灾、泥石流等意外风险造成的车辆损失一般保险公司负责赔偿，而由汽车或零配件的产品质量或维修质量引发的车辆损毁，应由生产厂家、配件供应厂家、汽车销售公司或汽车维修厂家负责赔偿。所以，损失评估时对二者的损失要分开进行。同时，在评估过程中，对汽车质量是否合格不好把握时，可委托机动车辆的司法鉴定部门进行鉴定。

（4）区分事故发生后，有无因采取措施不当或施救方法不合理导致损失扩大部分。常见采取措施不当有：汽车托底后，发动机油或变速器油泄漏，而又继续行驶导致发动机或变速器损失扩大；汽车碰撞后，造成冷却液箱体破裂，冷却液泄漏，而又继续行驶导致发动机损失扩大；行驶中发动机进水后，未及时停车或因进水而导致熄火后重新起动，侧翻后的车施救后燃烧室有机油时发动，导致发动机损失扩大。常见不合理施救有：对倾覆车辆在吊装时未对车身合理保护，致使车身漆层大面积损伤的；对倾覆车辆在吊装过程中未合理固定，造成二次倾覆的；在分解施救过程中拆卸不当，造成车辆零部件损坏或丢失；对拖移车辆未进行检查，造成拖移过程中车辆损坏扩大，如变速器不在空挡、轮胎缺气或转向失灵硬拖硬磨造成损坏。

（5）对有新增设备的车辆，应区分车辆标准配置的损失和新增设备的损失。

（6）对更换零件的，损坏件的残值应合理作价，损失应为换件价格扣除损坏件的残值。

2. 事故维修与正常维修的区别

（1）维修起因有别。汽车的正常维修主要依据使用年限或行驶里程，也可根据性能退化决定是否需要维修。而事故车辆的修理则主要依据突发事故对车辆造成的损坏程度。

（2）维修目的不同。汽车进行正常维修时需发现和确定所存在的技术缺陷。依据"技术上可行、经济上合理"的原则，提出解决方案，排除已经发现的故障以及潜在的故障隐患，恢复汽车的正常性能。事故车辆维修是确定本次事故造成的损失，确定哪些零部件该换，哪些零部件该修及如何修理；确定更换零部件的价格，确定修理所需工时费；使汽车恢复到事故发生前的技术状态。维修事故车辆时,凡与本次事故无关或事故发生后未经处理继续使用导致扩大的损坏,即使存在问题也不属于保险责任范围。

(3)依据标准不同。事故车辆碰撞以后,各部位变形的差别很大,修复的工作量差异也很大,依据的标准基本是行业约定俗称的修换界定以及经济方面的合理性。正常维修时,各总成的拆装、修理及部件的修理,是根据汽车维修企业长期实践且经测算而取得的平均工时定额,如各汽车维修管理部门颁发的汽车维修相关规定。

3.常见矛盾的处理

(1)处理好与汽车维修企业的矛盾。作为汽车维修企业,考虑自身效益,希望评估价格越高越好。应对策略:初步拟定修理方案,对工时费部分,先实行招标包干。一般说来,大事故往往需要分解检查后,才可能拿出准确的定损价格。此时,不宜先分解后定价,而应先与修理企业谈妥修理工时费用,再对事故车辆进行分解。若盲目分解,一旦在工时费用方面与修理企业无法达成一致,则会给后期变更修理企业等工作带来很大被动。在工时包干不能与修理企业谈妥的情况下,可对事故车辆的作业项目按部位、项目等进行工时分解,并逐项解释,以理服人。

(2)处理好与客户的矛盾。大多数客户在车辆出险后,对于损坏的零部件(特别是钣金件、塑料件等),不论损坏程度轻重,都希望更换。应对策略:向客户说明损坏的零部件在车辆结构上所起的作用以及修复后对汽车原有性能及外观没有影响;对出险频率较高的车辆必须坚持原则,达不到更换标准的一概不换;对配件价值较大,可换可不换的,尽量说服客户不换,对配件价值较小,考虑照顾客户情绪,可予以更换;根据车辆出险前的实际情况,如果所损坏的零件原本属于副厂件,不能更换正厂件,原本属于国产件,不能换进口件。

4.注意安全事项

(1)在评估受损汽车之前,先查看车上是否有破碎玻璃,是否有锋利的刀状或锯齿状金属边角。对危险部位做上安全警示,或进行处理。

(2)如果闻到有汽油泄漏的气味,切勿使用明火,切勿开关电器设备。事故较大时,可考虑切断蓄电池电源。

(3)如果有机油或齿轮油泄漏,当心滑倒。

(4)在检验电器设备的状态时,不要造成新的损伤。例如:在车门变形的情况下,检验电动车窗玻璃升降功能时,切勿盲目升降,以免造成升降器损坏。

(5)应在光线良好的场所进行碰撞诊断,如果损伤涉及底盘或需在车下进行细致检查时,务必使用专用举升设备,以保证评估人员的安全。

6.2 碰撞损伤的诊断与测量

6.2.1 车辆碰撞损伤影响因素

汽车碰撞事故是所有汽车事故中数量最多的一种,车辆碰撞损伤的影响因素有:

(1)事故车的结构、大小、形状和质量。

(2)被撞物体的大小、形状、刚度和速度。

（3）发生碰撞时的车辆速度。

（4）碰撞的位置和角度。

（5）事故车辆中的乘员或货物的重量和分布情况。

6.2.2　碰撞对不同车身结构的影响

汽车车身既要经受行驶中的振动,又要在碰撞时能够为车上乘员提供安全保障。因此现代汽车的车身被设计成在碰撞时能最大限度地吸收能量,以减少对乘员伤害,见图6-1。

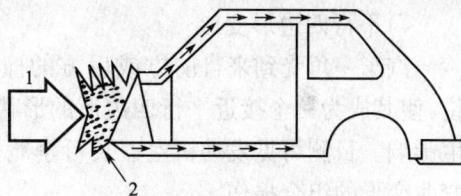

图6-1　碰撞时车身变形吸能
1-碰撞力方向;2-车身变形区

如图6-2所示,非承载式车身发生碰撞后,可能是车架损伤,也可能是车身损伤,或车架车身都损伤。车架车身都损伤时可通过更换车架来实现车轮定位及主要总成定位,然而,承载式车身发生碰撞后通常会造成车身结构件的损伤,如图6-3所示。通常非承载式车身的修理只需满足形状要求即可,而承载式车身的修理不但要满足形状要求,还要满足车轮定位及主要总成定位的要求。所以碰撞对不同车身结构的汽车影响不同,从而造成修理工艺和方法的不同,最终造成修理费用的差距。

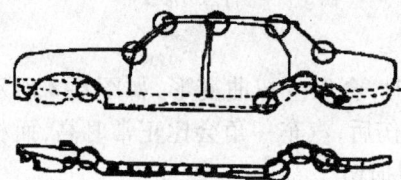

图6-2　非承载式车身

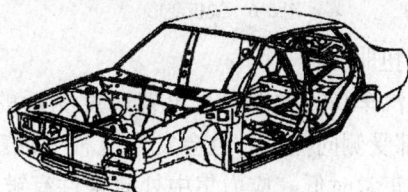

图6-3　承载式车身

1.碰撞造成的非承载式车身变形种类

1)左右弯曲

侧面碰撞会引起车架左右弯曲或一侧弯曲,如图6-4所示。左右弯曲通常发生在汽车前部或后部,一般可通过观察钢梁内侧及对应钢梁外侧是否有皱曲来确定。通过发动机罩、行李舱盖及车门缝隙、错位等情况也能够辨别出左右弯曲变形。

2)上下弯曲

汽车碰撞产生弯曲变形后,车身外壳会比正常位置高或低,结构上也有前、后倾现象,如图6-5所示。上下弯曲一般由来自前方或后方的直接碰撞引起,可能发生在汽车一侧也可能是两侧。判别上下弯曲变形时,可查看翼子板与门之间的上下缝隙,是否顶部变窄下部变宽,也可查看车门在撞击后是否下垂。

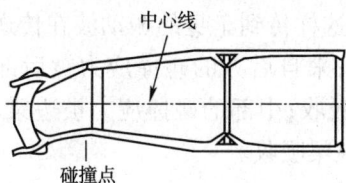

图6-4　左右弯曲

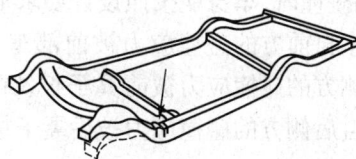

图6-5　上下弯曲

3）皱折与断裂损失伤

汽车碰撞后,车架与车上某些零部件的尺寸会与厂家提供的技术资料不相符,断裂损伤通常表现在发动机罩前移和侧移、行李舱后移和侧移,如图6-6所示。有时看上去车门与周围吻合很好,但车架却已产生了皱折或断裂损伤,这是非承载式结构不同于承载式结构的特点之一。皱折或断裂通常发生在应力集中地部位,而且车架通常还会在对应的翼子板处造成向上变形。

4）平行四边形变形

汽车一角受到来自前方或后方的撞击力时,其一侧车架向后或向前移动,引起车架错位,使其成为一个接近平行四边形的形状,如图6-7所示。平行四边形变形会对整个车架产生影响。目测可见发动机室盖及行李舱盖错位,通常平行四边形变形还会带来许多断裂及弯曲变形的组合损伤。

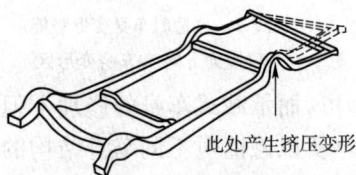

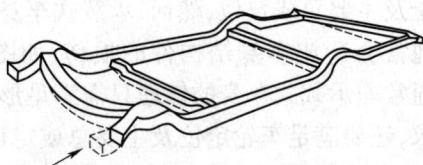

图6-6　皱折变形　　　　　　　　图6-7　平行四边形变形

5）扭曲变形

当汽车高速撞击到与车架高度相近的障碍物时,会发生扭曲变形,如图6-8所示。另外,尾部受侧向撞击时也会发生这种变形。受此损伤后,汽车一角会比正常时高,而相反一侧会比正常时低。应力集中处时常件有皱折或断裂损伤。

2.碰撞对承载式车身的影响

承载式车身能很好地吸收碰撞时产生的能量。发生撞击时,车身由于吸收撞击能量而变形,使撞击能量大部分被车身吸收。撞击能量在承载式车身上造成的影响通常按锥形传送,碰撞点为锥顶,见图6-9。

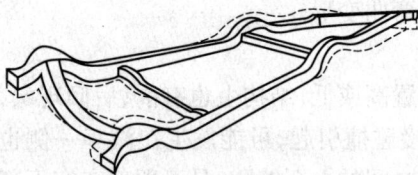

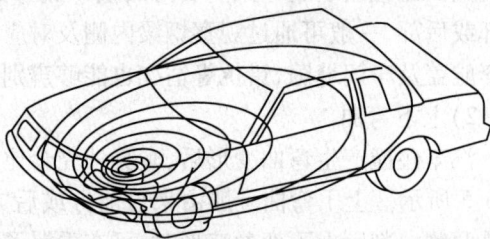

图6-8　扭曲变形　　　　　图6-9　承载式车身碰撞时能量的锥形传递

在受到碰撞时,车身能按照设计要求形成折曲,这样传到车身的振动波在传送时就被大大减小,即来自前方的碰撞应力被前部车身吸收了;来自后方的碰撞应力被后部车身吸收了;来自前侧方的碰撞应力被前翼子板及前部纵梁吸收;中部的碰撞应力被边梁、立柱和车门吸收;来自后侧方的碰撞应力被后翼子板及后部纵梁吸收。

1）前端碰撞

碰撞较轻时,保险杠会被向后推,前纵梁及轮罩、前翼子板、前横梁及冷却液箱体框架会变形,如果碰撞加重,那么前翼子板会弯曲变形并移位触到车门,发动机盖铰链会向上弯曲并移位触到前围盖板,前纵梁变形加剧造成副梁的变形;如果碰撞程度更剧烈,前立柱将会产生变形,车门开关困难,甚至造成车门变形;如果前面的碰撞从侧向而来,由于前横梁的作用,前纵梁也会产生变形。前端碰撞常伴随着前部灯具及护栅破碎,冷凝器、冷却液箱体及发动机附件损伤、悬架损坏、车轮移位等。

2)后端碰撞

汽车因后端正面碰撞造成损伤时,往往是被动碰撞所致。如果碰撞较轻,后保险杠、行李舱后围板、行李舱底板可能压缩弯曲变形:如果碰撞较重,C柱下部前移,C柱上端与车顶接合处会产生折曲,后门开关困难,后风窗玻璃与C柱分离,甚至破碎。碰撞更严重时会造成B柱下端前移,在车顶B柱处产生凹陷变形。后端碰撞常伴随着后部灯具等的破碎。

3)侧面碰撞

在确定汽车侧面碰撞时,分析其结构尤为重要。一般说来,对于严重的碰撞,车门、A柱、B柱、C柱以及车身地板都会变形。当汽车遭受的侧向力较大时,惯性作用会使另一侧车身变形。当前后翼子板中部遭受严重碰撞时,还会造成前后悬架的损伤,前翼子板中后部遭受严重碰撞时,还会造成转向系统中横拉杆、转向器齿轮齿条的损伤。

4)底部碰撞

底部碰撞通常因路面凹凸不平、路面上有异物等造成车身底部与路面或异物发生碰撞,致使汽车底部零部件、车身底板损伤。常见损伤有:前横梁、发动机下护板、发动机油底壳、变速器油底壳、悬架下托臂、副梁及后桥、车身底板等损伤。

5)顶部碰撞

汽车单独的顶部受损多为空中坠落物所致,以顶部面板及骨架变形为主。汽车倾覆是造成顶部受损的常见现象,受损时常伴随着车身立柱、翼子板和车门变形、车窗破碎。

6.2.3 汽车碰撞损伤的区位检查法

进行事故车辆的损失评估时,评估人员应该掌握一套科学的损伤检查方法,这对于受损严重的事故车来说尤为重要。评估时如果不遵循规范的检查程序,很容易遗漏一些受损件或维修项目,或者对同一项目重复估损。

"区位检查法"是按碰撞损坏规律把汽车分为五个区位:

一区:车辆直接受到碰撞的部位;

二区:受到间接损伤的车身其他部位;

三区:受到损伤的机械零部件;

四区:乘员舱,包括舱内受损的内饰、灯、附件、控制装置等;

五区:车身外部件和装饰件。

在对事故车定损时,应从一个区位到另一个区位逐处检查,同时按顺序记录损伤情况。

1. 一区——直接损伤区

直接损伤情况因车辆结构、碰撞力度和角度的不同而有所不同。多数情况下,直接损伤会导致钣金件弯折、断裂和部件损坏。直接损伤直观明了,一般不需要测量。

检查一区时,首先应检查外部装饰件、塑料件、玻璃、镀铬层以及外板下面的金属材料。

对于前部碰撞,应检查的项目通常有前保险杠、格栅、发动机罩、翼子板、前照灯、玻璃、前车门、前车轮、油液泄漏等。

对于后部碰撞,应检查的项目通常包括后保险杠、后侧围板、行李舱盖、后车灯、玻璃、后车轮、油液泄漏等。

对于侧面碰撞,应检查的项目通常包括车门、车顶、玻璃、立柱、前车身底板、支撑件、油液泄漏等。

有时需将事故车举升起来,检查车身底板、发动机支架、横梁和纵梁等的损伤情况。

为了检查哪些部位受到了损伤,应当查找以下线索或痕迹:缝隙、卷边损坏、裂开的焊点、扭曲的金属板等。

2. 二区——间接损伤区

车辆碰撞时,碰撞力会沿车身向各个方向传递,从而引起间接损伤。碰撞力扩展和间接损伤的范围取决于碰撞的力度和角度,以及车身纵梁和横梁吸收碰撞力的能力。通常承载式车身的吸能区会在碰撞中产生间接损伤。

动力传动系统和后桥也会引起间接损伤。当汽车由于碰撞突然停止时,质量很大的零部件在惯性作用下继续前移,对其支座和支撑构件产生强大的惯性力,容易造成相邻金属件变形、划伤或焊点开裂。因此,对于比较严重的事故,一定要仔细检查悬架、车桥、发动机和变速器的支撑点等部位。

3. 三区——机械损坏区

对于前部碰撞的事故车,应检查散热器、风扇、动力转向泵、空调器件、发电机、蓄电池、燃油蒸发炭罐、前风窗玻璃清洗器储液罐以及其他机械和电子元件是否损坏。查看油液是否泄漏、皮带轮是否与皮带对正、软管和电线是否错位以及是否有凹坑和裂纹等。

如果碰撞比较严重,发动机和变速器也可能受损。如果条件允许,应当起动发动机,怠速到正常工作温度。举升车辆,使车轮离开地面,在各个挡位运转发动机,听一听有没有异常的噪音。对于手动挡的车辆,检查换挡是否平顺,离合器的工作是否正常。查看节气门拉索、离合器操作机构和换挡拉索是否发卡。

打开空调,确保空调运转正常。查看充电、机油压力等仪表板灯和仪表,如果发动机故障灯点亮,说明发动机存在机械或电控故障。但是,估损人员应判断,故障码是否在事故之前就已存储在控制电脑中,若不是由事故引起的故障码,其维修费用应当从估损单中扣除。

在完成发动机舱的检查后,用千斤顶举起事故车,检查车辆下面转向和悬架系统是否弯曲,制动软管是否扭绞,制动管路和燃油管路及其接头是否泄漏。检查发动机、变速器、差速器、转向机和减振器是否存在泄漏。将转向盘向左和向右打到头,检查是否发卡,是否有异常噪音。转动车轮,检查车轮是否跳动,轮胎是否有裂口、刮痕和擦伤。降下车辆,使轮胎着地,转动转向盘,使车轮处于正直向前的位置,测量轴距,测量车架对角尺寸,其测量值应基本相同,否则,转向或悬架系统有损伤。

4. 四区——乘员舱

乘员舱损坏可能是由碰撞直接引起(如侧面碰撞时)。而内饰和车内附件的损坏也可能是由乘员舱内的乘客和物品的碰撞能量引起的。

首先检查仪表板。如果碰撞导致前围板或车门立柱受损,仪表板、暖风机芯和管道、音响、电子控制模块和安全气囊等有可能受损。所有在三区检查中没有被查看的元器件都要进行检查。

检查转向盘是否损坏。查看其安装紧固件、倾斜和伸缩性能、喇叭、前照灯和转向信号灯开关、点火钥匙以及转向盘锁。转动转向盘,将车轮打到正直向前的位置,查看此时转向盘是否对中。对于吸能型转向盘,查看是否已经发生回缩。

检查门手柄、操纵杆、仪表板玻璃和内饰是否受损。打开、关闭并锁住杂物箱,查看杂物箱是否在碰撞中变形或损坏。检查制动踏板是否变形、发卡或松脱等。掀开地毯,查看地板和踢脚板,看铆钉是否松脱,焊缝是否裂开。

检查座椅是否受损。汽车在前端受到碰撞时,乘客的身体质量会产生较大的惯性力,由于乘客被安全带捆绑在座椅上,所以惯性力可能会对座椅框架调节器和支撑件产生损害。汽车在后端受到碰撞时,座椅靠背的铰链点可能受到损坏。将座椅从最前位置移动到最后位置,查看其调节装置是否完好。

检查车门的状况。乘客的惯性力可能损坏内饰板件和车门内板。如果发生侧碰,门锁和车窗调节器也可能受损。即使是前端碰撞,车窗玻璃产生的惯性力也可能使车窗轨道和调节器受损。将车窗玻璃降到底后再完全升起,检查玻璃是否发卡或受到干扰。将车窗降下4cm,查看车窗玻璃是否与车门框平齐。查看电动门锁、防盗系统、车窗和门锁控制装置以及后视镜的电控装置等所有附件是否正常。

检查乘员约束系统。目前汽车大都装备了被动式约束系统,应检查安全带是否能够正常锁紧和松开,安全带插舌和锁扣是否完好。对于主动式安全带系统,检查其两点式和三点式安全带是否都能轻松地扣紧和解开。查看卷收器、D形环和固定板是否损坏。有些安全带有张力感知标签。如果安全带在碰撞中磨损,或者安全带的张力超过设计极限,张力感知标签撕裂,就必须予以更换。将安全带从卷收器中完全拉出,就可以看到这个张力感知标签。

还应当列出车内的非原装附件,如民用无线电装置、磁带播放机、立体声扬声器等。

5. 五区——外饰和漆面

在车身、机械件、内饰和附件都检查完毕之后,再围绕车辆检查一圈,查看并列出受损的外饰件、嵌条、车顶板、轮罩、示宽灯以及其他车身附件。

打开灯光开关,检查前照灯、尾灯、转向信号指示灯和危险报警灯。车灯的灯丝通常在碰撞力的作用下断裂,如果碰撞时车灯处于点亮状态,灯丝就更容易断裂烧损。

如果在一区和二区检查中没有查看保险杠那么现在就应该对保险杠进行检查。查看杠皮和防尘罩是否开裂,吸能装置是否受损,橡胶隔振垫是否开裂。

仔细检查油漆的状况。记录下哪处油漆必须重新喷涂,并要列出那些需要特别注意的事项,如清漆涂层、柔性塑料件和表面锈迹。板件的轻度损坏可能只需进行局部喷涂,而有些维修项目则需要喷涂整块板件甚至多块板件。无论是哪种情况,都需要考虑新油漆与原有油漆的配色和融合工时。如果事故车的损坏非常严重,或者原有漆面已经严重老化,则可能需要进行整车喷漆。

检查漆面是否在事故前就已经损坏也很重要。这些事故前已有的凹痕、裂缝、擦伤和油漆问题不在保险公司的理赔范围内,其维修费用由客户自行承担。

6.2.4 汽车碰撞损伤的目测检查

通常碰撞部位能直接显示出结构变形或断裂迹象。目测检查时,应先根据碰撞点位置,估计受撞范围大小及方向,判断碰撞是如何扩散的;然后,从总体上查看汽车是否有扭转、弯曲变形,并确定所有损伤是否由同一事故引起。

碰撞力沿车身扩散,并使许多部位发生变形,碰撞力具有穿过车身坚固部位最终抵达并损坏薄弱部件,扩散并深入至车身部件内的特性。因此,为了查找汽车损伤,必须沿碰撞力扩散的路径查找车身薄弱部位。沿碰撞力扩散方向逐处检查,确认是否有损伤,如果有损伤,还要确定损伤程度。具体可以以下几方面加以识别:

1. 钣金件截面变形

车身设计时,要使碰撞产生的能力能按既定路径传递、到指定地放吸收,即车身钣金件有些部位是薄弱环节,撞击时,薄弱环节会产生截面的变形。截面的变形通常通过漆面的变化情况可以判断。碰撞所造成的钣金件截面变形与钣金件本身设计的结构变形不一样,钣金件本身设计的结构变形处表面油漆完好无损,而碰撞所造成的钣金件截面变形处油漆起皮、开裂。

2. 零部件支架断裂、脱落及遗失

发动机支架、变速器支架、发动机各附件支架是碰撞应力的吸收处,各支架在设计时均有保护重要零部件免受损伤的功能。在碰撞事故中常有各支架断裂、脱落及遗失的现象。

3. 检查车身各部位的间隙和配合

车门是以铰链形式装在车身立柱上的,通常立柱变形会造成车门与门框、车门与立柱的间隙不均匀。还可通过简单地开关车门,查看车门锁与锁扣的配合,从锁与锁扣的配合可判断车门是否下沉,从而判断立柱是否变形,从查看铰链的灵活程度判断主立柱及车门铰链处是否有变形。

在比较严重的汽车前端碰撞事故中,还应检查后车门与后翼子板、门槛,车顶侧板的间隙,并做左右对比,这是判断碰撞应力扩散范围的主要手段。

4. 检查来自乘员及行李的损伤

由于惯性力作用,乘客和行李在碰撞中会引起车身二次损伤,损伤程度因乘员位置及碰撞力度而异,较常见的是转向盘、仪表台、方向柱护板及座椅等被损坏。行李碰撞是造成行李舱中部分设备(如音频功率放大器)损伤的主要原因。

6.2.5 汽车碰撞损伤的测量检查

在评估车身的损伤时通常要参照车身尺寸图对车身的特定点进行测量。图6-10为一承载式车身尺寸图,图6-11为一非承载式车身尺寸图。

用钢卷尺或轨道式量规就可以测量各控制点之间的尺寸,与汽车厂家给定尺寸进行比较,从而确定变形程度。如果没有原厂车身规范,可以对一辆完好无损的相同车型进行测量,获得原厂尺寸。另外,如果车辆只有一侧损坏,通常可以对未损坏的一侧进行测量,然后比较这两侧的测量值。测量点最好选择悬架和机械零件的安装点,因为这些点对于定位至关重要。应注意的是:很多原厂车身尺寸手册中给出的尺寸是从轨道式量规杆上读取的测

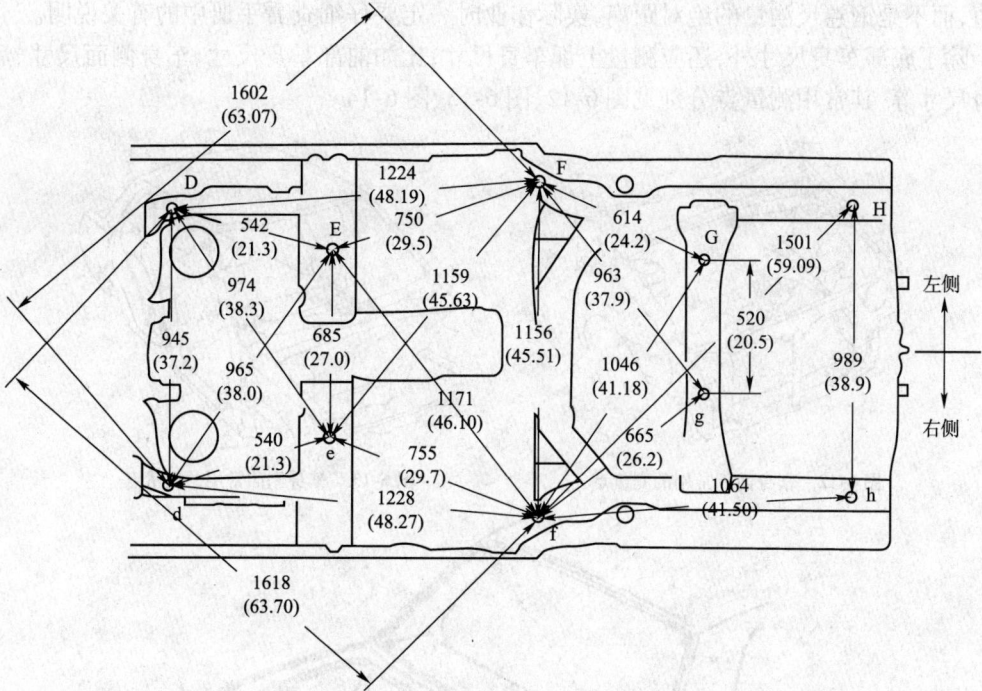

图 6-10 承载式车身尺寸图

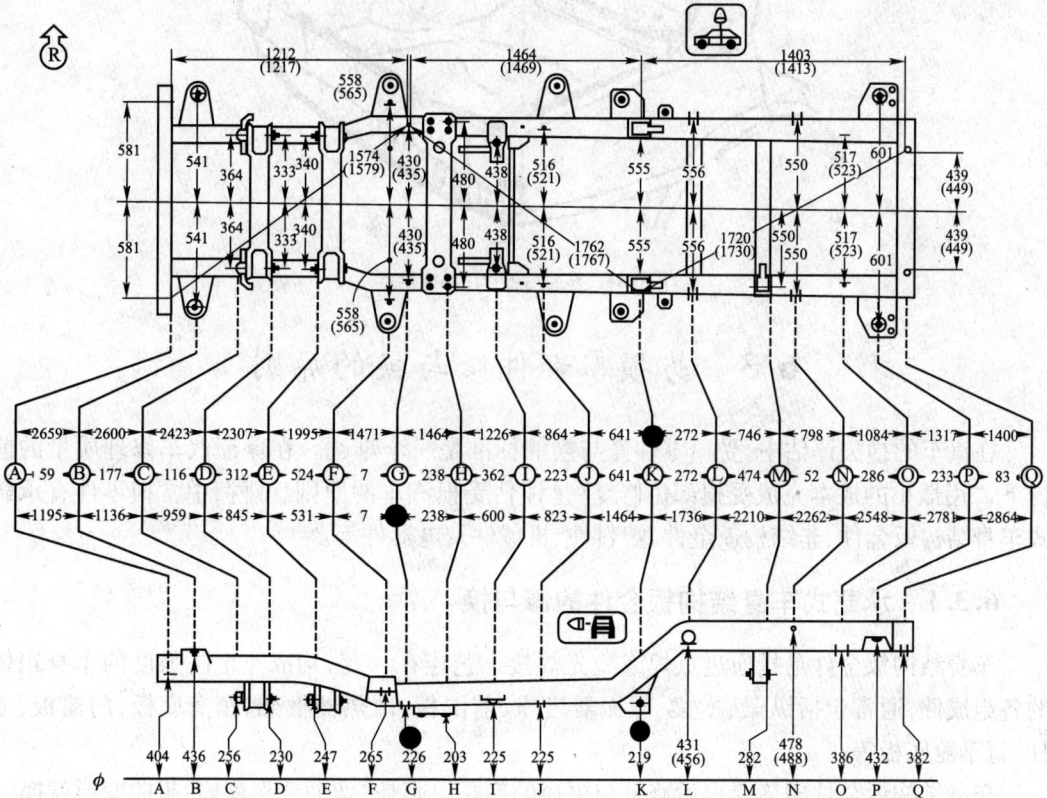

图 6-11 非承载式车身尺寸

量值,而不是钢卷尺测量的绝对距离,实际作业时一定要仔细查看手册中的有关说明。

除了底部车身尺寸外,还应测量上部车身尺寸,比如前部车身尺寸、车身侧面尺寸、后部车身尺寸等,其常用测量点分别见图6-12、图6-13、图6-14。

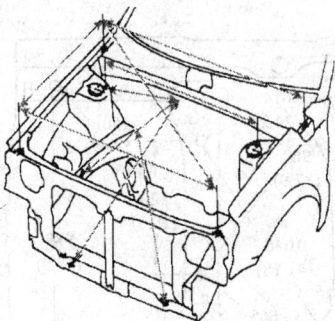

图6-12 车身前部常用的测量点　　图6-13 车身侧面常用的测量点

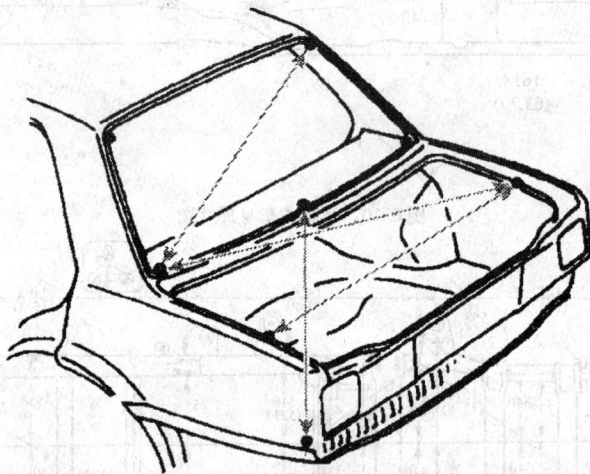

图6-14 车身后部常用的测量点

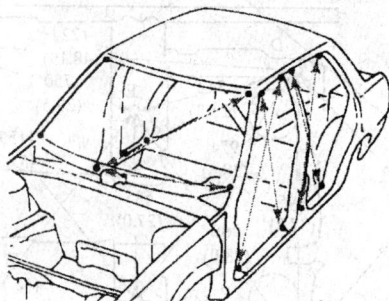

6.3 易损零部件修与换的原则

在汽车的损失评估中,受损零件修与换的标准是一个难题。在保证汽车修理质量的前提下,"用最小的成本完成受损部位修复"是评估受损汽车的原则。碰撞中常损零件有承载式车身结构钣金件、非结构钣金件、塑料件、机械件及电器件等。

6.3.1 承载式车身结构钣金件的修与换

车身结构钣金件是指通过点焊或激光焊接工艺连在一起,构成一个高强度的车身箱体的各组成件,通常包括纵梁、横梁、减振器塔座、前围板、散热器框架、车身底板、门槛板、立柱、行李舱底板等。

车身结构钣金件碰撞受损后修复与更换的判断原则是"弯曲变形就修,折曲变形就换"。零件发生弯曲变形,其特点是:损伤部位与非损伤部位的过渡平滑、连续;通过拉拔矫正可使它恢复到事故前的形状,而不会留下永久的塑性交形。

零件发生折曲变形,其特点是:变形剧烈,曲率半径小于3mm,通常在很短长度上弯曲可达90°以上;矫正后,零件上仍有明显的裂纹或开裂,或者出现永久变形带,不经调温加热处理不能恢复到事故前的形状。

6.3.2　非结构钣金件的修与换

非结构钣金件又称车身覆盖钣金件,它们通过螺栓、胶黏、铰接或焊接等方式覆盖在车体表面,起到密封车身、减小空气阻力、美化车辆的作用。承载式车身的覆盖钣金件通常包括可拆卸的前翼子板、车门、发动机盖、行李舱盖和不可拆卸的后翼子板、车顶等。

1.可拆卸件的修与换

1)前翼子板

损伤程度没有达到必须将其从车上拆下来才能修复,如整体形状还在,只是中间局部凹陷,一般不考虑更换。

损伤程度达到必须将其从车上拆下来才能修复,并且前翼子板的材料价格低廉、供应流畅,材料价格达到或接近整形修复的工时费,可以考虑更换。

如果每米长度超过3处折曲、破裂变形,或已无基准形状,应考虑更换(一般来说,当每米折曲、破裂变形超过3处时,整形和热处理后很难恢复其尺寸)。

如果每米长度不足3处折曲、破裂变形,且基准形状还在,应考虑整形修复。

如果修复工时费明显小于更换费用应考虑以修复为主。

2)车门

如果门框产生塑形变形,一般来说是无法修复的,应考虑更换。

许多车的车门面板是作为单独零件供应的,损坏后可单独更换,不必更换总成。

其他同前翼子板。

3)发动机盖和行李舱盖

绝大多数汽车的发动机盖和行李舱盖,是用两个冲压成形的冷轧钢板经翻边胶粘制成的。

判断碰撞损伤变形的发动机盖或行李舱盖,应看其是否要将两层分开进行修理。如果不需将两层分开,则应考虑不予更换;若需将两层分开整形修理,应首先考虑工时费加辅料与其价值的关系,其次考虑修复工艺、质量,如果工时费加辅料接近或超过其价值,则应考虑更换。反之,应考虑修复。其他同车门。

2.不可拆卸件的修与换

碰撞损伤的汽车中最常见的不可拆卸件就是三厢车的后翼子板,由于更换需从车身上将其切割下来,而国内绝大多数汽车维修厂在切割和焊接上,满足不了制造厂提出的工艺要求,从而造成车身结构方面新的修理损伤。所以,在国内现有修理行业的设备和工艺水平条件下,后翼子板只要有修理的可能都应采取修理的方法修复,而不应像前翼子板一样存在值不值得修理的问题。

6.3.3　塑料件的修与换

随着汽车工业的发展,车身各种零部件越来越多地使用了各种塑料,特别是在车身前端

（包括保险杠、格栅、挡泥板、防碎石板、仪表工作台、仪表板等）。许多损坏的塑料件可以经济地修理而不必更换，如划痕、擦伤、撕裂和刺穿等。此外，由于某些零件更换不一定有现货供应，修理往往可迅速进行，从而缩短修理工期。

不同车型、不同部位所用塑料材料不尽相同，即使是同一款汽车或同一部件也有可能使用不同的塑料材料。这通常是因为汽车制造厂更换了配件供应商，或者是改变了设计或生产工艺问题所致。

塑料件的修与换应从以下几个方面考虑：

（1）对于燃油箱及要求严格的安全结构件，必须考虑更换。

（2）整体破碎以更换为主。

（3）价值较低、更换方便的零件应以更换为主。

（4）应力集中部位，应以更换为主。

（5）基础零件尺寸较大，受损以划痕、撕裂、擦伤或穿孔为主，这些零件拆装麻烦、更换成本高或无现货供应，应以修理为主。

（6）表面无漆面的、不能用氰基丙烯酸脂粘接法修理的、且表面光洁度要求较高的塑料零件，由于修理处会留下明细的痕迹，一般考虑更换。

6.3.4　机械类零件的修与换

1.悬架系统、转向系统零件

汽车悬架系统中的任何零件是不允许用校正的方法进行修理的，当车轮定位仪器检测出车轮定位不合格时，用肉眼和一般量具无法判断出具体损伤和变形的零部件，不要轻易做出更换悬架系统中某个零件的决定。

悬架系统与车轮定位的关系为：对非承载式车身而言，正确的车轮定位的前提是正确的车架形状和尺寸；对承载式车身而言，正确的车轮定位的前提是正确的车身定位尺寸。车身定位尺寸的允许偏差一般在1～3mm。

车轮外倾、主销内倾、主销后倾等参数都与车身定位尺寸密切相关。如果数据不对，首先分析是否因碰撞造成，由于碰撞事故不可能造成轮胎的异常磨损，可通过检查轮胎的磨损是否均匀，初步判断事故前的车轮定位情况。再检查车身定位尺寸，相关定位尺寸正确后，做车轮定位检测。如果此时车轮定位检测仍不合格，再根据其结构、维修手册判断具体的损伤部件，逐一更换、检测，直至损伤部件确认为止。上述过程通常是一个非常复杂而繁琐的过程，又是一个技术含量较高的工作，由于悬架系统中的零件都属于安全部件，价格较高，鉴定评估工作切不可轻率马虎。

2.铸造基础件

发动机缸体、变速器、主减速和差速器的壳体往往用球墨铸铁或铝合金铸造而成。在遭受冲击载荷时，常常会造成固定支脚的断裂，一般情况，对发动机缸体、变速器、主减速和差速器的壳体的断裂是可以通过焊接修复的，但是对焊接的技术要求较高。当然，不论是球墨铸铁或铝合金铸件，焊接都会造成交形。这种变形通常用肉眼看不出来，如果焊接部位附近对形状尺寸要求较高，如在发动机汽缸壁、变速器、主减速和差速器的轴承座附近产生断裂，用焊接的方法修复常常是行不通的，一般应考虑更换。

6.3.5　电器件的修与换

有些电器件在遭受碰撞后,虽然外观没有损伤,然而"症状"却是"坏了",是真的"坏了",还是系统中的电路保护装置出现问题了呢?对此一定要认真检查。

如果电路过载或短路就会出现大电流,导致导线发热、绝缘损伤,可能会酿成火灾。因此,电路中必须设置保护装置。熔断器、熔丝链、大限流熔断器和断路器都是过载保护装置,它们可单独使用,也可配合使用。碰撞可能造成系统过载,熔断器、熔丝链、大限流熔断器和断路器等会因过载而停止工作,出现断路,"症状"就是"坏了"。

6.3.6　橡胶及纺织品的修与换

汽车上的纺织品、橡胶很多(如内饰、坐垫、轮胎等)。发生碰撞时,纺织品的损坏形式一般是漏油污染、起火燃烧、撕裂等。只要纺织品受到损坏,一般需更换,个别污染不太严重的,可通过清洗等方式予以恢复。

橡胶具有良好的耐磨性、柔性、不透水性、不透气性及电绝缘性等,主要用作轮胎、垫圈、地板等,起到耐磨、缓冲、防尘、密封等作用。汽车上的橡胶制品损坏形式一般为老化、破损、烧损等。损坏后,无法修复或没有修复价值的,只能更换。

6.3.7　易损零部件的更换原则

1. 无修复价值的零件

汽车发生事故后,某些损坏的零部件,虽然从技术的角度可以修复,但从经济学的角度考虑,基本没有修复价值了,即修复价值接近或超过零部件原价值的零部件。

2. 结构上无法修复的零部件

某些结构件,由于所用原材料的缘故,发生碰撞后,一旦造成破损无法维修,只能进行更换。脆性材料的结构件,一般都具有这一特性,如:汽车灯具的损坏,汽车玻璃的破碎等。

3. 安全上不允许修理的零部件

为了保证使用安全,汽车上的某些零部件,一旦发生故障或造成损坏,往往不允许修复后使用,如行驶系的车桥、悬架、转向系的所有零部件、制动系的所有零部件、安全气囊的传感器等。

4. 工艺上不可修复后再使用的零部件

某些结构件,由于工艺设计就存在不可修复后再使用的特点,如:胶贴的风窗玻璃饰条、胶贴的门饰条、翼子板饰条等。这些零部件一旦被损坏或开启后,就无法再用。

6.4　汽车碰撞损失项目确定

6.4.1　发动机

1. 铸造基础件

发动机缸体大多是用球墨铸铁或铝合金铸造。受到冲击载荷时,常常会造成固定支脚的断裂,而球墨铸铁或铝合金都是可以焊接的。

一般情况下,对发动机缸体的断裂是可以进行焊接的。当然,不论是墨铸铁或铝合金铸件,焊接都会造成其变形。这种变形通常用肉眼看不出来,当焊接部位附近对尺寸要求较高,如在发动机汽缸壁附近产生断裂,用焊接的方法修复常常是行不通的,一般应考虑更换。

2. 发动机附件

正时及附件因撞击破损和变形以更换为主。油底壳轻度变形一般无需修理,放油螺塞处碰伤至中度以上的变形以更换为主。发动机支架及胶垫因撞击变形、破损以更换为主。进气系统因撞击破损和变形以更换为主。排气系统中最常见的撞击损伤形式为发动机移位造成排气管变形。由于排气管长期在高温下工作,氧化严重,通常无法整修。消声器吊耳因变形超过弹性极限破损,也是常见的损坏现象,应更换。

3. 冷却液箱体及附件

铝合金冷却液箱体修与换的掌握,与汽车的档次相关。中低档车的冷却液箱体一般价格较低,中度以上损伤一般可更换;高档车的冷却液箱体价格较贵,中度以下损伤常可采用铜焊或氩弧焊修复。但水室破损后,一般需更换,而水室在遭受撞击后最易破损,冷却液管破损应更换。水泵皮带轮变形后通常以更换为主。轻度风扇护罩变形一般以整形校正为主,严重变形需更换。主动风扇与从动风扇的损坏常为叶片破碎,由于扇叶做成了不可拆卸式,破碎后需要更换总成。风扇皮带在碰撞后一般不会损坏,即使正常使用也会磨损,拆下后如需更换,应确定是否系碰撞所致。

散热器框架根据"弯曲变形整修,折曲变形更换"的基本维修原则,考虑到散热器框架形状复杂,轻度变形时可以钣金修复,中度以上的变形往往不易修复,只能更换。

6.4.2　底盘

1. 铸造基础件

变速器、主减速和差速器的壳体往往用球墨铸铁或铝合金铸造。受到冲击载荷时,会造成固定支脚的断裂,而球墨铸铁或铝合金铸件都是可以焊接的。

变速器、主减速和差速器的壳体断裂可以焊接。但焊接会造成壳体的变形,这种变形虽然用肉眼看不出来,但会影响尺寸精度,若在变速器、主减速和差速器等的轴承座附近产生断裂,要求焊接技术高,用焊接的方法修复常常是行不通的,一般应考虑更换。

2. 变速器及传动轴

变速器损坏后,内部机件基本都可独立更换,对齿轮、同步器、轴承等的鉴定,碰撞后只有断裂、断齿才属于保险责任,正常磨损不属于保险责任,在评估中要注意界定和区分。从事故角度来看,手动变速器损坏的形式主要有:变速器壳体裂纹、破碎、齿轮掉齿、换挡机构弯曲或扭曲变形等。自动变速器遭受到严重的撞击时,壳体会发生裂纹、破碎,极个别的情况会发生自动变速器内部各零部件的损坏,例如阀体、液力变矩器等。其他类型的损失极小。

变速操纵系统遭撞击变形后,轻度的常以整修修复为主,中度以上的以更换为主。

中低档轿车多为前轮驱动,碰撞常会造成外侧等角速万向节破损,需更换。有时还会造成半轴弯曲,也以更换为主。

万向传动装置零部件损坏修复及更换标准：

1）传统式传动轴

传动轴一般采用薄壁管式高强度无缝钢管制作。对于传动轴弯曲变形或凹陷造成的损坏，必须更换。轻微变形可进行校正修复，但修复后的传动轴，切记不能直接装配，必须要进行动平衡检测。经动平衡检测无误后，方可安装。如果当地汽修企业无传动轴动平衡检测设备，应更换传动轴。

2）球笼式等速万向节传动轴

球笼式等速万向节传动轴在转向驱动桥中又名半轴，只要发生变形，应更换。

3）普通万向节

事故车辆普通万向节无论何种损坏形式，只要损坏无法修复，只能更换。

4）球笼式等速万向节

前轮驱动轿车均采用球笼式等速万向节这种结构。当前轮发生较重的撞击，造成球笼损坏一般只是外球笼，内球笼一般不会损坏，外球笼损坏可单独更换（如捷达轿车），大多数轿车完全可以单独更换外球笼。除非常严重的撞击，有可能使内球笼同时损坏。在一般车辆撞击事故中，定损时必须要认真检查，不能盲目将内、外球笼同时更换，球笼只要损坏，无法修复，应更换。

3. 前悬架及转向系统零件

承载式车身的悬架座属于结构件，按结构件方法处理。

前悬架系统及相关部件，如悬架臂、转向节、稳定杆、发动机托架均为安全部件，变形后均应更换。减振器主要鉴定是否在碰撞前已损坏。减振器是易损件，正常使用到一定程度后会漏油，如果外表已有油泥，说明在碰撞前已损坏；如果外表无油迹，碰撞造成弯曲变形，应更换。

4. 后桥及悬架

后桥按副梁方法处理，后悬架按前悬架方法处理。

5. 车轮

轮辋遭撞击后以变形损伤为主，应更换。轮胎遭撞击后会出现爆胎，应更换。轮罩遭撞击后常会产生破损，应更换。

6.4.3 车身及附件

1. 前、后保险杠及附件

保险杠主要起装饰及初步吸收前部、后部碰撞能量的作用，大多用塑料制成。对已用热塑料制成、价格昂贵、表面烤漆的保险杠，如破损不多，可焊接。

保险杠饰条破损后以更换为主。

保险杠使用内衬的多为中高轿车，常为泡沫制成，一般可重复使用。

对于铁质保险杠骨架，轻度碰撞常采用钣金修复，价值较低或中度以上的碰撞常采用更换的方法。铝合金的保险杠骨架修复难度较大，中度以上的碰撞多以更换为主。

保险杠灯多装有转向灯和雾灯，表面破损后多更换，对于价格较高的雾灯，且只损坏少数支撑部位的，常用焊接和粘接修理的方法予以修复。

2. 前格栅及附件

前护栅及附件由饰条、铭牌等组成,破损后多以更换为主。

3. 玻璃及附件

风窗玻璃因撞击而损坏时基本已更换为主。前风窗玻璃胶条有密封式和粘贴式,密封式无需更换胶条;粘贴式必须同时更换。粘贴在前风窗玻璃上的内视镜,破损后一般更换。

需注意的是,后风窗玻璃为带加热除霜的钢化玻璃,价格可能较高。有些汽车的前风窗玻璃带有自动灯光和自动刮水功能,必须注意配件型号匹配,价格也会偏高。

对车窗玻璃、天窗玻璃,破碎时,一般需更换。

4. 照明及信号灯

现代汽车灯具的表面多为聚碳酸酯或玻璃制成。常见损坏形式有:调节螺丝损坏,需更换,并重新校光。

表面用玻璃制成的,破损后如有玻璃灯片供应的,可考虑更换玻璃灯片;若整体式的结构,只能更换总成;若只是有划痕,可以考虑通过抛光去除划痕;对于氙气前照灯,需要注意更换前照灯时,氙气发生器是无需更换的,价格昂贵的前照灯,只是支撑部位局部破损的,可采取塑料焊接法修复。

5. 发动机罩及附件

轿车发动机罩绝大多数采用冷轧钢板冲压而成,少数高档轿车采用铝板冲压而成。冷轧钢板在遭受撞击后常见的损伤有变形、破损,铁质发动机罩是否需更换主要依据变形的冷作硬化程度及基本几何形状程度,冷作硬化程度较少、几何形状程度较好的发动机罩常采用钣金修理法修复,反之则更换。铝质发动机罩通常产生较大的塑性变形需更换。

发动机罩锁遭受碰撞变形、破损以更换为主。

发动机罩铰链碰撞后会变形,以更换为主。

发动机罩撑杆有铁质撑杆和液压撑杆两种,铁质撑杆基本上可校正修复,液压撑杆撞击变形后以更换为主。

发动机罩拉线在轻度碰撞后一般不会损坏,碰撞严重会造成折断,应更换。

6. 梁类零件

汽车上的梁类结构件一般采用锻造等方式加工而成,如汽车前纵梁、前横梁、后纵梁、车顶纵梁、车顶横梁、车架等。

发生碰撞、翻滚、倾覆等故障后,容易造成扭曲、弯曲、变形、折断等,直接影响了汽车的使用,可以通过整形、焊接的方式恢复其变形,损坏严重的需要更换。

7. 前翼子板

前翼子板的损伤程度没有达到必须将其从车上拆下来才能修复,如整体形状还在,只是中间局部凹陷,一般不考虑更换。损伤程度达到必须将其从车上拆下来才能修复,并且前翼子板的材料价格低廉、供应流畅,材料价格达到或接近整形修复的工时费,才考虑更换。

如果每米长度超过 3 处折曲、破裂变形,或已无基准形状,应考虑更换。一般来说,当每米折曲、破裂变形超过 3 处时,整形和热处理后很难恢复其尺寸。如果每米长度不足 3 处折曲、破裂变形,且基准形状还在,应考虑整形修复。如果修复工时费明显小于更换费用应考虑以修复为主。

前翼子板的附件有饰条、砾石板等。饰条损伤后以更换为主,即使未被撞击,也常因钣金整形翼子板需拆卸饰条,拆下后就必须更换;砾石板因价格较低,撞击破损后一般更换。

8. 车门

如果门框产生硬性变形,一般无法修复,应考虑更换。许多车的车门面板是作为单独零件供应的,损坏后可单独更换,不必更换总成。其他同前翼子板。

车门防擦饰条碰撞变形后应更换,车门变形后,需将防擦饰条拆下整形。多数防擦饰条为自干胶式,拆下后重新粘贴上不牢固,用其他胶粘贴影响美观,应更换。门框产生塑性变形后,一般不好整修,应考虑更换。门锁及锁芯在严重撞击后会产生损坏,一般以更换为主。后视镜镜体破损以更换为主,对于镜片破损,有些高档轿车的镜片可单独供应,可以通过更换镜片修复。玻璃升降机是碰撞中经常损坏的部件,玻璃导轨、玻璃托架也是经常损坏的部件,碰撞变形后一般都要更换。

9. 柱类零件

货车的驾驶室、客车的车身一般都有立柱。在轿车车身上,左右侧自前至后均有三个立柱,依次为前柱(A 柱)、中柱(B 柱)、后柱(C 柱),它们除了起支撑作用外,也起到门框的作用。

汽车的柱类结构件在发生碰撞、翻滚、倾覆等故障时,一般会发生扭曲、弯曲、变形、折断等,直接影响汽车的美观和使用,必须立即修复。修复时可以采用整形、焊接等方式使其外形恢复,损坏严重的需要更换。

10. 后翼子板

三厢车后翼子板属于不可拆卸件,由于更换它需从车身上将其切割下来,而国内绝大多数汽车维修厂在切割和焊接方面满足不了制造厂提出的工艺要求,从而造成车身新的损伤。所以,后翼子板只要有修理的都应修复,而不应像前翼子板一样存在值不值得修的问题。

11. 行李舱盖

行李舱盖大多用冲压成形的冷轧钢板经翻边胶粘制成。判断其是否碰撞损伤变形,应看是否要将两层分开修理。如不需分开,则不应考虑更换;若需分开整形修理,应首先考虑工时费与辅料费之和与其价值的关系,如果工时费加辅料费接近或超过其价值,则应考虑更换。反之,则考虑修复。行李舱工具盒在碰撞中时常破损,评估时不要遗漏。后轮罩内饰、左侧内饰板、右侧内饰板等在碰撞中一般不会损坏。其他部位同车门。

12. 后搁板及饰件

后搁板碰撞后基本上都能整形修复,严重时应更换。后搁板面板用毛毡制成,一般不用更换。后墙盖板也很少破损,如果损坏以更换为主。高位制动灯的损坏按前照灯方法处理。

13. 仪表台

因正面或侧面撞击常造成仪表台整体变形、皱折和固定爪破损。整体变形在弹性限度内,待骨架校正后重新装回即可。皱折影响美观,对美观要求较高的新车或高级车最好更换。因仪表台价格较贵,老旧车型更换意义不大。少数固定爪破损常以焊修为主,多数固定爪破损以更换为主。

左右出风口常在侧面撞击时破碎,右出风口也常因二次碰撞被副驾驶员右手支承时压坏。

左右饰框常在侧面碰撞时破损,严重的正面碰撞也会造成支爪断裂,以更换为主。

杂物箱常因二次碰撞被副驾驶膝盖撞破,一般以更换为主。

严重的碰撞会造成车身底板变形,车身底板变形后会造成过道罩破裂,以更换为主。

6.4.4 电器设备

汽车上的电器设备品种繁多,评估时应该根据相关件的特点以及可能遭遇到的情况,分门别类地进行。

1. 蓄电池

蓄电池的损坏多以壳体四个侧面破裂为主,应更换。

2. 发电机

发电机常见撞击损伤为皮带轮、散热叶轮变形,壳体破损,转子轴弯曲变形等。变形应更换,散热叶轮变形可校正,壳体破损、转子轴弯曲以更换发电机总成为主。

3. 刮水系统

刮水片、刮水臂、刮水电动机等,因撞击损坏主要以更换为主。而固定支架、联动杆等,中度以下的变形损伤以整形修复为主,严重变形需更换。刮水喷水壶只有在较严重的碰撞中才会损坏,损坏后以更换为主。刮水喷水电动机、喷水管和喷水嘴被撞坏的情况较少,若撞坏以更换为主。

4. 仪表类

一旦碰撞导致仪表损坏或者疑似损坏,由于一般的修理厂都没有检测的手段,并且仪表也不容易检测,因此,只要发现有明显的损伤、破损,都应该予以更换。

更换时,假如可以单独更换的仪表,要注意不去更换总成;但若遇到某些整个仪表都安装在一体的仪表台破损,只好更换整个仪表台。

需要注意的是,在检测仪表的工作状态以判别其是否损坏时,不能单纯看仪表自身是否有所反应,还要充分注意相关传感器工作是否正常、线路中的保险是否没有断路、开关工作是否灵敏。

5. 收音机、DVD 或 CD

在比较大的碰撞事故中,收音机、DVD 或 CD 一般会有所损坏,但损失一般不大,只是损坏旋钮、面板等。汽车音响设备在各地都有特约维修点,可以定点选择维修点,同时对损坏设备可以商定零部件的换修价格,而不是一律都交给汽车修理厂去"更新"。一般说来,收音机、DVD 或 CD 的修理价格大约都在新件的 15% ~ 40%。

6. 汽车 ECU

汽车 ECU 价值较高,设计时充分考虑了其防振、防撞性能,一般的碰撞不会导致损坏。假如怀疑或者修理人员言称损坏了,可以采用"比较法"判别,即:(1)在其他所有零部件均不改变的前提下,将库存的新 ECU 装到车上,看是否可以恢复正常工作;(2)将怀疑损坏了的 ECU 装到同类型的其他车上,看是否可以正常工作。假如通过比较.发现 ECU 确实坏了,再做更换。

7. 安全气囊

安全气囊遭到撞击损伤后,从安全角度出发应该更换。安装有安全气囊系统的汽车,驾驶员气囊都安装在转向盘上,当气囊因碰撞引爆后,不仅要更换气囊,通常还要更换气囊传感器与控制模块等。需要注意的是,有些车型的碰撞传感器是与 SRS/ECU 装在一体的,要避免维修厂重复报价。安全气囊系统的控制电脑,假如发生气囊爆开的碰撞故障,一般需要更换电脑,以免在以后的碰撞事故中,万一气囊没有打开造成乘员受伤,引发法律讼诉。

8.空调系统

空调冷凝器采用铝合金制成,中低档车的冷凝器一般价格较低,中度以上损伤一般可更换;高档车的冷凝器价格较贵,中度以下损伤常可采用氩弧焊修复。储液罐因碰撞变形一般以更换为主。如果系统在碰撞中以开口状态暴露于潮湿的空气中时间较长,则应更换干燥器,否则会造成空调系统工作时的"冰堵"。压缩机因碰撞造成的损伤有壳体破裂,皮带轮、离合器变形等,壳体破裂一般更换,皮带轮变形、离合器变形一般也更换。空调管有多根,损伤的空调管一定要注明是哪一根;汽车空调管有铝管和胶管两种,铝管常见的碰撞损伤有变形、折弯、断裂等,变形后一般校正;价格较低的空调管折弯、断裂时一般更换;价格较高的空调管折弯、断裂时一般采取截去折弯、断裂处,再接一节用氩弧焊接的方法修复。破损的胶管一般更换。

空调蒸发箱大多用热塑性塑料制成,常见损伤多为箱体破损。局部破损可用塑料焊修复,严重破损一般需更换,决定更换时一定要考虑有无壳体单独更换。蒸发器换与修基本同于冷凝器,膨胀阀因碰撞损坏的可能性极小。

9.电器设备保护装置

有些电器件在遭受碰撞后,外观虽无损伤,却停止工作,表明"坏了",其实这有可能是假象。如果电路过载或短路会出现大电流,导致导线发热、绝缘损伤,可能酿成火灾。因此,电路中必须设置保护装置,熔断器、熔丝链、大限流熔断器和断路器都是过流保护装置,它们可单独使用,也可配合使用。碰撞会造成系统过载,相关保护装置会因过载而停止工作,出现断路,导致相关电器装置无法工作。此时只需更换相关的熔断器、熔丝链、大限流熔断器和断路器等即可,无需更换相连的电器件。

6.5　汽车水灾损失分析

水的种类有两种,淡水和海水。本章所讲汽车发生水淹事故的定损与修理实务操作内容,主要是针对汽车发生淡水水淹事故而言。

6.5.1　汽车水灾损失影响因素

1.车辆发生水淹事故的原因

车辆发生水淹事故的原因主要有 4 种:

(1)水灾(暴雨、洪水)原因引发车辆被淹时,发生零部件损坏。

(2)车辆在漫水路、漫水桥行驶被淹时,发生零部件损坏。

(3)车辆驶入、坠落或倾覆于水中时,水深造成车辆浸泡而发生零部件损坏。

(4)地下车库进水或地下车库水管破裂、脱落、下水管道返水等造成的,车辆被淹,发生零部件损坏。

2.汽车发生水淹事故处理时效的重要性

(1)汽车发生水淹事故,最常见的是由于夏季暴雨造成水灾,使部件水淹损坏。车辆被淹损坏的程度取决于水淹的深度和车辆的部位,被淹的部位越高、被淹的部位越多,损失越重。从事事故车辆评估定损(公估)人员,在水淹事故现场查勘时,应确认水淹时进水的最高高度,并应做好标记、拍摄照片,这是确定水淹车辆损失程度最重要的一个环节。同时也是准确确定损失部件修复或更换项目的依据。

(2)水淹事故查勘定损时效极为重要,如处理及时、方法正确,能极大地减少事故损失。反之,则加大了车辆各部件的损坏程度和数量。水淹事故应在第一时间内完成查勘定损工作。

(3)水淹事故损坏部件拆解速度极为重要,被淹车辆进入汽修厂后,应在第一时间迅速拆解、修理极易受损的电器组件,如各类 ECU、音响、熔断丝盒、仪表、继电器、电动机、开关、传感器、线路插头、插座等,应尽快从车上拆下,及时清洗、烘干,能较大的减少或避免部件的损坏。

反之,就会使电器设备、电子组件遭受氧化、锈蚀或报废,造成较大的损失,尤其参加保险的水淹事故车辆,不及时对水淹零部件进行拆解、修理,将加大赔付成本。

6.5.2　汽车水灾损失评估

1.水淹汽车事故零部件损坏修复及更换基本原则

1)电器及电子元件

(1)集成电路板、各种电子组件、电器部件插头、插座,被水淹后,如果出现锈蚀、氧化现象,即应更换。

(2)集成电路板、各种电子组件、电器部件插头、插座,被水淹后,如果没有锈蚀和氧化,应用去水剂、防锈剂、保护剂清洗后烘干。在电脑板喷涂专用绝缘溶剂,可起到防水和抗腐蚀、抗氧化的作用;在电器插头、插座上涂抹硅油,做防氧化处理,防止电解反应出现。

(3)各种无法拆解的电动机,具有防水、密封功能,遭遇轻度水淹,电动机被浸泡时间较短,经检测正常,无需修复或更换。但应用去水剂、防锈剂、保护剂清洗后作烘干防潮处理,以防范电动机内的潮气得不到有效释放,以致在今后的使用中发生故障,影响电动机的使用寿命。

无法拆解的电动机发生重度水淹,浸泡时间较长,因水是有压力的,电动机原具有的防水功能就会减弱,或失去防水功能。经检测电动机已损坏,无法修复的,应更换。

(4)发生水淹的电动机能分解的,应拆解清洗修复(如起动机、发电机等)。

(5)大多数车型汽车厂家在生产线束时,线束的插头、插座就已设置了双密封防水装置,插头、插座并进行了防锈处理,涂抹了硅油,密封性能好。一般线束发生水淹无需修复,线束如浸泡时间较长,烘干即可使用。但一些低档旅行车、轿车的线束,只对发动机线束做了防水处理,其他线束无防水功能,没有防水胶皮。此类线束发生水淹,对线束的插头、插座应作清洗除锈修复,发生严重锈蚀、氧化现象应更换插头、插座。对不单独提供插头、插座的车型,只能更换线束总成。

(6)电器、电子组件被水淹,需用酒精清洗,因酒精会腐蚀电子组件,所以酒精用量一定要少,绝对不可大量使用,清洗时间一定要短。清洗后,并应立即用电吹风机吹干,使酒精快速挥发。

2)电控单元

(1)汽车安全气囊电控单元因具有安全保护功能的特殊性和重要性,只要安全气囊电控单元发生进水,即应更换。

(2)发动机电控单元、变速器电控单元、车身电控单元及其他电控单元,汽车生产厂家在生产电控单元时,绝大多数车型均进行了防水、防潮处理。插头、插座一般车型都安装了双密封装置,即内部安装防水胶圈,外部安装了防水套装置,并在插头、插座上涂抹了硅油。一般发生水淹事故后不影响正常使用。但也有一些少量的低档车型电控单元,没有以上防护措施,发生水淹事故后,电控单元容易进水。

①电控单元发生轻度水淹,经检查插头、插座及其他部件表面无锈蚀、氧化现象,电子集成电路可正常工作,无需修复。

②电控单元如果插头、插座已进水,但无锈蚀、氧化现象,可用少量酒精清洗、烘干处理,然后再用去水剂、防锈剂、保护剂清洗烘干;在电脑板喷涂专用绝缘溶剂,可起到防水和抗腐蚀、抗氧化的作用。在电器插头、插座上用涂抹硅油作防氧化处理,以防电解反应出现,电控单元解码后可继续使用。

③被严重水淹后,电控单元已进水。电控单元插头、插座有锈蚀、氧化现象,出现了电解反应,电控单元应更换。

座椅外套、仪表台台面等皮质零部件,被严重水淹,皮革会出现脱硝、硬化、硬结、变形现象,应更换座椅外套、仪表台台面;但不应更换座椅总成。

3)发动机、底盘零部件

(1)发动机、底盘金属零部件、塑料零部件被水淹,清洗烘干后再修复。

(2)发动机、底盘机械往复或旋转运动零部件发生水淹,零部件表面没有发生碰撞、拉伤、烧蚀损坏,应予清洗,不应更换。如活塞、活塞环、凸轮轴、曲轴、汽缸筒、各部轴承等。

(3)机械部件及机械往复或旋转运动零部件发生水淹,可用汽油清洗。

4)皮革制品

座椅外套、仪表台台面等皮革制品被短时水淹,应清洗、保养修复。发生严重水淹,皮革会脱硝、硬化、硬结、变形,应予更换,但不应更换座椅总成。

2.汽车发生水淹事故零部件损坏修复及更换标准

1)发动机水淹原因、零部件损坏修复与更换标准

参加保险的汽车,因水淹事故导致发动机进水而造成发动机损坏,首先要搞清是如何损坏的,这是区别是否属于保险责任的首要前提。水灾的概念是指发生暴雨、洪水、海啸而引发的灾害,不是人为的,属不可抗力因素造成的。但是有的车辆发生水淹事故,是因为车辆发生碰撞事故后,坠落、倾覆水中,根据参加保险的机动车辆发生事故的近因原则,汽车因意外事故坠落、倾覆水中,造成发动机进水应属保险责任。

(1)发动机进水的原因主要有:

①车辆在水中行驶时或车辆停放期间,水位已高于空气滤清器,水从空气滤清器吸入或灌入汽缸内;

②车辆在水中行驶时水位虽低于空气滤清器,但其他车辆的行驶也会造成水面高低的变化,产生波浪或造成水花飞溅,水从中网、发动机罩与前翼子板连接处等部位进入发动机舱,将水吸入空气滤清器后进入燃烧室和汽缸内;

③车辆坠落、倾覆水中,水从空气滤清器、废气管进入汽缸,或者进入曲轴箱和油底壳内;

④车辆在涉水行驶时,水是有压力的,因抬起加速踏板,造成积水进入排气管,当水位高于排气歧管时,水会从排气歧管、排气门倒灌进入汽缸内;

⑤导致发动机进水最常见、最重要的原因是,车辆在水中行驶,水从空气滤清器吸入,造成发动机熄火。因水是不可燃烧的,进入燃烧室的混合气中因含水,发动机会立即熄火。造成发动机立即熄火的另一个原因是,如果其中某一进水的汽缸行程将要到达上止点时,因水是不可压缩的,活塞被进入汽缸的水压顶住,将发动机憋熄火。这时如果发动机进水一般只是少量的,造成发动机零部件较大损坏的现象概率较小。但是如果由于发动机转速高、进水量较大,这时曲轴旋转推动活塞上行,而进入汽缸的水又将活塞顶住,活塞与连杆组形成上压下推的现象,活塞无法达到上止点,这样就可能会造成某一连杆弯曲变形,极个别水淹车辆也有可能造成连杆折断。

可是有些驾驶人员并不懂得车辆熄火后,不允许在水中或进水后起动发动机的常识,往往心存侥幸,在水中再次盲目起动发动机。并不知这样操作会使活塞回落后再次向上止点冲击,向上运动。此时如果连杆已经弯曲或折断,在这种情况下起动发动机,水从空气滤清器再次吸入,进入发动机燃烧室,造成发动机更为严重的损坏。原来连杆没有损坏的,可能会造成连杆弯曲变形,重者会造成连杆折断、活塞破碎、缸体碎裂,而且还会将发动机相关联的部件损坏,如发动机的曲轴、活塞、活塞环、汽缸筒等。

所以车辆发生水淹,务必不能在水中重新起动发动机,保险公司接报案人员或查勘人员在接到车辆发生水淹的报案后,应立即告知客户,车辆如在水中熄火,千万不要在水中重新起动发动机,防止发动机出现更严重的损坏。

(2)检查发动机发生水淹零部件是否损坏的方法:只要发动机进水较多,发动机的机油就会发生变质。检查发动机的机油是否含水的方法:

①应将发动机机油尺抽出,如果机油尺上含有水珠,证明发动机油底壳已进水。同时检查机油尺油面刻度,机油超过刻度上线可以认定发动机进水已较多;

②查看机油尺上机油的颜色或拆下油底壳。机油如果呈乳白色,可以认定机油已发生乳化,发动机进水已较多,时间较长。

判断发动机进水是否发生部件损坏的方法:

①将发动机的火花塞全部拆卸掉,用扭力扳手转动发动机曲轴皮带轮螺栓,曲轴转动后,如果汽缸内已进水,火花塞螺孔处就会有水流喷射出来。如果转动曲轴感到费力、沉重或曲轴无法转动,证明发动机内部零部件有的已发生损坏,或发动机已发生非常严重程度的损坏。

②有的汽车修理人员用起动机短时起动的方法使曲轴转动,检查发动机是否进水。此种办法是不可取的,因为如果发动机已进水,此时有可能发动机连杆已经发生弯曲,盲目的用起动机短时起动的方法,会使曲轴再次转动,造成发动机连杆或其他一些零部件的更大

损坏。

（3）发动机水淹零部件损坏修复及更换标准：发动机进水一般是在发动机运转时，水从开启的进气门吸入汽缸，当汽缸的进、排气门关闭时，不可压缩的水会造成连杆、曲轴等零部件的损坏。

①发动机。如果可以断定发动机某缸只是轻微进水，可采取简单处理方法将该缸火花塞卸下，然后转动曲轴，将汽缸内的水喷射出来，同时更换新机油。

为了慎重起见，使进入燃烧室的水排除的彻底，最好的办法是，应将缸盖和油底壳拆下，清洗进水的汽缸，更换汽缸垫，并重新更换新机油。同时应检查连杆是否发生弯曲。经检查，如果发动机进水较多，就应将发动机解体清洗，绝不能心存侥幸，采取上述简单方式修复处理。本来发动机已进水较多，但没有解体清洗或清洗不彻底，发动机在使用中肯定会发生更为严重的损坏，所以解体清洗是必须的。解体重点应将机油泵、发动机油道、各部轴承、正时链盒、活塞连杆组等零部件进行彻底清洗。同时应检查进水的活塞、连杆是否发生变形，连杆发生轻度弯曲变形，应校正修复，并应在修复后做探伤检查。

因发动机进水导致连杆折断或严重弯曲，曲轴弯曲，汽缸体、汽缸盖破碎，应更换。汽缸体、汽缸盖发生裂纹，应根据损坏程度，按发动机汽缸盖修复及更换标准执行。

发动机的轴承、活塞、活塞环、汽缸筒等，这些部件精度要求较高，被水淹后，因雨水中含有酸性物质，即使上述这些部件没有发生拉伤损坏，但雨水中所含的酸性物质也会腐蚀这些部件，所以应进行清洗，在发动机重新装配时，应更换发动机大修包。

因发动机进水导致活塞、汽缸筒、曲轴轴承、连杆轴承等零部件烧蚀、拉伤损坏后，应更换。

因发动机进水导致配气机构和正时机构零部件发生破碎、变形损坏的，应更换。如汽缸盖、气门、正时齿轮、正时链条等零部件。上述这些零部件如果表面没有损坏，应清洗处理后再使用。

②节气门体。节气门体发生水淹后应整体清洗，不可拆解清洗。用酒精或汽油清洗，然后用高压空气吹干。节气门怠速电动机、节气门位置传感器及线路设有防水胶圈，节气门体发生水淹时间较短不会进水，无需修复或更换。但为了慎重起见，应进行烘干处理即可，然后对其进行检测。

节气门体如浸泡时间较长，水中因有压力，不排除怠速电动机、节气门位置传感器及线路水浸的可能，应对这些部件进行检测，经检测怠速电动机损坏应更换。节气门位置传感器及线路插头、插座经检测后，如发现有锈蚀、氧化现象，应更换。

③空气流量计。空气流量计结构简单，如被水淹，可用酒精或汽油清洗，然后用高压空气吹干。进气压力传感器及线路发生轻度水淹，由于这些零部件同节气门体一样设有防水胶圈不会进水，故无需修复或更换。如发生长时间水淹，进水时间较长，发现进气压力传感器有锈蚀、氧化现象应更换。线束应烘干。

④排气管。水从排气管进入，应迅速拆下三元催化器、氧传感器、排气歧管，将水排出，并应进行清洗。清洗时，应对三元催化器重点清洗，防止水中的杂质堵塞三元催化器。同时也应检查油底壳机油是否含水，以免水从排气歧管经排气门倒吸入汽缸内，造成发动机中的零部件损坏。

⑤空气滤清器。车辆发生水淹事故,只要水是从空气滤清器被吸入的,应更换空气滤清器滤芯。

⑥涡轮增压器。涡轮增压器发生水淹,应清洗、烘干后修复使用。

⑦分电器。分电器发生水淹可清洗烘干后使用。

⑧电子点火模块。电子点火模块水淹可清洗烘干后使用。

2)汽车底盘水淹原因、部件损坏修复与更换标准

(1)自动变速器和手动变速器:自动变速器进水一般是从通风口或自动变速器油尺口处进入的。

检查自动变速器进水方法:

①应将自动变速器油尺抽出,如果油尺上含有水珠,证明变速器油底壳已进水。同时检查变速器油尺上的油面高度,变速器油面超过刻度上线,可以认定变速器进水已较多;

②拆下变速器油底壳或查看变速器油尺上变速器润滑油的颜色。经检查,如果变速器润滑油呈乳白色,可以认定进水已较多,时间较长。

有的汽车修理人员对自动变速器进水采取不分解清洗修复,用多次更换自动变速器润滑油的方法修复,此种办法是不应使用的。因为自动变速器的液力变矩器、阀体属精密部件,各零部件之间间隙极小,水一旦进入这些部件中,用多次更换变速器油的方法,部件中已含的水是更换不净的,这样会造成自动变速器进入的水还在液力变矩器和阀体中,这种办法即造成了变速器油的浪费,又加重了今后在自动变速器使用中的损坏程度。所以,只要自动变速器进水,就应将自动变速器彻底拆解清洗,如泥沙、杂物进入这些部件,不清洗或清洗不彻底,在使用中就会造成这些部件严重损坏。手动变速器进水也应同自动变速器一样拆解清洗,应重点清洗同步器和轴承。

(2)制动系统。采用液压制动的水淹汽车,制动总泵被水淹,应更换全车制动液,因为制动液中若含水,制动液就会变质,减弱制动效果,汽车甚至失去制动功能。

(3)底盘金属部件。底盘传动系、行驶系、转向系、制动系独立的金属部件(例如副车架,上、下摆臂,传动轴等)基本不存在水淹造成损坏的现象,如上述部件水淹时间较长,发生锈蚀,应进行除锈和防锈处理,无需更换。

(4)底盘密封部件。底盘密封部件如传统的机械式减振器、转向机、转向助力泵等,因密封性能好,具有防水功能,发生水淹事故这些部件不会损坏,无需修复。

3.电器发生水淹零部件损坏修复及更换标准

1)电器系统

(1)各种电动机。

①可分解电动机。

a.汽车生产厂家对可分解电动机(如发电机、起动机),一般均进行了防水处理,线束插头、插座安装了防水胶圈;发电机和起动机的转子、定子都进行了绝缘处理,这些零部件发生水淹一般不会发生损坏。但发电机、起动机由于进水空间较大,水中的杂质与水一起会浸泡和堵塞发电机、起动机内部,所以应将发电机、起动机彻底分解清洗,将转子、定子、炭刷等零部件附着的杂质和泥垢用酒精清除掉,装配时在旋转部件轴孔处涂抹润滑油。

b.发电机、起动机等拆解检查后,如发电机调节器、起动机的电磁开关已锈蚀、氧化,这

些零部件应单独更换。

c. 如发电机调节器、起动机的电磁开关，这些零部件虽已发生水淹，但水淹时间较短，还没有出现锈蚀、氧化、电解反应现象，也应修复处理。修复方法用酒精清洗，然后再用高压空气吹干，重新装配。装配时在旋转部件轴孔处涂抹润滑油。

②不可分解电动机。

a. 对于各种无法拆解的电动机发生水淹，例如后视镜调整电动机、刮水器驱动电动机、玻璃升降电动机、鼓风机电动机、前照灯灯壳内电动机、风扇电动机、座椅调节电动机、门锁电动机、助力转向电动机等，由于这些电动机及中、高档车型的插头、插座、线束均为防水件，密封性能好，发生水淹一般不会损坏，经检测正常，无需更换。但应作烘干防潮处理，以防范电动机内的潮气得不到有效蒸发，否则会影响电动机的使用寿命。

b. 不可分解电动机如水淹时间较长，经检测已进水损坏，无法修复，应更换。插头、插座出现锈蚀、氧化、电解反应现象，应更换。线束应清洗、烘干检测合格后再使用。

③带电动控制器的电动机。

针对水淹车的案例来讲，如奥迪、宝来、迈腾、奔驰、宝马等车型的玻璃升降器电动机即属于带电动控制器的电动机。轻度进水后，电动控制器尽管没有发生锈蚀、氧化现象，但仍应清洗烘干后再使用。如重度进水经检测电动机插头、插座已发生锈蚀、氧化，则应更换电动机。不带电动控制器的电动机，水淹后无锈蚀、氧化现象（如伊兰特、索纳塔、哈飞系列等车型的玻璃升降器电动机），可采取拆解清洗、烘干修复，无需更换。装配时去水剂、防锈剂、保护剂作防潮处理。并应在插头、插座上少量涂抹硅油，防止在今后的使用中出现电解反应。如电动机水淹后发生锈蚀、氧化现象，应更换。

（2）前照灯、尾灯。

①因车辆发生水淹，造成前照灯、尾灯进水，水中的污物也同时进入了灯壳内，故应清洗修复。清洗方法：轻度水淹，将前照灯、尾灯安装灯泡的后盖孔打开，倒入酒精晃动灯壳，然后将酒精倒出，往复两至三次，最后用高压空气吹干。

②前照灯、尾灯发生重度水淹或水淹时间较长，这时灯壳内已产生水渍，用上述办法清除水渍是清除不掉的。针对此类情况，可将灯罩和灯壳粘接处进行高温烘烤，使其胶粘处软化，然后用壁纸刀将灯罩和灯壳粘接处割开，再用酒精清洗，除掉水渍。壳内水渍清除后，将灯罩和灯壳重新用玻璃胶粘合。

③水淹车辆配置氙气前照灯的车辆，灯内氙气前照灯控制单元无法修复，应更换氙气前照灯控制单元。

④汽车前照灯、后尾灯进水后，如果前照灯、后尾灯内带 LED 灯（发光二极管）的，无法修复，应更换前照灯、后尾灯总成。

⑤前照灯壳内带前照灯调整电动机的，前照灯调整电动机发生水淹损坏后，一般汽车生产厂家不单独提供前照灯调整电动机，针对此种情况，前照灯无法修复，只能更换前照灯灯壳。

⑥清洗前照灯时，注意不得使用汽油和香蕉水，否则会腐蚀灯罩。

（3）仪表台。

①仪表盘仪表被水淹，仪表被水浸泡时间较短，应迅速将仪表盘拆下分解，经检查集成

电路板无锈蚀、氧化现象,无需更换。修复方法,应使用酒精清洗,烘干后检测合格再使用。并用酒精清洗仪表盘罩,然后用高压空气吹干,重新组装,即可正常使用。

②如仪表盘被水淹,只要集成电路板发生锈蚀、氧化现象,就应更换仪表盘总成。如清洗修复,即使当时清洗后看似完好,但使用一段时间,电解反应就会重现,各种仪表就会失去使用功能。

③仪表台被水淹应分解清洗。仪表台台面属皮革材质制作的,轻度水淹,可清洗、保养修复;重度水淹,应更换。仪表台台面属复合材质制作的,应清洗烘干。

(4)线束。汽车在装配时线束和插头都涂有硅油,当线束和插头被水淹后,其上的硅油被溶解或已被冲刷掉,线束因水淹事故被浸泡,应对线束高温烘干;对插头、插座应立即采用酒精除锈、清洗、烘干方法修复,并用去水剂、防锈剂、保护剂作防潮处理。然后涂抹硅油,以防止线束在今后的使用中再度锈蚀和发生电解反应。

(5)熔断丝盒。现代汽车熔断丝盒的构造一般分为可拆解的熔断丝盒和不可拆解的熔断丝盒两种。

①可拆解的熔断丝盒,一般高档车配有集成电路板,低档车只配有熔断丝、熔断丝插座、继电器及连接线。熔断丝盒发生水淹后,经检查集成电路板、熔断丝插座、继电器出现锈蚀、氧化现象,应更换。无锈蚀、氧化现象,应采取清洗、烘干修复即可,无需更换。装配时用去水剂、防锈剂、保护剂作防潮处理,并涂抹少量硅油。

②熔断丝即使水淹较重,一般也不会出现锈蚀、氧化现象,应清洗、烘干处理即可。

③不可拆解的熔断丝盒,经检查熔断丝盒已进水损坏,应更换熔断丝盒总成。

④熔断丝盒线束发生水淹,应烘干后涂抹硅油处理。

(6)信号装置。信号系统报警灯、指示灯安装在仪表盘、仪表台及转向立柱上,信号系统装置的种类前面已讲,在这里不再叙述。

①安装在仪表盘上的电子控制的集成电路板、仪表及各种报警灯经检测,发生锈蚀、氧化现象,即应更换仪表总成。

②仪表盘上的电子控制的集成电路板发生轻度水淹,没有发生锈蚀、氧化现象,应用少量酒精清洗、烘干修复。

(7)各部开关。组合开关一般安装在转向立柱上,组合开关主要包括:前照灯开关、远光开关、雾灯开关、刮水器开关、刮水器喷水开关、转向开关等。现代汽车空调开关、暖风开关一般设计为一体的,安装在仪表台前部。暖风和空调制冷开关,根据驾驶舱内乘员可需要的温度,可随时调节。

①组合开关发生水淹,应分解检查,看其内部有无锈蚀、氧化现象,如已发生锈蚀、氧化应更换组合开关。无锈蚀、氧化现象,应清洗烘干修复。

②前照灯开关、暖风开关、空调开关发生水淹,修复或更换方法同组合开关。

③点火开关发生水淹,应清洗烘干修复。

(8)蓄电池。蓄电池有两种,一种是免维护蓄电池;另一种是可维护蓄电池(也就是传统的,可充填电解液,可充、放电的蓄电池)。现代汽车大多数车型普遍使用的均为免维护蓄电池,使用可维护蓄电池的车型目前很少,一般只有低速载货汽车和一些大型货车使用。

①免维护蓄电池。免维护蓄电池被轻度水淹,一般水进不到蓄电池壳体内。但蓄电池

发生严重水淹,水也可从通气孔进入。免维护蓄电池进水,无法修复,应更换。

检查免维护蓄电池是否进水的方法:

a. 目视蓄电池外壳电解液上限刻度,超过上限,即可断定蓄电池已进水;

b. 从蓄电池观察孔观看电解液颜色,电解液从观察孔目视,正常应是绿色的,进水后电解液就会变成红色。

②可维护蓄电池。可维护蓄电池被水淹,水从蓄电池盖通气孔可进入蓄电池壳体内,可维护蓄电池进水后,可修复。

修复方法:打开蓄电池盖,将原电解液倒出来,重新加入新的电解液。然后进行充、放电处理,按规定调整充电电流。

2)电控单元及电子元件

(1)电控单元。

①气囊电控单元。气囊电控单元集成电路板是密封的,其密封性能非常好,电控单元在一般情况下不会进水,但如果电控单元被水淹浸泡时间较长,也会进水。检查电控单元是否进水应将电控单元拆开,如芯片或集成电路板被水淹,应更换电控单元。如电控单元插座已发生水淹,水淹后的电控单元插座即使做了清洗并进行了除锈修复,表面看似完好,但外围线路、插座已氧化,使用一段时间,电解反应就会导致插头虚接现象,这样,电控单元就会失去正常使用功能。气囊电控单元是对驾驶员及乘员的安全起着非常重要的部件,所以必须要始终保证该部件的完好。气囊电控单元只要被水淹就应更换。

②发动机电控单元、变速器电控单元、车身电控单元。发动机电控单元、变速器电控单元、车身电控单元的防水性能非常好,即使被水短时浸泡后,一般无须拆修,可继续使用。但如水淹浸泡严重,时间较长,为了慎重起见,应将 ECU 拆开检查是否进水及水淹程度,做出相应的检测及修复。如集成电路板发生锈蚀、氧化应更换。如 ECU 集成电路板没有发生锈蚀、氧化,应用去水剂、防锈剂、保护剂清洗烘干修复,并在电控单元集成电路板上喷涂专用绝缘溶剂,可起到防水和抗腐蚀氧化的作用。

(2)安全气囊。为了便于安装,驾驶员气囊气体发生器一般都做成圆形。目前,大多数气体发生器都是利用热效应产生氮气充入气囊。前排乘客气囊的气体发生器为长筒形,其工作原理与驾驶员侧气体发生器相同。

①主气囊、副气囊被水淹后,气囊表面看似完好,气囊也没有爆出,但安全气囊系统的电子组件已进水,已发生锈蚀、短路。再者气囊依靠氮气引爆,引爆气囊的气体发生器与气囊安装在一起,水从气体发生器引爆孔进入,气体发生剂被浸泡已发生潮湿,失去爆发功能。虽然主气囊、副气囊没有爆出,但是也要必须更换。如不更换,一旦该车发生严重碰撞事故,主气囊、副气囊因已失去正常使用功能,不再爆出,就不会对驾驶员和乘员起到安全保护作用。

②游丝盘线束与主安全气囊连接,游丝盘发生水淹应更换。

③气体发生器的功能是在点火器引爆气体发生剂时,产生气体向气囊充气,使气囊瞬间爆开。气体发生器与气囊相连接,两种部件同时配合在一起使用,缺一不可,气体发生器固定在气囊支架上,气体发生器水淹后必须更换。

④点火器就是气体发生器引线,安装在气体发生器的中央位置,作用是在触发碰撞传感

器将气囊电路接通时,引爆点火剂,产生热量使充气剂分解。气体发生器引线发生水淹,必须更换。

⑤气囊传感器:

a.对气囊传感器与ECU制成一体的,气囊已更换,从事事故车辆定损、评估、鉴定人员不能再重复给付气囊传感器费用。

b.对气囊传感器单独配置的,一些高档汽车的安全气囊传感器一般用硅胶密封,其插头是镀银的,插头水浸后不会发生锈蚀,不应更换。但应做清洗、烘干防潮处理。同时为了慎重起见,插头处应涂抹硅油,防止电解反映出现。

c.中、低档汽车气囊传感器插头一般为镀铜的,水浸后如发生锈蚀、氧化现象,应更换。如插头浸泡时间较短,无锈蚀、氧化现象,但也应用无水酒精清洗,再用高压空气吹干。表面处理干净后,然后将插头涂抹硅油,对插头起到保护作用,防止电解反应出现,消除今后使用隐患。

在这里需要强调的是气囊传感器更换后,在重新安装时,一定要注意保证原安装的位置和安装的角度,不能偏离,否则影响气囊的爆出。

(3)电子传感器、电磁阀。电子控制组件在现代汽车上的应用越来越广泛,越来越多,一般汽车电子传感器、电磁阀所用的种类高达几十种,各部位电子传感器、电磁阀的精密度高,感应及其灵敏,每一种电子传感器、电磁阀在汽车上的作用都非常重要,各自分兵把关,履行各自的职责。

①各种电子传感器密封性能良好,水淹一般不会发生损坏。但为了慎重起见,可对水淹后的传感器用数字式万用表或波形示波器进行测试。如轻度水淹,各种电子传感器的插头没有发生锈蚀、氧化损坏,应用去水剂、防锈剂、保护剂清洗后烘干即可。如果传感器插头发生锈蚀、氧化,应更换。

②电磁阀最常见、最普遍使用的主要有:怠速电磁阀、涡轮增压电磁阀、制冷电磁阀、低温电磁阀、燃气电磁阀、脉冲电磁阀、直流电磁阀、高压电磁阀等。各种电磁阀如果轻度水淹,一般不会发生损坏。为了慎重起见,可将电磁阀用数字式万用表进行测试,如果没有发生损坏,可用去水剂、防锈剂、保护剂清洗,烘干即可。如果电磁阀插头发生锈蚀、氧化,应更换。

3)电器附属装置

(1)影音及GPS导航仪等装置。

①收音机、DVD影碟机、电视机、喇叭、GPS导航仪等音响装置的集成电路板,被水淹后发生锈蚀、氧化,应更换。

②收音机、DVD影碟机、电视机、喇叭、GPS导航仪等音响装置的集成电路板,被水淹后没有发生锈蚀、氧化现象,应采取清洗、烘干修复即可,无需更换。装配时用去水剂、防锈剂、保护剂作防潮处理,并应涂抹少量硅油。

③DVD影碟机、电视机、GPS导航仪等液晶显示屏进水后应更换。

上述这些影音及GPS导航系统装置,均为总成部件,每一种零部件发生水淹损坏,汽车生产厂家无单独的零部件供应,只能更换总成。

(2)空调装置。

①空调装置发生水淹时机械部分的处理方法。空调装置发生水淹事故时,空调管路内部是绝对不会进水的,因为空调管路是全密封的。空调装置被水淹后,只要将蒸发器总成分

解清洗烘干,更换空调滤芯即可。

②自动空调装置发生水淹时电控部分的处理方法。自动空调电控装置是由空调控制面板、空调 ECU、伺服电动机、蒸发器温度传感器、鼓风机、鼓风机调速电阻、空调压力开关、阳光传感器、室外温度传感器等部分组成。

a.自动空调电控装置发生水淹后,空调控制面板(液晶)、伺服电动机、阳光传感器应更换。

b.空调 ECU、蒸发器温度传感器、鼓风机、鼓风机调速电阻、空调压力开关、室外温度传感器等,被轻度水淹后,其本身与插头没有发生氧化、锈蚀的,应清洗烘干即可,为了慎重起见可用数字式万用表或用汽车解码器进行检测。

c.空调 ECU、蒸发器温度传感器、鼓风机、鼓风机调速电阻、空调压力开关、室外温度传感器发生重度水淹后,其本身与插头发生氧化、锈蚀后应更换。

4.车身发生水淹后部件损坏修复及更换标准

1)车身部件

车辆发生严重的水淹事故时,常会造成车身各零部件的损坏,如泥沙的冲击、水中杂物对车身的碰撞,会造成车身表面划伤、刮伤。车辆发生碰撞事故后,使车辆坠落、倾覆水中,造成车身零部件损坏。车身零部件发生损坏后的修复标准,参照车身部件损坏,修复及更换标准执行,故在此不再阐述。

2)车身附属部件

(1)座椅。

①中、高档车型座椅外套用皮革制作的,发生水淹,修复更换标准同水淹事故零部件损坏修复及更换基本标准。

②低档车型采用棉织物、化纤织物制作的座椅外套发生水淹,应清洗修复处理。

③高档车座椅调整电动机与座椅安装在一起,如果座椅调整电动机发生进水,电动机是可拆解的,应拆解清洗烘干后,重新装配;如电动机是不可分解的,经检测确已损坏,应更换。

(2)车身内饰及地板。

车身内饰及地板只要遭遇水淹,如车门内饰板、顶盖内饰板、发动机罩内衬、地板等零部件,必须将被水淹过的零部件全部拆下,防止被水淹过的部件因湿气没有得到有效挥发,汽车在今后的使用中电器元件和线路将会出现腐蚀,甚至会再次发生故障和事故。同时也会腐蚀与这些部件相连接的车身钣金部件,影响汽车的使用寿命。对拆下的车身内饰零部件及与这些部件相连接的车身钣金金属部件,要采取彻底清洗、烘干、晾晒等方法修复。注意烘干或晾晒时一定要干透,以防受损部件因干不透(即假干)而在今后使用中后患无穷。

6.6　汽车火灾损失分析

6.6.1　汽车火灾分类

火灾对车辆损坏一般分为整体燃烧和局部燃烧。

1.整体燃烧

整体燃烧是指:机舱内线路、电器、发动机附件、仪表台、内装饰件、座椅烧损,机械件完体烧融变形,车体金属(钣金件)件脱炭(材质内部结构发生变化),表面漆层大面积烧损,该情况下的汽车损坏通常非常严重。

2.局部烧毁

局部烧毁分三种情况:

(1)机舱着火造成发动机前部线路、发动机附件;

(2)轿壳或驾驶室着火,造成仪表台、部分电器;

(3)货运车辆货箱内着火。

6.6.2　汽车火灾损失的评估步骤

汽车火灾损失的评估步骤为:

(1)对明显烧损的进行分类登记;

(2)对机械件应进行测试、拆解检查。特别是转向、制动、传动部分的密封橡胶件;

(3)对金属件(特别是车架,前、后桥,壳体类)考虑是否因燃烧而退火、变形;

(4)对于因火灾使车辆遭受损害的,拆解检查工作量很大,且检查、维修工期较长时,很难在短时期内拿出准确估价单,只能是边检查边定损,反复进行。

6.6.3　汽车火灾的损失评估

汽车起火燃烧以后,其损失评估的难度相对较大。

如果汽车的起火燃烧被及时扑灭了,可能只导致一些局部的损失,损失范围也只是局限在过火部分的车体油漆、相关的导线及非金属管路、过火部分的汽车内饰。只要参照相关部件的市场价格,并考虑相应的工时费,即可确定出损失的金额。

如果汽车的起火燃烧持续了一段时间之后才被扑灭,虽然没有对整车造成毁灭性的破坏,但也可能造成比较严重的损失。凡被火"光顾"过的车身的外壳、汽车轮胎、导线线束、相关管路、汽车内饰、仪器仪表、塑料制品、外露件的美化装饰等可能都会报废,定损时需考虑到相关需更换件的市场价格、工时费用。

如果起火燃烧程度严重,外壳、汽车轮胎、导线线束、相关管路、汽车内饰、仪器仪表、塑料制品、外露件的美化装饰等肯定会被完全烧毁。部分零部件,如控制电脑、传感器、铝合金铸造件等,可能会被烧化,失去任何使用价值。一些看似"坚固"的基础件,如发动机、变速器、离合器、车架、悬架、车轮轮毂、前桥、后桥等,在长时间的高温烘烤作用下,会因"退火"而失去应有的精度,无法继续使用,此时,汽车离完全报废的距离已经很近了。

6.7　工时费、涂饰费的确定

6.7.1　工时费的确定

工时费的计算方式是:

$$工时费 = 工时定额 × 工时单价$$

其中,工时定额是指实际维修作业项目核定的结算工时数,工时单价是指在生产过程中单位小时的收费标准。

对于事故车的估损,工时定额一般有以下几个来源,可供评估人员参考:

(1)对于部分进口乘用车,可以查阅该车型的《碰撞估损指南》,如 MITCHELL 公司和 MOTOR 公司编写的《碰撞估损指南》,不仅提供了各总成的拆装和更换工时,部分总成还提供了大修工时,并且考虑到了各部件之间的重叠工时,是比较适用的估损工具。

(2)对国产车型和部分进口车型,可以参照各车型主机厂的《工时手册》和《零件手册》中的各个项目的工时,然后累加即可。但要注意剔除重叠的工时部分。

(3)如果没有《工时手册》和《零件手册》或手册中没有列出相应工时,则可参考各地汽车维修主管部门制定的《汽车维修工时定额与收费标准》。工时单价一般随着地域、修理厂类别、工种的不同而不同。

根据修理作业的不同,工时可分为五项:拆装和更换工时、修理工时、钣金工时、辅助工时、涂饰费。

拆装和更换工时是指把损坏的零件或总成从车上拆下来,拆下该零件上的螺栓安装件或卡装件,把他们并转移到新件上,然后再把这个新零件或总成安装到车辆上,并调整和对齐所需的工时。有时,拆装还包括把一些没有损伤的零部件或总成,由于结构的原因,当维修人员更换、修复、检验其他部件时,需要拆下该零部件的总成,并完成相关作业后再重新装回。所以,此时要求评估人员对被评估汽车的结构非常清楚,对汽车修理工艺了如指掌。

维修工时是指对某些零部件或总成进行分解、检查、测量、调整、诊断、故障排除、重新组装等操作所需要的工时。修理工时的确定非常复杂,零部件价格的不同、地域的不同、修理工艺的不同等都可能造成修理工时的不同。

钣金工时与汽车的档次直接相关。对于完全相同的一个部位,如果发生在低档车上,由于技术水平要求低,可能所需要的工时不是太高,假如发生在高档车上,则由于技术要求高,所花费的时间、精力以所要求的技术水平均高,所需要的工时也自然要高。

辅助工时的确定通常包括:把待修汽车安放到修理设备上并进行故障诊断所需要的工时;用推拉、切割等方式拆却撞坏的零部件所需要的工时;相关零部件的矫正与调整所需要的工时;去除内漆层、沥青、油脂所需要的工时;修理生锈或腐蚀的零部件所需要的工时;松动锈死或卡死的零部件所需要的工时;检查悬架系统和转向系统的定位所需要的工时;拆装主要电脑模块所需要的工时;拆卸及装回车轮和轮毂罩所需要的工时。虽然每项工时都不大,但对于较大的碰撞事故,各作业项累计工时通常是不能忽视的。

最后必须注意,将各类工时累加时,各损失项目在修理过程中有重叠作业项目时,必须考虑将劳动时间适度核减。

6.7.2 涂饰费的确定

涂饰费的计算有两种方法:

1.按喷漆工时计算

喷漆工时来源包括:

(1)部分进口车型配有专业估损手册,规定了新更换件的喷涂工时、维修过的零件的喷涂工时等;

（2）查找该车型的主机厂的《工时手册》或《零件手册》，一般也规定了各个主要板件或部件的喷漆工时；

（3）各地维修管理部门规定或推荐的工时。

按喷漆工时计算涂饰费是用喷漆工时乘以预先设定的每工时耗漆费用。例如，如果预先确定的每工时耗漆费用为200元，车门的喷漆工时为3个小时，则喷涂车门的涂饰费就是600元。每工时耗漆费用通常是维修站根据当地的漆料价格增加一些利润后预先设定的。

2. 按喷漆面积计算

除按喷漆工时计算涂饰费用外，还可以按喷漆面积计算涂饰费用。尤其是对那些没有专业估损手册和主机厂的《工时手册》的车型，或虽有手册，但只是钣件上的部分区域需要喷漆时，使用面积计算方法比较方便。此时，汽车涂饰费用取决于烤漆面积及漆种单价。

1）喷漆面积计算方法

烤漆面积的计算，并非利用数学方法简单计算其实际面积，而是采用实践经验法。

2）漆种单价

丙烯酸瓷漆与丙烯酸氨基瓷漆是汽车碰撞修理中常用的两种面漆材料，有各种漆色，包括纯色漆、金属漆和珠光漆等。

6.8　材料价格、修复价值和残值

6.8.1　材料价格

事故车辆的维修过程中，需要大量更换损坏且不能再使用的零配件，这就需要确定更换零配件的价格。

汽车配件价格信息的准确度对准确评估事故车辆维修费用具有举足轻重的影响。由于零配件生产厂家众多，市场上不但有原厂或正规厂家生产的零配件，而且还有许多小厂家生产的零配件，因此市场价格差异较大。另外，由于生产厂家的生产调整、市场供求变化等多种原因也会造成零配件价格不稳定，处于波动状态，特别是进口汽车零部件缺乏统一的合格标准，其价格差异更大。因此，如何确定零部件价格，是困扰事故汽车评估的一大难题。

目前，各保险公司都建立了一个完整、准确、动态的询报价体系，如人保建立了独立团报价系统《事故车辆定损系统》，使得估损人员在评估过程中能够争取主动，保证定出的零配件价格符合市场行情，大大加快了评估速度。而对一些特殊车型，报价系统中可能没有，则采用与专业机构合作的方式或安排专人定期收集整理配件信息，掌握和了解配件市场行情变处情况，与各汽配商店及经济信息部门联系，以期取得各方面的配件信息。对高档车辆及更换配件价值较大的亦可与外地配件市场电话联系，并与当地配件价格比较（要避免在配件价格方面出入较大）。

6.8.2　修复价值

理论上讲，任何一辆损坏的汽车都是可以通过修理恢复到事故前状况的。但是，有时修复的做法往往是不经济的或没有意义的。

对于事故车辆,如果损失严重,要考虑是否具有修复价值:如果修复费用明显小于重置费用,完全有必要修复;修复费用接近重置费用甚至大于重置费用,一般说来就没有修复的必要了。有些事故中,可能事故本身导致的车辆损失不是非常严重,但其他损失比较高,如施救费用非常高,此时,事故车辆本身虽然具有修复价值,但考虑到过高的施救费用,通常会对车辆按全损评估,即按推定全损处理。

6.8.3　残值

残值是指事故车辆整体损伤严重,按全损处理后,对残余物的价值进行评估,或某些零部件、总成损伤严重,更换新的零部件、总成后,对原有零部件、总成的残余物部分进行价值评估。

保险条款一般规定汽车的残值按协商方式作价归被保险人所有,当保险公司与被保险人或修理厂协商残值价格时,保险公司为了提高效率和减少赔付,常常会做出一些让步,即在评估实务中评估单上的残值价值通常会低于整车或零部件残值的实际价值。

当事故造成的损失较大,更换件也较多,保险公司通常会要求确定残值,残值的确定步骤如下:

(1)列出欲更换项目的清单;

(2)将被更换的旧件分类;

(3)估定各类旧件的重量;

(4)根据旧材料价格行情确定残值。

本 章 小 结

事故车辆损失评估,不同事故类型,导致车辆的损坏形式不同;然后再分类确定损坏项目,本章根据零件的材质、工作场合、维修技术等,给出了损坏零件是维修还是更换的标准;需要维修的,还应确定维修工时费用,需要更换的,还应确定更换零件的市场价格,本章对工时费用计算、零配件价格确定等进行了阐述;事故车的评估中,涂饰费是比较常见也是非常重要的一个项目,本章对喷漆工时计算、喷漆面积计算、漆种单价等给予了详细介绍。本章对汽车碰撞损失、水灾损失、火灾损失三类进行分析。

复习与思考题

1.进行碰撞损伤鉴定评估之前,应当注意哪些安全事项?

2.汽车的碰撞损伤评估分哪几个步骤?

3.非承载式车身的车架变形主要有哪几种形式?

4.承载式车身,按碰撞部位划分,主要有哪几种形式,损坏零部件分别有哪些?

5.车身结构钣金件损坏时,如何掌握修与换的标准?

6.车身非结构钣金件修与换的标准如何掌握?

7.车上的塑料件修与换的标准如何掌握?

8. 汽车被水浸泡后,容易造成哪些损失?

9. 汽车火灾损失评估分哪几个步骤?

10. 如何确定车身的烤漆费用?

拓展知识点

赵清,赵晓光.事故车辆部件损坏修复与更换标准及工时定额[M].北京:人民交通出版社,2012.

学习资源

董恩国,孙奇涵.汽车鉴定与评估实务[M].北京:北京理工大学出版社,2011.

第7章　二手车鉴定评估报告书

教学目标

1. 理解资产评估报告的基本概念、基本要素。
2. 知道国有资产评估报告的基本制度。
3. 掌握二手车鉴定评估报告书的编写方法。

教学要点

知 识 要 点	掌 握 程 度	相 关 知 识
资产评估报告的基本概念及基本制度	理解	资产评估报告的基本概念、基本要素、基本制度
二手车鉴定评估报告书概述	知道	二手车鉴定评估报告的相关制度、基本内容
二手车鉴定评估报告书的编制步骤和注意事项	掌握	资产评估报告书的编制、编写步骤、制作的技术要点
二手车鉴定评估报告书案例	掌握	出具流程介绍、报告书案例

7.1　资产评估报告的基本概念及基本制度

7.1.1　资产评估报告的基本概念

1. 资产评估报告

资产评估报告,是指注册资产评估师遵循相关法律、法规和资产评估准则,在实施了必要的评估程序对特定评估对象的价值进行估算后,编制并由评估人员所在评估机构向委托方提交的反映其专业意见的书面文件。注册资产评估师应当根据评估业务的具体情况,提供能够满足委托方和其他评估报告使用者合理需求的评估报告,并在评估报告中提供必要的信息,使评估报告使用者能合理理解评估结论。资产评估报告是按照一定格式和内容来反映评估目的、假设、程序、标准、依据、方法、结果及适用条件等基本情况的报告书。广义的资产评估报告是一种制度。它规定评估机构在完成评估工作之后必须按照规定程序和要求,用书面形式向委托方及相关主管部门报告评估过程和结果。狭义的资产评估报告即资产评估报告结果报告书,即资产评估机构与注册资产评估师完成对资产作价,就被评估资产在特定条件下的价值所发表的专家意见,也是评估机构履行评估合同情况的总结,是评估机构和注册资产评估师为资产评估项目承担相应法律责任的证明文件。

《国际资产评估准则》(IVS)和美国《专业评估执业同一准则》(USPAP)都是从报告类型与报告要素对资产评估报告进行规范的。目前,我国对资产评估报告的要求则是从基本内容和格式方面进行规范的。按照财政部《资产评估报告基本内容与格式的暂行规定》的有关规定,资产评估报告书应该包括资产评估报告书正文、资产评估说明、资产评估明细表及相关附件。我国资产评估报告的编制与国际资产评估报告的编制存在较大的差别,主要是由于在资产评估行业发展初期,我国的资产评估管理体制所导致的。当时资产评估报告主要为了使国有资产管理部门能够较好地了解资产评估情况,便于其管理工作,因此报告主要围绕管理部门的要求来完成。但是,在评估报告中往往忽略了一些重要的内容,如评估的假设、评估的价值前提、价值类型、定义、评估报告的使用、评估责任的界定等,实质上容易在未来的经济行为中给评估机构与注册资产评估师带来潜在的法律责任,也不利于报告的使用者对评估结果的使用。随着我国经济的发展,国际事务和交往增多,我国评估界也需要按照国际通行标准进行操作,而评估报告书作为评估工作的最终体现也要求我国注册资产评估师熟悉国际资产评估报告的要求,要求我国注册资产评估师能按照国际语言进行评估结果的表述。

2. 资产评估报告书的作用

资产评估报告书有以下四方面的作用:

(1)它对委托评估的资产提供价值意见。资产评估报告书是经具有资产评估资质的机构根据委托评估资产的特点和要求组织评估师及相应的专业人员组成的评估队伍,遵循评估原则和标准,按照法定的程序、运用科学的方法对被评估资产的价值进行评定和估算后,通过报告书的形式提出价值意见,该价值意见不代表任何当事人一方的利益,是一种独立专家估价的意见,具有较强的公正性和客观性,因此成为被委托评估资产作价的重要参考。

(2)资产评估报告书是反映和体现资产评估工作情况,明确委托方、受托方及有关方面责任的依据。它用文字的形式,对受托资产评估业务的目的、背景、范围、依据、程序、方法等方面和评定的结果进行说明和总结,体现了评估机构的工作成果。同时,资产评估报告书也反映和体现了受托的资产评估机构和执业人员的权利和义务,并以此来明确委托方、受托方有关方面的法律责任。在资产评估现场工作完成后,评估机构和评估人员就要根据现场工作取得的有关资料和估算数据,编写评估结果报告书,向委托方报告。负责评估项目的评估师也同时在报告书中行使自己签字的权利,并提出报告使用的范围和评估结果时限的前提等具体条款。当然,资产评估报告书也是评估机构履行评估协议和向委托方或有关方面收取评估留用的依据。

(3)对资产评估报告书进行审核是管理部门完善资产评估管理的重要手段。资产评估报告书是反映评估机构和评估人员的执业道德、执业能力以及评估质量高低和机构内部管理机制完善程度的重要依据。有关管理部门通过审核资产评估报告书,可以有效地对评估机构的业务开展情况进行监督和管理。

(4)资产评估报告书是建立评估档案、归集评估档案资料的重要信息来源。评估机构和评估人员在完成评估任务之后,都必须按照档案管理的有关规定,将评估过程收集的资料、工作记录以及资产评估过程的有关工作底稿进行归档,以便进行评估档案的管理和使用。由于资产评估报告书是对整个评估过程的工作总结,其内容包括评估过程的各个具体环节和有关资料的收集和记录,因此,不仅评估报告书的底稿是评估档案归集的主要内容,编写资产评估报告过程采用的各种数据、各个依据、工作底稿和资产评估报告制度中形成有关的文字记录等都是资产评估档案的重要信息来源。

7.1.2 资产评估报告的基本要素

注册资产评估师应在执行必要的资产评估程序后,根据相关资产评估准则并由所在评估机构出具评估报告。注册资产评估师应当在评估报告中披露相关的必要信息,使评估报告使用者能够合理理解评估结论。

资产评估报告一般应包括以下基本要素(以企业价值评估为例):

(1)评估报告类型。

(2)委托方、资产占有方及其他评估报告使用者。

(3)被评估企业基本情况及财务状况。

(4)评估范围和评估对象基本情况。

(5)评估目的。

(6)价值类型和定义。

(7)评估基准日。

(8)评估假设和限制条件。

(9)评估依据。

(10)评估方法。

(11)评估程序实施过程和情况。

(12)评估结论。

(13)特别事项说明。

(14)评估报告日。

(15)评估机构和注册资产评估师签章。

(16)附件。

在评估报告中,注册资产评估师应该根据评估项目的具体情况,就被评估资产的基本情况进行说明(以企业价值评估为例),一般包括:

(1)评估对象的存在状况、权利状况和受到的限制。

(2)在评估报告中披露所有影响评估分析、判断和结论的评估假设和限定条件,并就其对评估结论的影响进行必要的说明。

(3)在评估报告的评估程序实施过程和情况说明部分中,重点披露被评估企业的财务分析、调整以及评估方法的应用实施过程。

(4)在评估报告中披露财务分析、调整情况时,通常应当包括下列内容:

①被评估企业历史财务资料分析总结,列示能够充分满足评估目的需要和揭示被评估企业特性的若干年度的资产负债表和损益表的汇总资料;

②对财务报告、企业申报资料所做的重大或实质性调整；

③相关预测所涉及的关键性评估假设和限定条件；

④被评估企业与其所在行业平均经济效益状况的比较。

(5)注册资产评估师在评估报告中披露评估方法运用实施过程和情况时，通常应包括下列内容：

①选择评估方法的过程和依据；

②评估方法的运用和逻辑推理计算过程；

③资本化率、折现率、价值比率等参数的获取来源；

④对初步评估结论进行综合分析，形成最终评估结论的过程。

(6)注册资产评估师应根据评估项目的具体情况，在评估报告中对被评估企业的基本情况进行说明，一般包括：

①企业名称、类型和组织形式；

②企业历史状况；

③企业主要产品或服务；

④市场和客户状况

⑤企业管理状况；

⑥季节或周期因素对企业运营的影响；

⑦企业运营常规流程；

⑧企业主要资产状况，如有形资产、无形资产、主要负债等；

⑨企业发展前景；

⑩企业、股权等以往市场交易情况；

⑪竞争状况；

⑫影响企业生产经营的宏观经济因素；

⑬影响企业生产经营的行业发展前景；

⑭其他需要说明的企业状况。

注册资产评估师可以根据评估业务性质、评估标的情况、委托方和其他评估报告使用者的要求，合理确定评估报告的详略。

7.1.3　国有资产评估报告的基本制度

资产评估报告基本制度是规定资产评估机构完成国有资产评估工作后由相关国有资产管理部门或代表单位对评估报告进行核准、备案的制度。

1. 资产评估报告基本制度的产生和发展

1991 年国务院以 91 号令颁布的《国有资产评估管理办法》规定，资产评估机构对委托单位(国有资产占有单位)被评估资产的价值进行评定和估算，要向委托单位提出资产评估结果报告书，委托单位收到资产评估机构的资产评估报告书后，应当报告其主管部门审查，主管部门同意后，报同级国有资产管理行政主管部门确认资产评估结果。经国有资产管理行政管理部门授权或委托，国有资产占有单位的主管部门也可以确认资产评估结果。该文件还规定，国有资产管理行政主管部门应当自收到占有单位报送的资产评估结果报告书之日起 45 日内组织审核、验证协商、确认资产评估结果,并下达确认通知书。这就是我国最早的资产评估报告制度。1993年国有资产管理局制定和发布了《关于资产评估报告书的规范意见》(国资办发[1993]55号),1995年国有资产管理局又制定和颁布了《关于资产评估立项、确认工作的若干规范意见》,1996年5月7日,国资办发[1996]23号文件转发了中国资产评估协会制定的《资产评估操作规范意见(试行)》,规定了资产评估报告书及送审专用材料的具体要求,以及资产评估工作底稿的项目档案管理,进一步完善了资产评估报告制度。1999年财政部测评字[1999]91号文件颁布的《关于印发资产评估报告基本内容与格式的暂行规定》的通知,对原有的资产评估报告有关制度做了进一步修改完善,使资产评估报告制度不仅适用于国有资产评估,也同样适用于非国有资产的评估。2000年财政部财企[2000]256号文件提出了《关于调整涉及股份有限公司资产评估项目管理权的通知》。其中对涉及股份有限公司资产评估项目的受理审核事权在财政部和省级财政部门之间进行了分工。2001年12月31日国务院办公厅以国办发[2001]102号《国务院办公厅转发财政部关于改革国有资产评估行政管理方式,加强资产评估监督管理工作意见的通知》对资产评估项目管理方式进行了重大改革,取消了对国有资产评估项目的立项确认审批制度,实行核准制和备案制,并加强对资产评估活动的监管。

2. 资产评估报告书的基本内容

依照财政部《资产评估报告基本内容与格式的暂行规定》,下面主要对资产评估报告书正文及相关附件进行介绍,具体格式参阅有关文件。资产评估报告书正文及相关附件的基本内容主要有:

1)资产评估报告书封面基本内容

资产评估报告封面须载明下列内容:资产评估项目名称、资产评估机构出具评估报告的编号、资产评估机构全称和评估报告提交日期等。有服务商标的,评估机构可以在封面载明其图形标志。

2)资产评估报告书摘要的基本内容

每份资产评估报告书的正文之前应由表达该报告书关键内容的摘要,用来让各有关方面了解该评估报告书的主要信息。该摘要与资产评估报告书正文一样具有同等法律效力,由注册资产评估师、评估机构法定代表人及评估机构等签字盖章和签署提交日期。该摘要还必须与评估报告书的结果一致章和签署提交日期。该摘要还必须与评估报告书的结果一致,不得有误导性内容,并应采用提醒文字提醒使用者阅读全文。

3)资产评估报告书正文的基本内容

(1)首部。评估报告书正文的首部应包括标题和报告书序号,标题应有××(评估)项目资产评估评估报告书字样。

(2)绪言。报告书正文的绪言应写明该评估报告委托方全称、受托评估事项及评估工作整体情况。

(3)委托方与资产占有方简介。报告书正文的委托方与资产占有方简介应较为详细地分别介绍委托方、资产占有方的情况,当委托方和占有方相同时,可作为资产占有方介绍,也要写明委托方和资产占有方之间的隶属关系或经济关系。无隶属关系或经济关系的,应写明发生评估的原因,当资产占有方为多家企业时,需逐一介绍。

(4)评估目的。报告书正文的评估目的应写明本次资产评估是为了满足委托方的何种需要及其所对应的经济行为类型。

（5）评估范围和对象。应写明纳入评估范围的资产及其类型,并列出评估前的账面金额。

（6）评估基准日。应写明评估基准日的具体日期,确定评估基准日的理由或成立条件,揭示确定基准日对评估结果的影响程度。评估基准日应根据经济行为的性质由委托方确定,并尽可能与评估目的实现日接近。

（7）评估原则。应在这部分中写明评估工作过程中遵循的各类原则和本次评估遵循国家及行业规定的公认原则,对所遵循的特殊原则应作适当阐述。

（8）评估依据。应列出评估依据,包括行为依据、法律法规依据、产权依据和取价依据等,对评估中采用的特殊依据应作相应的披露。

（9）评估方法。这部分应说明评估过程所选择、使用的评估方法和选择评估方法的依据或原因。对某项资产评估采用一种以上评估方法的还应说明原因并说明该资产价值确定方法。对所选择特殊评估方法的,也应介绍其原理和适用范围。

（10）评估过程。应反映评估机构自接受评估项目委托起至提交评估报告的全过程。包括接受委托过程中确定评估目的、对象及范围,基准日和拟订评估方案的过程,资产清查中的指导资产占有方清查、收集准备资料、检查与验证过程;评估估算中的现场检测与鉴定、评估方法选择、市场调查与分析过程;评估汇总中的结果汇总、评估结论分析、撰写报告与说明、内部复核过程,以及提交评估报告等过程。

（11）评估结论。这部分是报告正文的重要部分,应使用表述性文字完整地叙述评估机构对评估结果发表的结论,对资产、负债、净资产的账面价值、调整后账面价值、评估价值及其增减幅度进行行述。还应单独列示不纳入评估汇总表的评估结果。

（12）特设事项说明。说明在评估过程中已发现可能影响评估结论,但非评估人员执业水平和能力所能评定估算的有关事项,也应提示评估报告使用者注意特别事项对评估结论的影响,还应揭示评估人员认为需要说明的其他事项。

（13）评估基准日期后重大事项。这部分应揭示评估基准日后至评估报告提出日期间发生的重要事项,以及评估基准日的期后事项对评估结论的影响,还应说明发生在评估基准日期后不能直接使用评估结论的事项。

（14）评估报告法律效力、使用范围和有效期。这部分应具体写明评估报告成立的前提条件和假设条件,并写明评估报告依照法律法规的有关规定发生法律效力和评估结果的有效使用期限。还应写明评估结论仅供委托方依评估目的使用和送交主管部门审查使用,并申明评估报告书的使用权归委托方所有,未经许可不得随意向他人提供或公开。

（15）评估报告提出日期。应写明评估报告书提交委托方的具体日期。

（16）尾部。写明出具评估报告书的机构名称并加盖公章,由评估机构法定代表人和至少两名负责评估的注册资产评估师签名盖章。

7.2 二手车鉴定评估报告书概述

7.2.1 二手车鉴定评估报告的相关制度

二手车鉴定评估报告制度是规定二手车鉴定评估机构在完成二手车鉴定评估工作后应

向委托方出具鉴定评估报告书的一系列有关的规定的制度。

二手车鉴定评估属于专项资产评估,鉴定评估的对象又属于特种资产,因而对这种资产鉴定评估工作的管理有别于其他资产。在鉴定工作结束后,根据国家经济贸易委员会、劳动和社会保障部《关于规范旧机动车鉴定评估工作的通知》(国经贸贸易〔2002〕825 号)、《二手车流通管理办法》以及其他有关法律、法规为依据。旧机动车鉴定评估报告的基本内容和格式必须遵循国经贸贸易〔2002〕825 号文件的规定,必须向委托方出具鉴定评估报告书,同时建立二手车鉴定评估报告档案管理制度。2014 年 6 月 1 日实施的 GB/T 30323—2013《二手车鉴定评估技术规范》进一步规范了评估报告。

根据国家现行有关法律、法规的要求,二手车鉴定评估报告的有关制度主要有以下几个方面:

(1)二手车鉴定评估报告书从原来国家经济贸易委员会、旧机动车鉴定评估工作的通知》以及其他有关法律法规为依据,内容和格式从国经贸贸易〔2002〕825 号文件的规定参照 GB/T 30323—2013《二手车鉴定评估技术规范》执行。

(2)二手车鉴定评估机构接受委托开展机动车鉴定评估工作活动后,要按照有关法规的要求,向委托方出具涉及该评估对象的评估过程、方法、结论、说明、计算过程及各类备查文件等内容的二手车鉴定评估报告书。

(3)二手车鉴定评估报告书是由鉴定评估报告书正文及相关附件组成。

(4)二手车鉴定评估活动应充分体现鉴定评估机构的独立、客观、公正的原则,鉴定评估报告书的陈述不得带有任何诱导、恭维和推荐的陈述,评估报告书正文不得出现鉴定评估机构的介绍性内容。

(5)二手车鉴定评估报告书的数据一般均应采用阿拉伯数字,鉴定评估报告书应用中文撰写打印(手写无效)。如需出具外文评估报告书,外文评估报告书的内容和结果应与中文报告书一致,并须在评估报告书中注明以中文报告为准。

(6)鉴定评估工作完毕后,二手车鉴定评估机构应按鉴定评估委托书及其附件、二手车鉴定评估工作底稿、审核确认文件等,并按有关规定的保存期限进行保管。

(7)委托方和有关单位应依据国家法律、法规有关规定,按照机动车鉴定评估报告书的条款,正确使用二手车鉴定评估报告书。

7.2.2　二手车鉴定评估报告书的基本内容

1.封面

二手车鉴定评估报告书的封面须载明下列内容:二手车鉴定评估报告书名称、鉴定评估机构出具鉴定评估报告的编号、二手车鉴定评估机构全称和鉴定评估报告提交日期等。有服务商标的,评估机构可以在报告封面载明其图形标志。

2.首部

鉴定评估报告书正文的首部应包括:

1)标题

标题应该简练清晰,含有"×××(评估项目名称)资产评估报告书"字样位置居中偏上。

2）报告书序号

报告书序号应符合公文的要求,包括评估机构特征字、公文种类特征字(例如;评报、评咨、评函,评估报告书正式报告应用"评报",评估报告书预报应用"评预报")、年份、文件序号,例如:××评报字(2004)第××号,或者××评报字2013—0101,第一个01代表1月份,第二个01代表1月份的第一份报告,位置本行居中。

3. 绪言

写明该评估报告委托方全称、受委托评估事项及评估工作整体情况,一般应采用包括下列内容的表达格式:

"××(鉴定评估机构)接受××××的委托,根据国家有关资产评估的规定,本着客观、独立、公正、科学的原则,按照公认的资产评估方法,对×××(车辆)进行了鉴定评估。本机构鉴定评估人员按照必要的程序,对委托鉴定评估车辆进行了实地查勘与市场调查,对其在××××年××月××日所表现的市场价值作出了公允反映。现将车辆评估情况及鉴定结果报告如下:"

4. 委托方与车辆所有方简介

应写明委托方、委托方联系人的名称、联系电话及住址,指出车主的名称。

5. 评估目的

应写明本次资产评估是为了满足委托方的何种需求,及其所对应的经济行为类型。

6. 评估对象

须简要写明纳入评估范围车辆的厂牌型号、号牌号码、发动机号、车辆识别代号、注册登记日期、年审检验合格有效日期、有无购置附加费证及车船使用税等。

7. 鉴定评估基准日

写明车辆鉴定评估基准日的具体日期,式样为:鉴定评估基准日是××年××月××日。

8. 评估原则

写明评估工作中遵循的各类原则以及本次鉴定评估遵循国家及行业规定的公认原则。对于所遵循的特殊原则,应作适当阐述。

9. 评估依据

评估依据一般可以划分为行为依据、法律法规依据、产权依据及取价依据等。行为依据主要是指二手车鉴定评估委托书、法院的委托书等经济行为文件。法律法规依据应包括车辆鉴定评估的有关条法、文件及涉及车辆评估的有关法律、法规等。产权依据是指被评估车辆的机动车登记证书或其他能够证明车辆产权的文件等。评定及取价依据应为鉴定;评估机构收集的国家有关部门发布的统计和技术标准资料,及其评估机构收集的有关询价资料和参数资料等。对评估中采用的特殊依据应在本节内容中披露。

10. 评估方法及计算过程

简要说明评估人员在评估过程中所选择并使用的评估方法,简要说明选择评估方法的依据或原因,如对某车辆评估采用一种以上的评估方法,应适当说明原因并说明该资产评估价值的确定方法。对于所选择的特殊评估方法,应适当介绍其原理与应用范围,各种评估方法计算的主要步骤等。

11．评估过程

评估过程应反应二手车鉴定评估机构自接受评估委托起至提交评估报告的各种过程，包括接受委托、验证、现场查勘、市场调查与询证、评定估算、提交报告等过程。

12．评估结论

13．特别事项说明

评估报告中陈述的特别事项是指在已确定评估结果的前提下，评估人员揭示在评估过程中已发现可能影响评估结论、但非评估人员执业水平和能力所能评定估算的有关事项，提示评估报告使用者应注意特别事项对评估结论的影响，揭示鉴定评估人员认为需要说明的其他问题。

14．评估报告法律效力

揭示评估报告的有效期，特别提示评估基准日的期后事项对评估结论的影响及其评估报告的使用范围等。

15．鉴定评估报告提出日期

写明评估报告委托方的具体时间，评估报告原则应在确定的评估基准日后 1 周内提交。

16．附件

附件应包括二手车鉴定评估委托书、二手车鉴定评估作业表、车辆行驶证、购置证、车辆登记证书复印件、鉴定评估机构营业执照复印件、鉴定评估师资质复印件等。

17．尾部

写明出具评估报告的评估机构名称，并盖章，写明评估机构法人姓名并签章，注册二手车鉴定评估师签章，高级注册评估师审核签章以及报告日期。

7.3　二手车鉴定评估报告书的编制步骤和注意事项

7.3.1　资产评估报告书的编制

资产评估报告书的制作是评估机构完成评估工作的最后一道工序，是资产评估工作中的一个重要环节。制作资产评估报告书主要有五大步骤：

1．整理工作底稿和归集有关资料

资产评估现场工作结束后，有关评估人员必须着手对现场工作底稿进行整理，按资产的性质进行分类。同时对有关询证函、被评估资产背景材料、技术鉴定情况和价格取证等有关资料进行归案和登记。对现场未予确定的事项，还须进一步落实和核查。

2．评估明细表的数字汇总

在完成现场工作底稿和有关资料的归案任务后，评估人员应着手评估明细表的数字汇总。明细表的数字汇总应根据明细表的不同级次首先进行明细表汇总，然后分类汇总，再到资产负债表的汇总。在数字汇总中应核对有关数字的关联性和各表栏之间数字的关系，预防出错。

3．评估初步数据的分析和讨论

在完成评估明细表的数字汇总，得出初步的评估数据后，应组织参与评估工作的有关人员,对评估报告的初步数据结论进行分析和讨论,比较有关评估数据,复核记录估算结果的工作底稿,对存在作假不合理的部分评估数据进行调整。

4.编写评估报告书

编写评估报告书可分两步:

(1)在完成资产评估初步数据的分析和讨论,对有关部分的数据进行调整后,由具体参加评估各组负责人草拟出各自负责评估部分资产的评估说明,同时提交全面负责、熟悉本项目评估具体情况的人员草拟出资产评估报告书。

(2)将评估基本情况和评估报告书初稿的初步结论与委托方交换意见,听取委托方的反馈意见后,在独立、客观、公正的前提下,认真分析委托方提出的问题和建议,考虑是否应修改评估报告书,对评估报告中存在的疏忽、遗漏和错误之处进行修正,然后编写资产评估正式报告书。

5.资产评估报告书的签发与送交

评估机构编写出资产评估正式报告书后,经审核无误,按以下程序进行签名盖章:先由负责该项目的注册评估师签章(两名或两名以上),再送复核人审核签章,最后送评估机构负责人审定签章并加盖机构公章。资产评估报告书签名盖章后即可送交委托单位。

7.3.2　二手车鉴定评估报告书的编写步骤

编写二手车评估报告书可以分为如下两个步骤:

(1)在完成二手车鉴定评估数据的分析和讨论,对有关部分的数据进行调整后,由具体参加评估的注册二手车鉴定评估师草拟出二手车鉴定评估报告书。

(2)将二手车鉴定评估的基本情况和评估报告书初稿的初步结论与委托方交换意见,听取委托方的反馈意见后,在坚持独立、客观、公正的前提下,认真分析委托方提出的问题和建议,考虑是否应该修改评估报告书,对报告书中存在的疏忽、遗漏和错误之处进行修正,待修改完毕后即可撰写正式的二手车鉴定评估报告书。

7.3.3　二手车鉴定评估报告书制作的技术要点

二手车车鉴定评估报告书的技术要点是指在二手车车鉴定评估报告书中的主要技能要求,它具体包括文字表达方面、格式与内容方面的技能要求,复核与反馈等方面的技能要求等。

1.文字表达方面的技能要求

二手车鉴定评估报告书既是一份对评估的车辆价值有咨询性和公正性作用的支持,又是一份用来明确鉴定评估机构和评估人员工作职责的文字依据,所以它的文字表达技能要求既要清楚、准确,又要提供充分的依据说明,还要全面地叙述整个鉴定评估的过程。报告文字表达必须清楚,不得使用模棱两可的措辞,其陈述既要简明扼要,又要把有关问题说明清楚,不得带有任何诱导、恭维和推荐性的陈述。当然,在文字表达上也不能带着"大包大揽"的语句,尤其是涉及承担责任条款斟酌部分。

2.格式和内容方面的技能要求

对二手车鉴定评估报告书格式和内容方面的技能要求,遵循国家经济贸易委员会颁发的《关于规范旧机动车鉴定评估工作的通知》行事,参照 GB/T 30323—2013《二手车鉴定评估技术规范》执行。

　　3.鉴定评估报告书的复核与反馈方面的技能要求

　　鉴定评估报告书的复核与反馈也是鉴定评估报告书制作的具体技能要求。通过对工作底稿、作业表、技术鉴定资料和鉴定评估报告书正文的文字、格式及内容的复核和反馈,可以将有关错误、遗漏等问题在出具正式报告书之前得到修正。对鉴定评估人员来说,由于知识、能力、经验、阅历及理论方法的限制而产生工作盲点和工作疏忽,所以,对鉴定评估报告书初稿进行复核就成为必要。对鉴定评估车辆的情况熟悉程度来说,大多数车辆评估委托方和占有方对委托鉴定评估车辆的成新率、使用强度、保养、车辆性能、维修、事故等情况可能比评估机构和评估人员更熟悉,所以在出具正式报告之前征求委托方的意见,收集反馈意见也很有必要。

　　对鉴定评估报告书进行复核,必须明确复核人员的职责,防止流于形式的复核。收集反馈意见主要是通过委托方或所有方熟悉车辆具体情况的人员。对委托方或车辆所有方意见的反馈信息,应慎重对待,应本着独立、客观、公正的态度去接受其反馈意见。

　　4.撰写鉴定报告书注意事项

　　二手车鉴定评估报告书的制作技能除了需要掌握上述三个方面的技术要点外,还应注意以下几个事项:

　　(1)实事求是,切忌出具虚假报告。报告书必须建立在真实、客观的基础上,不能脱离实际情况,更不能无中生有。报告拟定人应是参与鉴定评估并全面了解被评估车辆的主要鉴定评估人员。

　　(2)坚持一致性做法,切忌出现表里不一。报告书文字、内容要前后一致,正文、评估说明、作业表、鉴定工作底稿、格式甚至数据要相互一致,不能出现相互矛盾的情况。

　　(3)提交报告书要及时、齐全和保密。在正式完成鉴定评估报告工作后,应按业务约定书的约定时间及时将报告书送交委托方。送交报告书时,报告书及有关文件要送交齐全。此外,要做好保密工作,尤其对评估涉及的商业秘密更要加强保密工作。

　　(4)评估报告书中应明确评估报告使用者及报告使用方式,提示评估报告使用者合理使用评估报告。注意防止报告书被恶意使用,避免报告书被滥用,规避执业风险。

7.4　二手车鉴定评估报告案例

7.4.1　二手车鉴定评估书出具流程介绍

在实际鉴定评估工作中,一般按如下流程进行操作:

(1)接受委托,核查委托方资料、确定评估人员,制定评估实施方案;

(2)确定评估方法,对机动车进行现场查勘、核实;

(3)确定机动车成新率;

(4)进行市场调查和询证;

(5)确定机动车重置成本;

（6）确定机动车评估现值；

（7）出具《二手车鉴定评估报告书》。

评估事务所接受委托后,需要求委托人填写《二手车鉴定评估委托书》,如表7-1所示。

二手车鉴定评估委托书 表7-1

			委托书编号：_____
×××××××××二手车评估咨询有限公司： 　　因□交易□转籍□拍卖□置换□抵押□担保□咨询□司法裁决需要,特委托你公司对车辆(车牌号码车辆类型 _____发动机号_____)进行技术状况鉴定并出具评估报告书。			
委托评估车辆基本信息			

车主			联系电话	
地址				
经办人		身份证号码	联系电话	
车辆情况	厂牌型号		使用用途	
	座位/载重		燃料种类	
	初次登记日期		车身颜色	
	已使用年限		累计行驶里程(万公里)	
	大修次数	发动机(次)	整车(次)	
	维修情况			
	事故情况			
价值反应	购置情况		原始价格(元)	
	车主报价(元)			
备注				
委托方		××二手车评估咨询有限公司		
经办人：		经办人：		
年　月　日		年　月　日		

填表说明：

1. 若被评估车辆使用用途曾经为营运车辆,需在备注栏中予以说明；

2. 委托方必须对车辆信息的真实性负责,不得隐瞒任何情节,凡由此引起的法律责任及赔偿责任由委托方负责；

3. 本委托书一式二份,委托方、受托方各一份。

在评估项目中,机动车成新率和机动车重置成本直接影响到委托评估车辆的评估结果,因此,公正、科学的确定委托评估车辆的成新率和重置成本就成为确定本项评估结果的关键。为了达到这一目的,完成评估程序所整理的工作底稿按如下流程进行：

（1）机动车现场查勘记录；

（2）二手车鉴定评估作业表；

（3）车辆成新率评定表；

（4）车辆询价表；

（5）机动车评估值计算表。

1. 对被评估车辆进行现场查勘、核实阶段

公正、科学地确定委托评估车辆的成新率,首先必须对委托评估车辆进行认真的现场查勘、核实,作好现场记录,然后根据现场查勘记录进行分析整理,填写《二手车鉴定评估作业表》。在进行现场查勘时,应全面了解被评估车辆的基本情况,并对被评估车辆的技术状况做出全面合理的判断。

被评估车辆的基本情况主要包括:车辆号牌号码、厂牌型号、生产厂家、已行驶里程、购置日期、登记日期、车辆大修情况、改装情况、油耗情况、尾气排放情况、事故情况等。

被评估车辆的技术状况主要有如下内容:

(1)门车身外观(是否有碰撞、车辆颜色、光泽、有无补漆锈蚀等情况、车灯是否齐全);

(2)底盘(有无变形、有无异响、变速器状况是否正常、前后桥状况是否正常、传动系统工作状况是否正常、是否漏油、转向系情况是否正常、制动系统工作状况是否正常等);

(3)车内装饰(装潢情况、清洁程度、仪表及座位是否完整以及其他有关装饰情况等);

(4)发动机工作状况(动力状况、有无更换部件、有无大修现象、有无渗漏现象等);

(5)电器系统(电源系统工作是否正常、发动机点火器工作是否正常、空调系统工作是否正常、音响系统工作是否正常等)。

以上查勘情况,一般应由受托方中级评估师详细填表,高级评估师复核后再签名,以确认查勘情况是客观的、真实的,不存在与车辆实际状况不相符合的情况。确定查勘情况后,评估人员必须对评估车辆做出查勘鉴定结论。上述资料经过整理后,就可以编制成《二手车鉴定评估作业表》,见表7-2,此表是二手车评估主要的工作底稿之一。

二手车鉴定评估作业表 表7-2

车主			所有权性质		
地址					
原始情况	厂牌型号		车牌号码		
	厂牌识别代号(VIN)			车身颜色	
	发动机号		使用用途		
	载重量/座位/排量			燃料种类	
	初次登记日期		车辆类型		
	已使用年限(月)		累计行驶里程		
检查核对交易证件	证件	□原始发票　□机动车登记证书　□机动车行驶证 □法人代码证或身份证　□其他			
	税费	□购置附加税　□车船使用税　□其他			
结构特点					
现时技术状况					
维护保养情况			现实状况		
价值反应	重置成本 (元)		成新率 (%)		评估价格 (元)
鉴定评估目的					
鉴定评估说明					

国家注册二手车中级鉴定估价师:　　　　　　　　　　　　　　　复核人:

　　　　　　　　　　　　　　　　　　　　　　　　　　　　　　年　月　日

2. 市场调查和询证阶段

《二手车鉴定评估作业表》完成以后,必须进行市场调查和询证,以确定被评估车辆的现行市场价格。进行市场询证时,应重点作好以下工作:

(1)确定被评估车辆基本情况(车辆类型、厂牌型号、生产厂家、主要技术参数等);

(2)确定询价参照对象及询价单位,并将询价对象与被评估车辆基本情况进行比较,在二者基本一致的情况下,询到的市场价格才是可比的、可行的;

(3)确定询价结果。

3. 确定被评估车辆成新率阶段

根据《二手车鉴定评估作业表》确定被评估车辆的成新率就有了比较充足的依据,以此为基础得出的成新率应该是客观的、科学的,也是公正的、合理的。一般情况下,被评估车辆成新率的确定采用综合成新率法较为客观可行。

在确定综合调整系数的时候要考虑的因素有:车辆的实际运行时间、实际技术状况、车辆使用强度、使用条件、使用和维护保养情况、车辆的制造质量、车辆的大修、重大事故经历、车辆外观质量等等,还要充分考虑影响机动车价值的各种因素。

4. 确定被评估车辆评估结果阶段

在确定了委托车辆的现行市场价格后,就可以计算出委托车辆的重置成本。如果询不到相同型号,只能询到类似型号的新车时,在采用现行市场价格的同时,要把二者的差别仔细对比,用功能性贬值对其现行市场价格进行扣减,可算出被评估车辆的重置成本。其公式如下:

$$重置成本 = 新车市场售价 \times (1 - 功能性贬值)$$

确定重置成本后,可以计算出被评估车辆的评估值。以委托评估车辆的评估值为基础,根据委托方确定(也可以根据行业规定或由二手车鉴定评估师根据工作经验和市场行情综合判定)变现折扣率,可以计算出委托评估车辆的拍卖底价。计算公式如下:

$$拍卖底价 = 评估现值 \times 变现率$$
$$变现率 = 1 - 变现折扣率$$

通过实施以上的评估程序,我们完全有理由相信,被评估车辆的评估定价工作是规范的,能够确保旧机动车辆评估结果的公正性、科学性。

7.4.2　二手车鉴定评估报告书案例

关于云 AM8458 上海别克小型普通客车鉴定评估报告书

云昆工评报字[2013—0806]

1. 绪言

昆明市云昆工二手车评估有限公司接受昆明市中驰别克汽车服务有限公司的委托,根据国家有关资产评估的规定,本着客观、独立、公正、科学的原则,按照公认的资产评估方法,对云 AM8458 上海别克 GL8 小型普通客车进行了鉴定评估。本鉴定评估人员按照必要的程序,对委托鉴定评估车辆进行了实地查勘与市场调查,并对其在 2013 年

09 月 08 日所表现的市场价值作出了公允反映。现将车辆评估情况及鉴定评估结果报告如下:

2. 委托方与车辆所有方简介

(1)委托方:中驰别克汽车服务有限公司。

(2)根据机动车行驶证所示,委托车辆车主。

3. 评估目的

根据委托方的要求,本项目评估目的:为车辆处置提供现时价值依据。

4. 评估对象

评估车辆的厂牌型号(上海别克/GL8);号牌号码(云 AM8458);发动机号(LW9 * 30831044 *);车辆识别代号(LSGDC82C93S204128);登记日期(2008 年 09 月);年审检验合格(2014 年 06 月);保险齐全有效;购置附加税证(√);车船使用税(√)。

5. 鉴定评估基准日

鉴定评估基准日:2013 年 09 月 08 日

6. 评估原则

严格遵循"客观性、独立性、公正性"。

7. 评估依据

1)法律、法规依据

《国有资产评估管理办法》(国务院今第 91 号)原国家国有资产管理局《关于印发(国有资产评估管理办法施行细则)的通知》(国资办发[1992]36 号);国家经贸委等部门《机动车强制报废标准规定》(商务部、发改委、公安部、环境保护部令 2012 年第 12 号)

2)产权依据委托鉴定评估车辆的机动车行驶证

3)评定及取价依据

技术标准资料:《机动车运行安全技术条件》(GB 7258—2012)

　　　　　　　《轻型汽车污染物排放限值及测量方法(中国Ⅲ、Ⅳ阶段)》(GB 18352.3—2005)

　　　　　　　《车用压燃式、气体燃料点燃式发动机与汽车排气污染物排放限值及测量方法(中国Ⅲ、Ⅳ、Ⅴ阶段)》(GB 17691—2005)

技术参数资料:《汽车技术参数手册》

技术鉴定资料:《二手车评估鉴定工作作业表》

其他资料:中驰别克汽车服务有限公司提供新车销售价格。

8. 评估方法

本次价格鉴定采用重置成本法。重置成本法主要用于在现实条件下重新购置一辆与被评估车辆相同或类似的全新状态新车,减去被评估车辆已发生的实体性、功能性和经济性贬值而得到的该车现时价格的一种方法。

计算过程如下:

(1)重置成本的确定:在评估基准日评估师从中驰别克汽车服务有限公司得知,与被评估车辆类似的新车售价为:280000元。被评估车辆与新车之间有差异,例如:新车在外形和发动机上有了很大改变和提升,外形更趋时尚、流线型,发动机采用智能式节省燃油新款发动机,并在底盘、制动性能和操控性能上有了很大提升,并配置了6个安全气囊,自动巡航、新款内饰、水晶大灯等,基于被评估车辆缺少以上配置价值的因素,故综合确定被评估车辆的功能性贬值约为新车售价的20%,所以该车的重置成本为:

A = 新车售价 × (1 − 功能性贬值) = 280000 × (1 − 20%) = 224000 元

(2)综合调整系数的确定:

影响因素	等级	调整系数取值	权重(%)
技术状况	一般	0.7	30
维护保养	一般	0.7	25
制造质量	国产名牌	0.8	20
工作性质	公车	0.8	15
工作条件	一般	0.7	10

$0.7 × 30\% + 0.7 × 25\% + 0.8 × 20\% + 0.8 × 15\% + 0.7 × 10\% = 0.735$

(3)成新率的确定:

我国现行的《机动车强制报废标准规定》规定该车的规定使用年限为15年,且该车已使用了60个月。

成新率 = (1 − 已使用年限/规定使用年限) × 综合调整系数 × 100%

= (180 − 60/180) × 100%

= 66.67% × 0.7352 = 49%

评估值的计算:

P = A × 成新率 = 224000 × 49% = 109760 元

9.评估过程

按照接受委托、验证、现场查勘、评定估算、提交报告的程序进行。

10.评估结论

被评估车辆在评估基准日的评估价格为RMB109760元整;

金额大写:壹拾万零玖仟柒佰陆拾元整。

11.评估报告法律效力

本项评估结论有效期为90天,自评估基准日至2013年12月07日止;

当评估目的在有效期内实现时,本评估结果可以作为作价依据。超过90天须重新评估。另外在评估有效期内若被评估车辆的市场价格或因交通事故等原因导致车辆的价值发生变化时须重新评估;

鉴定评估报告书的使用权归委托方所有,其评估结论仅供委托方为本项目评估目的使用,不适用于其他目的;未经委托方许可,本鉴定评估师承诺不将本报告书的内容向他人提供或公开。

注:A 为重置成本;P 为评估值。

×××××二手车评估咨询有限公司

公司法人:

二手车中级鉴定估价师:

二手车高级鉴定估价师:

2013 年 09 月 08 日

附件:二手车评估委托书

二手车鉴定评估作业表

机动车行驶证复印、照片

二手车鉴定评估机构营业执照复印件

二手车鉴定评估师执业资格证书复印件

二手车评估委托书

委托书编号:2013—0806

×××free×二手车评估有限公司:

因车辆处置需要,特委托你公司对车辆(车牌号码:云 A×××××;车辆类型;小型普通客车;发动机号:×××××;车辆识别代号:×××××)进行技术状况鉴定并出具评估报告书。

附:委托评估车辆基本信息

填表说明;

(1)若被评估车辆使用用途曾经为营运车辆,需在备注栏中予以说明;

(2)委托方必须对车辆信息的真实性负责,不得隐瞒任何情节,凡由此引起的法律责任及赔偿责任由委托方负责;

车主	×××××			联系电话	×××××
住址	云南省昆明市盘龙区×××××				
车辆情况	厂牌型号	上海别克/GL8		使用用途	公务用车
	座位/载重	7 座		燃料种类	汽油
	初次登记日期	2008 年 09 月		车身颜色	蓝色
	已使用年限	60(个月)	累计行驶里程(公里)		114600
	大修次数	发动机(次)	/	整车(次)	/
	车主报价(元)	/			
备注	该车已改款换代				

　(3)本委托书一式二份,委托方、受托方各一份。

委托方:××××有限公司　　　　　　　　　　××二手车评估咨询有限公司

　经办人:××　　　　　　　　　　　　　　　　　　　　经办人:××

2013 年 08 月 06 日　　　　　　　　　　　　　　　2013 年 08 月 06 日

二手车鉴定评估作业表

车主		××××			所有权性质	公车	
地址		×××××					
原始情况	厂牌型号				车牌号码	云A×××××	
	厂牌识别代号(VIN)			××××		车身颜色	蓝色
	发动机号			××××	使用用途	公务用车	
	载重量/座位/排量			7 座、3.0L	燃料种类	汽油	
	初次登记日期		2008 年 09 月	车辆类型	小型普通客车		
	已使用年限(月)		60 个月	累计行驶里程			
检查核对交易证件	证件		□原始发票　□机动车登记证书　□机动车行驶证 □法人代码证或身份证　□其他				
	税费		□购置附加税　□车船使用税　□其他				
结构特点		两厢式、商务车、电喷舒适型、天窗、3.0L					
现时技术状况		该车无大的碰撞仅局部补漆,发动机运行情况较好,变速器工作状况良好,路试手感一般,行车时底盘有轻微异响,该车早已改款					
维护保养情况		较好			现实状况	在用	
价值反应	重置成本(元)	224000.00	成新率(%)	49	评估价格(元)	109760.00	
鉴定评估目的		为车辆处置提供现时价值依据					
鉴定评估说明		本次评估采用重置成本法,成新率的确定采用使用年限法和综合分析法。					

　国家注册二手车中级鉴定估价师:　　　　　　　　　　复核人:

　　　　　　　　　　　　　　　　　　　　　　　　　　2013 年 09 月 08 日

本 章 小 结

　　二手车鉴定评估报告书是评估工作的重要环节。按照相关法律、法规、制度等为委托方客观、公正的做出鉴定评估。本章介绍资产评估报告的基本概念及相关制度,对资产评估报告的概念、作用以及资产评估报告的基本要素进行介绍,然后介绍汽车评估的相关概念和编写方法,最后通过进一步掌握二手车鉴定评估报告书的编写方法。

复习与思考题

1.什么是资产评估报告?

2.资产评估报告书有什么作用?

3.二手车鉴定评估报告书包含哪些内容?

4.二手车鉴定评估报告书制作中应注意哪些事项?

拓展知识点

董恩国,孙奇涵.汽车鉴定与评估实务[M].北京:北京理工大学出版社,2011.

学习资源

GB/T 30323—2013.二手车鉴定评估技术规范[S].

第8章　汽车评估师职业规范

所谓就业准入是指根据《劳动法》和《职业教育法》的有关规定,对从事技术复杂、通用性广、涉及国家财产、人民生命安全和消费者利益的职业(工种)的劳动者,必须经过培训,并取得职业资格证书后,方可就业上岗。实行就业准入的职业范围由劳动和社会保障部确定并向社会发布。试行就业准入制度的目的就是提高劳动者的技能水平,增强其就业能力和适应职业变化的能力,从而实现高质量就业和稳定就业。

就业准入制度是在西方国家普遍实行的一项规范劳动就业与职业岗位关系的国际通行制度,它是对求职者进入某种职业岗位而提出的一种专业技术、技能要求,具体表现形式为"职业资格证书"。职业资格证书是表明劳动者具有从事某一职业所必备的学识和技能的证明,是劳动者求职、任职、开业的资格凭证,它和学历证书一起被社会所重视,被称作"双证并重、双证并举",是用人单位招聘、录用劳动者的主要依据。

8.1　就业准入制度与职业资格证书制度

8.1.1　就业准入与职业资格制度的基本概念

1.职业资格

职业资格是对从事某一职业所必备的学识、技术和能力的基本要求。职业资格包括从业资格和执业资格。

从业资格是指从事某一专业(工种)所需学识、技术和能力的起点标准。

执业资格是指政府对某些责任较大、社会通用性强,关系公共利益的专业(工种)实行准入控制,是依法独立开业或从事某一特定专业(工种)所需学识、技术和能力的必备标准。

职业资格分别由国务院、人事及劳动行政部门通过学历认定、资格考试、专家评定、职业技能鉴定等方式进行评价,对合格考授予国家职业资格证书。

职业资格证书是国家对申请人专业(工种)学识、技术、能力的认可,是求职、任职、独立开业和单位录用的主要依据。

2. 职业资格证书制度

职业资格证书制度是我国劳动就业制度的一项重要内容,也是一种特殊形式的国家考试制度。它是指按照国家制定的职业技能标准或任职资格条件,通过政府认定的考核鉴定机构,对劳动者的技能水平或职业资格进行客观公正、科学规范的评价和鉴定,对合格者授予相应的国家职业资格证书。

3. 职业资格证书的作用

职业资格证书是表明劳动者具有从事某一职业所必备的学识和技能的证明。它是劳动者求职、任职、开业的资格凭证,是用人单位招聘、录用劳动者的主要依据,也是境外就业、对外劳务合作人员办理技能水平公证的有效证件。

职业资格证书与学历文凭证书不同,学历文凭表示的是学习经历的毕业证书,是证明证书持有者曾经学过某种专业,更多地反映了证书持有者的知识和文化水平;而职业资格证书更多地反映特定职业的实际工作标准和规范,以及劳动者从事这种职业所达到的实际能力水平。职业资格证书可以通过多个渠道获得。

4. 推行职业资格证书制度的法律依据

《中华人民共和国劳动法》第八章第六十九条规定:"国家确定职业分类,对规定的职业制定职业技能标准,实行职业资格证书制度,由经过政府批准的考核鉴定机构负责对劳动者实施职业技能考核鉴定。"

《中华人民共和国职业教育法》第一章第八条规定:"实施职业教育应当根据实际需要,同国家制定的职业分类和职业等级标准相适应,实行学历文凭、培训证书和职业资格证书制度。"

中华人民共和国劳动保障部《招用技术工种从业人员规定》第二条规定:"用人单位招用从事技术复杂以及涉及国家财产、人民生命安全和消费者利益职业(工种)的劳动者,必须从取得相应职业资格证书的人员中录用。"

5. 取得职业资格证书的途径

《劳动法》第六十九条规定得很清楚:"由经过政府批准的考核鉴定机构负责对劳动者实施职业技能考核鉴定"。合格者即可获得职业资格证书。职业技能鉴定是一项基于职业技能水平的考核活动,属于标准参照型考试,由考试考核机构对劳动者从事某种职业所应掌握的技术理论知识和实践操作能力做出客观的测量和评价。职业技能鉴定是国家职业资格证书制度的重要组成部分。

根据国家相关规定,办理职业资格证书的程序为:职业技能鉴定所(站)将考核合格人员名单报经当地职业技能鉴定指导中心审核,再报经同级劳动保障行政部门或行业部门劳动保障工作机构批准后,由职业技能鉴定指导中心按照国家规定的证书编码方案和填写格式要求统一办理证书,加盖职业技能鉴定机构专用印章,经同级劳动保障行政部门或行业部门劳动保障工作机构验印后,由职业技能鉴定所(站)送交本人。

6. 国家职业资格证书的等级

中华人民共和国劳动和社会保障部《招用技术工种从业人员规定》第三条:"国家实行职业资格证书制度,由经过劳动保障行政部门批准的考核鉴定机构对劳动者实施职业技能考核鉴定。国家职业资格分为初级(五级)、中级(四级)、高级(三级)、技师(二级)、高级技师(一级)。"

我国职业资格证书分为五个等级:初级(国家职业资格五级)、中级(国家职业资格四级)、高级(国家职业资格三级)、技师(国家职业资格二级)和高级技师(国家职业资格一级)。

7. 就业准入

所谓就业准入是指根据《劳动法》和《职业教育法》的有关规定,对从事技术复杂、通用性广、涉及国家财产、人民生命安全和消费者利益的职业(工种)的劳动者,必须经过培训,并取得职业资格证书后,方可就业上岗。实行就业准入的职业范围由劳动和社会保障部确定并向社会发布。

8. 国家对实行就业准入的具体规定

职业介绍机构要在显著位置公告实行就业准入的职业范围;各地印制的求职登记表中要有登记职业资格证书的栏目;用人单位招聘广告栏中也应有相应职业资格要求。职业介绍机构的工作人员在工作过程中,对国家规定实行就业准入的职业,应要求求职者出示职业资格证书并进行查验,凭证推荐就业;用人单位要凭证招聘用工。

从事就业准入职业的新生劳动力,就业前必须经过一到三年的职业培训,并取得职业资格证书;对招收未取得相应职业资格证书人员的用人单位,劳动监察机构应依法查处,并责令其改正;对从事个体工商经营的人员,要取得职业资格证书后工商部门才办理开业手续。

9. 职业技能鉴定

职业技能鉴定是一项基于职业技能水平的考核活动,属于标准参照型考试。它是由考试考核机构对劳动者从事某种职业所应掌握的技术理论知识和实际操作能力做出客观的测量和评价。职业技能鉴定是国家职业资格证书制度的重要组成部分。

世界上许多国家和地区都有类似的制度。就我国而言,所谓职业技能鉴定,是指按照国家规定的职业技能标准或任职资格条件,通过政府劳动部门认定的鉴定考核机构,对劳动者的技能水平或职业资格进行客观、公正、科学、规范的评价与认证的活动。

10. 我国职业技能鉴定工作的总体目标

我国职业技能鉴定的总体目标是:以全面提高劳动者素质、增强劳动者就业能力和工作能力为出发点,尽快完善职业技能鉴定社会化的管理,基本完成国家职业分类体系建设。在主要行业完成职业标准、考核制度和国家职业资格证书体系建设,基本建成覆盖全国的、分层次的职业技能鉴定体系,形成全国职业技能鉴定网络,使国家职业资格证书制度成为促进我国人力资源开发,实现充分就业和保证企业产生效益的主要制度,使职业技能鉴定的职业

(工种)和鉴定对象的覆盖面明显扩大,鉴定质量明显提高,职业资格证书的权威在社会上明显增强逐步实现职业资格证书与学业证书并重,职业资格证书制度与国家就业制度相衔接。

11. 职业技能鉴定的主要内容和方式

国家实施职业技能鉴定的内容是依据国家职业技能标准、职业技能鉴定规范和相应教材来确定的,并通过编制试卷来进行鉴定考核,主要包括职业知识、操作技能和职业道德三个方面。试卷分为理论知识要求试卷和实际操作技能要求试卷两种。理论知识要求试卷采用笔试,实际操作技能要求试卷采用现场操作加工典型工件、生产作业项目、模拟操作等方式。计分采用百分制,两部分成绩都在 60 分(含 60 分)以上为合格,80 分以上为良好,95 分以上为优秀。

12. 申请职业技能鉴定的报名方法

申请职业技能鉴定的人员,可向当地职业技能鉴定所(站)提出申请,填写职业技能鉴定申请表。报名时应出示本人身份证、培训毕(结)业证书、《技术等级证书》或工作单位劳资部门出具的工作年限证明等。申报技师、高级技师任职资格的人员,还须出具本人的技术成果和工作业绩证明,并提交本人的技术总结和论文资料等。

13. 申报职业技能鉴定的要求

参加不同级别鉴定的人员,其申报条件不尽相同,考生要根据鉴定公告的要求,确定申报的级别。一般来讲,不同等级的申报条件为:参加初级鉴定的人员必须是学徒期满的在职职工或职业学校的毕业生;参加中级鉴定的人员必须是取得初级技能证书并连续工作 5 年以上,或是经劳动行政部门审定的以中级技能为培养目标的技工学校以及其他学校毕业生;参加高职鉴定人员必须是取得中级技能证书 5 年以上,连续从事本职业(工种)生产作业可少于 10 年,或是经过正规的高级技工培训并取得了结业证书的人员;参加技师鉴定的人员必须是取得高级技能证书,具有丰富的生产实践经验和操作技能特长、能解决本工种关键操作技术和生产工艺难题,具有传授技艺能力和培养中级技能人员能力的人员;参加高级技师鉴定的人员必须是任技师 3 年以上,具有高超精湛技艺和综合操作技能,能解决本工种专业高难度生产工艺问题,在技术改造、技术革新以及排除事故隐患等方面有显著成绩,而且具有培养高级工和组织带领技师进行技术革新和技术攻关能力的人员。

14. 申报职业技能鉴定注意事项

申报职业技能鉴定,首先要根据所申报职业的资格条件,确定自己申报鉴定的等级。如果需要培训,要到经政府有关部门批准的培训机构参加培训。申报职业资格鉴定时要准备好照片、身份证以及证明自己资历的材料,参加正规培训的须有培训机构证明,工作年限须有本人所在单位证明,经鉴定机构审查符合要求的,由鉴定所(站)须发准考证。参加考试时必须携带准考证,否则不能参加考试。

在现代职场中,每个劳动者都希望具有一技之长,作为就业的砝码,或者成为不可替代的角色。在实际工作中,越专业的人才越无法被替代。而职业资格证书已成为职场中人职业发展的重要砝码,是人们趋之若鹜的"硬通货"。一般来说,获得一项认证,个人的薪金就能得到一定幅度的提高以及职位的提升。正是因为职业证书的这些优势所在,现在社会上各类协会、行业组织也组织各种职业资格培训、考试、认证,但是,各种证书的含金量不一,适用范围可能也受到限制。

8.1.2　二手车鉴定评估师职业介绍

随着国内汽车市场的发展,二手车交易将很快超过新车并逐渐占据主流地位。"二手车鉴定评估师"将作为一种独特的职业活跃在汽车服务市场领域,并逐渐得到市场和用户的认可。"二手车鉴定评估师"要担负的使命是为旧车交易双方展开公正和公平的产品鉴定和价格评估,并逐渐覆盖到旧车交易过程中的各个相关环节,成为一种涵盖汽车产品的技术评定、产品估价、交易代理等技能于一体的专业人士。2004 年度,我国新车销量 507.11 万辆,2008 年新车销售达到 938.05 万辆,旧车交易量也随着大幅度增加,据国家权威部门统计,目前我国每年要对约近 200 万辆二手车进行鉴定估价,而且这个数量还以 20% 的速度逐年递增。"二手车鉴定估价师"逐渐发展成为一支规模庞大、素质高、业务纯熟、运作规范的队伍,并逐渐成为汽车销售交易的中坚力量。

国家已对二手车鉴定估价师实行职业资格证书准入制度,按照 2004 年 10 月 1 日起颁布并实施的《二手车流通办法》的相关规定,要成立旧机动车鉴定评估中心必须有三名以上的国家二手车鉴定评估师。在这个背景下,二手车鉴定评估师已成为市场稀缺的热门职业之一。

"二手车鉴定评估师"在我国原来的国家职业大典中的正式名称为"旧机动车鉴定估价师",从 2007 年 1 月 1 日开始更名为"二手车鉴定评估师"。目前,随着我国汽车市场的迅速发展,相应地二手车市场的交易量也大幅度提高,但是,市场上缺乏具有丰富的实践经验、优秀的、受过专业教育的、拥有"二手车鉴定评估师"资格证的二手车交易中介人员。二手车鉴定评估师就职的汽车 4S 店、租赁典当行、保险公司、拍卖公司、保险公估公司、资产评估公司、二手车的市场经营主体等都亟须一批具有专业知识和市场经验的二手车鉴定评估师。

根据《国家职业标准——二手车鉴定评估师(2007 年修订)》,汽车评估师作为一种国家职业标准正式称为"二手车鉴定评估师"。二手车鉴定评估师是经国务院批准的六类资产评估职业之一,是资产评估的重要组成部分,持有二手车鉴定评估师证书是成立二手车鉴定评估机构的必备条件之一。

1. 二手车鉴定估价师的作用

在二手车交易过程中,卖方总是想卖的价格高一些,而即使再低的价格买方也不会嫌便宜,如果没有二手车估价鉴定师的介入,买卖双方对于二手车的价格很难做出一个双方都认为合理的估价,使得交易艰难进行甚至无法进行。二手车估价鉴定师是通过全国统一考试合格后获得资质证书的专业评估人员,保持中立的立场,根据市场行情以及汽车的实际技术状态得出相对合理的市场建议价,为买卖双方的顺利交易提供便利。归纳起来,其作用有以下几点:

(1)在二手车交易中起着桥梁作用。通过对汽车市场的了解,具有汽车评估的专业知识和丰富经验的评估师站在中立的立场,可以提出具有参考价值的交易价格,为交易双方起到桥梁作用。

(2)在交易中起着引导作用。随着汽车市场的发展和社会经济的发展,汽车保有量的增加,而新旧车主绝大多数不是汽车专业人士,特别是由于信息不对称,二手车的买方对车辆的使用状况不了解,往往汽车评估师的建议会影响买方的购买决策,这样,评估师的建议对二手车的交易可以起到引导作用。

（3）对二手车市场的发展起促进作用。二手车评估质量的高低（评估价格是否合理）往往会影响二手车的交易行为。以前，人们不敢买二手车的原因之一就是由于买方对车的状况不了解，担心"买亏了"，质量无保证，而犹豫不决或者不买二手车，影响了二手车市场的发展。而二手车估价鉴定师的介入，对二手车进行合理评估，使买卖双方可以放心地进行交易，促进二手车市场的顺利发展。

（4）为二手车的置换、抵押等活动提供帮助。随着二手车市场的发展，交易量越来越大。二手车的原车主在进行二手车置换或者二手车抵押贷款时都需要确定二手车的价值，便于汽车经销商将旧车折算成一定的价钱或者银行系统能够提供合适的贷款数额（银行的贷款额度是按照车辆价值的一定比例进行发放的），二手车估价鉴定师可以对车辆进行鉴定估价，使旧车置换、抵押贷款等事宜能够顺利进行。

2. 二手车鉴定估价师的职业资格认征

二手车的鉴定评估是车辆流通的重要环节，直接关系到能否保证二手车的公平公正交易，维护交易双方的权益，杜绝漏税逃税，防止国有资产流失（国有车辆通过交易性质转为私有）。

据《关于规范旧机动车鉴定评估工作的通知》规定：实行二手车鉴定估价师职业资格和就业准入制度。从事二手车鉴定评估工作的人员，必须取得劳动保障部颁发的二手车鉴定估价师职业资格证书。没有取得职业资格证书的人员，不得从事二手车鉴定评估工作。各地劳动保障部门要加强对二手车鉴定估价师就业准入的管理工作，与经贸部门密切配合，积极推进二手车鉴定评估从业人员持证上岗制度。

8.2 汽车评估师职业道德规范

为了树立社会公众对汽车评估行业的信任，规范汽车评估师的行为和职业道德行为，提高其职业道德素质，保证执业质量，明确执业责任，维护社会公共利益和资产评估各方当事人的合法权益，中国资产评估协会制定了《资产评估准则——基本准则》和《资产评估职业道德准则——基本准则》。二手车鉴定评估师作为资产评估师中的一类，必须严格遵守这些准则。

8.2.1 资产评估准则

1. 基本要求

（1）注册资产评估师执行资产评估业务，应当遵守相关法律、法规和资产评估准则，具有良好的职业道德。

（2）注册资产评估师执行资产评估业务，应当勤勉尽责，恪守独立、客观、公正的原则。

（3）注册资产评估师应当经过专门的教育和培训，具备相应的专业知识和经验，能够胜任所执行的评估业务。

（4）注册资产评估师执行资产评估业务，可以聘请专家协助工作，但应当采取必要措施确信专家工作的合理性。

（5）注册资产评估师应当对业务助理人员进行指导，并对业务助理人员工作结果负责。

（6）注册资产评估师执行资产评估业务，采用不同于资产评估准则规定的程序和方法时，不得违背本准则的基本要求，应当确信所采用程序和方法的合理性，并在评估报告中明确说明。

2. 操作准则

（1）注册资产评估师执行资产评估业务，应当根据业务具体情况履行适当的评估程序。

（2）评估程序通常包括：①明确评估业务基本事项；②签订业务约定书；③编制评估计划；④现场调查；⑤收集评估资料；⑥评定估算；⑦编制和提交评估报告；⑧工作底稿归档。

注册资产评估师不得随意删减评估程序。

（3）注册资产评估师执行资产评估业务，应当根据评估目的等相关条件选择适当的价值类型，并对价值类型予以明确定义。

（4）注册资产评估师应当熟知、理解并恰当运用评估方法。资产评估基本方法包括市场法、收益法和成本法。

（5）注册资产评估师执行资产评估业务，应当根据评估对象、价值类型、资料收集情况等相关条件，分析三种资产评估基本方法的适用性，恰当选择评估方法，形成合理评估结论。

（6）注册资产评估师执行资产评估业务，应当科学合理使用评估假设，并在评估报告中披露评估假设及其对评估结论的影响。

（7）注册资产评估师执行资产评估业务，应当形成能够支持评估结论的工作底稿。

3. 报告准则

（1）注册资产评估师应当在执行必要的评估程序后，编制并由所在评估机构出具评估报告。

（2）注册资产评估师应当在评估报告中提供必要信息，使评估报告使用者能够合理地理解评估结论。

（3）注册资产评估师应当根据评估业务的具体情况，提供能够满足委托方和其他评估报告使用者合理需求的评估报告。

4. 执业责任

（1）注册资产评估师执行资产评估业务，应当对评估结论的合理性承担责任。

（2）遵守相关法律、法规和资产评估准则，对评估对象在评估基准日特定目的下的价值进行分析、估算并发表专业意见，是注册资产评估师的责任；提供必要的资料并保证所提供资料的真实性、合法性、完整性，恰当使用评估报告是委托方和相关当事方的责任。

评估结论不应当被认为是对评估对象可实现价格的保证。

（3）注册资产评估师执行资产评估业务，应当关注评估对象的法律权属，并在评估报告中对评估对象法律权属及其证明资料来源予以必要说明。注册资产评估师不得对评估对象的法律权属提供保证。

8.2.2 资产评估职业道德准则

为规范注册资产评估师的职业道德行为，提高注册资产评估师的职业道德素质，维护注册资产评估师的职业形象，制定了此准则。注册资产评估师执行资产评估业务，应当遵守本准则。注册资产评估师执行与价值估算相关的其他业务,可以参照本准则。注册资产评估师应当指导业务助理人员和专家遵守本准则。

1. 基本要求

(1)注册资产评估师应当诚实正直,勤勉尽责,恪守独立、客观、公正的原则。

(2)注册资产评估师执行资产评估业务,应当遵守相关法律、法规和资产评估准则。

(3)注册资产评估师应当维护职业形象,不得从事与注册资产评估师身份不符或可能损害职业形象的活动。

(4)注册资产评估师执行资产评估业务,应当独立进行分析、估算并形成专业意见,不受委托方或相关当事方的影响,不得以预先设定的价值作为评估结论。

(5)注册资产评估师执行资产评估业务,应当合理使用评估假设,并在评估报告中披露评估假设及其对评估结论的影响。

(6)注册资产评估师应当在评估报告中提供必要信息,使评估报告使用者能够合理理解评估结论。注册资产评估师不得出具含有虚假、不实、有偏见或具有误导性的分析或结论的评估报告。

(7)注册资产评估师应当遵守保密原则,除法律、法规另有规定外,未经委托方书面许可,不得对外提供执业过程中获知的商业秘密和业务资料。

(8)注册资产评估师不得采用欺诈、利诱、强迫等不正当手段招揽业务。

(9)注册资产评估师不得利用执业便利为自己或他人谋取不正当利益。

(10)注册资产评估师应当在资产评估机构执业,不得以个人名义执业,也不得同时在两家或两家以上评估机构执业。

(11)注册资产评估师执行资产评估业务,应当形成能够支持评估结论的工作底稿,并按有关规定管理和保存工作档案。

(12)注册资产评估师不得签署本人未参与项目的评估报告,也不得允许他人以本人名义签署评估报告。

(13)注册资产评估师应当接受中国资产评估协会的管理,履行中国资产评估协会规定的义务。

2. 专业胜任能力

(1)注册资产评估师应当经过专门教育和培训,具备相应的专业知识和经验,能够胜任所执行的评估业务。

(2)注册资产评估师应当接受后续教育,保持和提高专业胜任能力。

(3)注册资产评估师应当如实声明其具有的专业胜任能力和执业经验,不得对其专业胜任能力和执业经验进行夸张、虚假和误导性宣传。

(4)注册资产评估师执行资产评估业务,可以聘请专家协助工作,但应当采取必要措施确信专家工作的合理性。

3. 与委托方和相关当事方的关系

(1)注册资产评估师与委托方或相关当事方之间存在可能影响注册资产评估师公正执业的利害关系时,应当予以回避。

(2)注册资产评估师执行资产评估业务,不得对委托方和相关当事方进行误导和欺诈。

（3）注册资产评估师应当履行业务约定书中规定的义务,竭诚为委托方服务。

（4）注册资产评估师不得向委托方或相关当事方索取约定服务费之外的不正当利益。

（5）注册资产评估师应当与委托方进行必要沟通,提示评估报告使用者合理理解并恰当使用评估报告,并声明不承担相关当事人决策的责任。

4.与其他注册资产评估师的关系

（1）注册资产评估师在执行资产评估业务过程中,应当与其他注册资产评估师保持良好的工作关系。

（2）注册资产评估师不得贬损或诋毁其他注册资产评估师。

（3）注册资产评估师不得以恶意降低服务费等不正当的手段与其他注册资产评估师争揽业务。

评估机构在执行资产评估业务过程中应当遵守本准则的相关规定。

8.3　汽车评估师职业标准

8.3.1　汽车评估的特征

汽车属于现代交通工具,集多种科学技术于一体,属于特殊流通商品,与其他商品相比,汽车评估具有以下特征:

1.知识面广

二手车鉴定估价理论和方法以资产评估学为基础,涉及经济管理、市场营销、机械原理、汽车构造与检测等多方面知识的学科。

2.政策性非常强

要求二手车鉴定评估师要熟知《拍卖法》《国有资产评估管理办法》《机动车强制报废标准规定》《二手车交易管理办法》等政策法规,还要掌握车辆管理的有关规定及各地方相关法规和配套措施。

3.实践和技能水平要求高

要求鉴定估价师不但会驾驶汽车,而且还能使用检测仪器和设备进行必要的科学测试,并且能做到目测、耳听、手摸等方法比较准确地判断二手车的外观、各总成的基本情况。能够通过路试判断发动机、传动系统、转向系统、制动系统、电路、油路的工作情况,甚至对机动车车身撞伤复原及主要部件更换功能复原也要有一定的了解。

4.动态特征明显

目前汽车产品更新换代加快,尤其是轿车车型基本每个月都有新产品推出,每年都有若干新款进口车,随之而来的是大量结构先进、技术复杂的汽车涌入交易市场或置换业务,市场竞争激烈,市场行情变化莫测,这使得汽车的鉴定评估始终处于动态之中,要求评估师时时掌握国内外新旧车市场的行情。

5.时效性强

汽车鉴定估价工作要求从业人员在具体工作中不仅要掌握账面原值、净值、证件证书及手续、历史数据,更要结合评估基准日的市场重置价格和市场行情,才能做出符合实际情况的估价结果。

8.3.2　汽车评估师职业标准

1. 基本要求

1）职业道德要求

热爱本职工作，遵守职业道德。具有较高的政治素质和法制观念，从事业务要保证公正、公平、公开，不得利用职务之便损害国家、集体和个人利益。

2）基础知识要求

二手车鉴定估价师应具备以下基础知识：

(1) 汽车结构和原理知识；

(2) 二手车价格和营销知识；

(3) 汽车驾驶技术；

(4) 国家关于二手车管理的政策及法规。

2. 技能要求

1）二手车鉴定估价师的技能要求

二手车鉴定估价师的技能要求见表 8-1。

二手车鉴定估价师的技能要求　　　　　　　　　　表 8-1

职业功能	工作内容	技能要求	相关知识
咨询服务	业务接待	1. 能按岗位责任和规范要求，文明用语、礼貌待客； 2. 能够简要介绍二手车交易方式、程序和有关规定	1. 岗位责任和规范要求； 2. 二手车交易主要方式、程序和有关规定
	法规咨询	1. 能向客户解答二手车交易的法定手续； 2. 能向客户说明不同车主、不同类型二手车交易的有关法规	1. 国家对不同车主、不同类型二手车交易的规定； 2.《机动车强制报废标准规定》《二手车交易管理办法》等
	技术咨询	1. 能向客户解答汽车常用的技术参数、基本构造原理及使用性能； 2. 能识别汽车类别、国产车型号和进口汽车出厂日期； 3. 能根据客户提供的情况，初步鉴别二手车新旧程度	1. 汽车主要技术参数、基本构造原理的使用性能； 2. 汽车分类标准、国产车型号编制规则和进口汽车出厂日期的识别方法； 3. 鉴别二手车新旧程度基本方法
	价格咨询	1. 能掌握二手车市场价格行情； 2. 能向客户简要介绍二手车市场的供求状况； 3. 能向客户介绍二手车交易所需的基本费用	1. 二手车价格行情、供求信息的收集渠道和方法； 2. 二手车交易各项费用价格构成因素
手续检查	检查车辆各项手续	1. 能按规定检查二手车交易所需的各项手续； 2. 能识别二手车交易所需票证的真伪	1. 二手车交易手续和相关知识； 2. 二手车交易所需票证识伪常识

职业功能	工作内容	技能要求	相关知识
车况检查	技术状况检查	1.通过目测、耳听、手摸等手段,能判断二手车外观和主要总成的基本状况; 2.通过路试,能判断发动机动力性能,传动系、转向系、制动系、电路、油路等工作情况	1.目测、耳听、手摸检查二手车的方法和要领; 2.路试检查二手车的方法和要领; 3.汽车检测技术常识
	技术状况检测	1.能读懂汽车检测报告; 2.会使用简单的检测仪器和设备	
技术鉴定	二手车主要部分技术状况鉴定	1.熟悉汽车主要部件正常工作的状态; 2.能判定二手车主要部件的技术状况	1.汽车主要部件的工作原理; 2.检测报告数据分析方法; 3.二手车技术状况等级鉴定方法
	二手车整车技术状况鉴定	1.能正确分析检测报告的数据; 2.能判定二手车整车的技术状况等级	
评估定价	评估价格	1.根据车况检测和技术鉴定结果,确定二手车的成新率; 2.根据二手车成新率及市场行情,确定二手车价格	1.确定二手车成新率的方法; 2.二手车价格评估程序和方法
	编写评估报告	能编写二手车鉴定评估报告	评估报告的格式、要求

2)二手车高级鉴定估价师的技能要求

二手车高级鉴定估价师的技能要求见表8-2。

二手车高级鉴定估价师的技能要求

表8-2

职业功能	工作内容	技能要求	相关知识
咨询服务	业务接待	1.能合理运用社交礼仪及社交语言; 2.能与国外客户进行简单交流; 3能发现客户的需求和交易动机,营造和谐的洽谈气氛	1.营销工作中的公关语言、礼仪; 2.常用外语口语; 3.客户的需求心理、交易动机等常识
	法规咨询	1.能向客户解答二手车交易的法定手续; 2.能向客户说明不同车主、不同类型二手车交易的有关法规	1.国家对不同车主、不同类型二手车交易的规定; 2.《机动车强制报废标准规定》、《二手车交易管理办法》等
	技术咨询	1.能向客户解答和说明汽车主要总成的工作原理; 2.能向客户介绍汽车维护、修理常识; 3.能为客户判断二手车常见故障;	1.汽车主要总成工作原理; 2.汽车维护、修理常识; 3.汽车常见故障;

职业功能	工作内容	技能要求	相关知识
咨询服务	技术咨询	4. 能理解国外常见车型代号的含义； 5. 能看懂进口汽车英文产品介绍、使用说明等技术资料	4. 国外常见车辆型号的含义； 5. 汽车专业英语基础
	价格咨询	1. 能通过计算机网络查询二手车价格行情和供求信息； 2. 能分析说明二手车市场价格、供求变化趋势； 3. 能根据车辆使用情况，初步估计二手车价格	1. 计算机信息系统软件使用方法； 2. 价格学、市场学基础知识； 3. 二手车价格粗估方法
	投资咨询	1. 能帮助客户根据用途选择车型； 2. 能根据客户需要，提供投资建议	1. 二手车用途及购买常识； 2. 二手车投资收益分析方法
手续检查	检查车辆各项手续	1. 能按规定检查二手车交易所需的各项手续； 2. 能识别二手车交易所需票证的真伪	1. 二手车交易手续和相关知识； 2. 二手车交易所需票证识伪常识
车况检查	技术状况检查	1. 能识别事故车辆； 2. 能识别翻新、大修车辆； 3. 能发现二手车主要部件更换情况	1. 识别事故车辆、识别翻新、大修车辆的方法； 2. 汽车维修常识； 3. 汽车基本的检测技术和方法
	技术状况检测	1. 熟悉汽车检测的基本项目； 2. 能掌握汽车基本检测方法； 3. 会使用汽车常用的检测仪器和设备	
技术鉴定	二手车主要部分技术状况鉴定	熟悉汽车主要部件的技术状况对整车性能的影响	1. 汽车部件损耗规律； 2. 二手车技术鉴定报告格式和内容
	二手车整车技术状况鉴定	能撰写二手车技术鉴定结果报告	
评估定价	评估价格	1. 能掌握国家有关设备折旧规定和计算方法； 2. 能掌握和运用多种评估定价方法； 3. 能利用计算机鉴定估价软件进行估价	1. 设备折旧法； 2. 二手车估价软件使用方法； 3. 价格策略与常用定价方法：成本定价法、需求定价法、竞争定价
	编写评估报告	能运用计算机编写评估报告	计算机文字处理软件使用方法
工作指导	指导鉴定估价的工作	1. 了解汽车的发展动态； 2. 能指导二手车鉴定估价师处理工作中遇到的较复杂问题； 3. 能结合实际情况，对鉴定估价工作提出改进意见	汽车发展动态以及鉴定估价的相关知识

本章小结

职业资格证书制度是指按照国家制定的职业技能标准或任职资格条件,通过政府认定的考核鉴定机构,对劳动者的技能水平或职业资格进行客观公正、科学规范的评价和鉴定,对合格者授予相应的国家职业资格证书。

根据2007年修订的国家职业标准,汽车评估师的正式名称为"二手车鉴定评估师"。其职业定义是运用目测、路试,借助相关的仪器设备对二手车的技术状况进行综合检验和检测,结合车辆相关文件资料,对二手车的技术状况进行鉴定;并根据评估的特定目的,选择合适的评估标准和方法。进行二手车价格评估工作的是专业的汽车评估人员和管理人员。二手车鉴定评估师属于国务院批准的六类资产评估职业之一,是资产评估学重要的组成部分。我国对二手车鉴定评估师实行职业资格证书准入制度。

二手车鉴定评估师须具备宽广的知识面、掌握最新与行业有关的法律法规、具备相当的实践经验和专业技能水平、具有一定的汽车营销知识并且能够及时了解、掌握全球汽车行业发展的最新动态和新技术、新材料、新工艺在汽车上的应用。

复习与思考题

1. 什么是二手车鉴定评估师?
2. 什么是就业准入制度? 实行就业准入制度的目的是什么?
3. 什么是职业资格证书制度? 职业资格证书制度的作用有哪些?
4. 简述对汽车评估师的要求。
5. 汽车评估有什么特征?

拓展知识点

《二手车鉴定评估师国家职业标准》

学习资源

《劳动法》《职业教育法》《资产评估准则——基本准则》《资产评估职业道德准则——基本准则》

参 考 文 献

[1] 陈家瑞. 汽车构造(上册)[M]. 5 版. 北京:人民交通出版社,2011.

[2] 董恩国,孙奇涵. 汽车鉴定与评估实务[M]. 北京:北京理工大学出版社,2011.

[3] 何宝文,王海宝. 汽车评估[M]. 大连:大连理工大学出版社,2009.

[4] 赵清,赵晓光. 事故车辆部件损坏修复与更换标准及工时定额[M]. 北京:人民交通出版社,2012.

[5] 会林晨. 我国汽车分类标准问题研究[J]. 福建:海峡科学,2010. 48(12):3 – 6.

[6] 张莹. 资产评估市场法研究. [D]. 西安:长安大学. 2004

[7] 吕恩利,陆华忠. 国内外二手车评估体系的比较[J]. 汽车工业研究 2007(3):27 – 29

[8] 屠卫星. 二手车评估系统的研究[D]. 南京:南京林业大学. 2008

[9] 刘永臣,孙丽. 汽车评估与鉴定百问百答[M]. 中国电力出版社. 2007.

[10] GB/T 725—2008. 内燃机产品名称和型号编制规则[S].

[11] GB/T 15089—2001. 机动车辆及挂车分类[S].

[12] GB/T 3730.1—2001. 汽车和挂车类型的术语和定义[S].

[13] QC/T 775—2007. 车用车类别及代码[S].

[14] GB 7258—2012. 机动车运行安全技术条件[S].

[15] GA 802—2008. 机动车类型 术语和定义[S].

[16] GB 918.1—89. 道路车辆分类与代码 机动车[S].

[17] GB/T 30323—2013. 二手车鉴定评估技术规范[S].

[18] 任恒山. 现代汽车概论[M]. 北京:北京人民交通出版社,2005.